INVESTIMENTO EM DISTRESSED ASSETS

Organização: Salvatore Milanese

INVESTIMENTO EM DISTRESSED ASSETS

COMO LUCRAR COM ATIVOS ESPECIAIS E EMPRESAS EM CRISE NO BRASIL

MATRIX

Matrix Editora
www.matrixeditora.com.br

Diretor editorial
Paulo Tadeu

Capa, projeto gráfico e diagramação
Allan Martini Colombo

Revisão
Adriana Wrege
Maria A. Medeiros

CIP-BRASIL - CATALOGAÇÃO NA PUBLICAÇÃO
SINDICATO NACIONAL DOS EDITORES DE LIVROS, RJ

Investimento em distressed assets / organização Salvatore Milanese. - 1. ed. - São Paulo: Matrix, 2019.
232 p. ; 23 cm.

ISBN 978-85-8230-573-7

1. Administração de empresas. 2. Empresas - Falência. 3. Mercado financeiro. 4. Investimentos. I. Milanese, Salvatore.

19-58902

CDD: 332.632
CDU: 336.76

Meri Gleice Rodrigues de Souza - Bibliotecária CRB-7/6439

AGRADECIMENTOS

Esta obra – que, esperamos, possa ser efetivamente útil para profissionais envolvidos com reestruturação de empresas, *turnaround* e investimento em *distressed assets* – não teria sido possível sem a preciosa contribuição do time Pantálica Partners (Antonio Bruno Carvalho, Laysa Gouveia, Ricardo Lotti e Wolney Neto), com envolvimento pessoal na organização, contato com demais autores, formatação e ainda os ajustes por parte de John Chen e Fabiane Tozo.

Finalmente, um agradecimento a todos os demais autores, que dedicaram tempo precioso para difundir conhecimento e contribuir com o desenvolvimento deste mercado.

A todos, meu mais sincero agradecimento.

Salvatore Milanese
Organizador

Ou iremos encontrar um caminho, ou construiremos um.

Aníbal, general cartaginês, considerado um dos maiores
estrategistas militares da história, nascido em 247 A.C.

Sumário

Apresentação

Ao participarmos do desenvolvimento da Lei n. 11.101/2005 (Lei de Recuperação de Empresas e Falência - LREF), além de termos atuado em recuperação e falências sob a égide dessa nova lei, observamos que 14 anos após sua edição ainda existe pouca literatura sobre o assunto com foco na experiência de campo e nos aspectos práticos dessa legislação. Esta obra, portanto, tenta cumprir esse papel, ao subsidiar o mercado para ativos especiais e empresas em crise no Brasil com informações que consideramos relevantes para o seu pleno entendimento.

A LREF foi concebida com base no Código de *Bankruptcy* dos Estados Unidos, cujo objetivo central é permitir a manutenção do *going concern*, partindo-se do princípio de que todas as empresas merecem uma segunda chance ou a maximização do *recovery* na liquidação. Esse pressuposto tem alimentado operações tanto na recuperação judicial como nas falências, tais como financiamento de empresa em crise, bem como o mercado de títulos de empresas em *distress* ou em liquidação, sejam esses títulos listados (ações, *bonds* e debêntures) ou títulos ilíquidos, como empréstimos bilaterais e sindicalizados. O principal motivo para os investidores comprarem esses ativos está baseado na abordagem de *value investment*, isto é, comprar barato e vender caro, arbitrando entre a incerteza gerada pela crise (que reduz o preço dos ativos) e o valor gerado dentro de um potencial processo de *turnaround* e recuperação de ativos bem-sucedidos. Entretanto, é importante enfatizar: esse não é um mercado para principiantes. Os riscos são altíssimos, devido à incerteza da aplicação do Direito, surpresas no meio do caminho das recuperações judiciais ou falências e mesmo em razão da demora da justiça, que se mostra muitas vezes pró-devedores no Brasil, prejudicando os interesses dos credores e dos investidores. No entanto, aos altos riscos e à necessidade de grande experiência nesse mercado correspondem grandes ganhos, que no Brasil podem oscilar entre 30% e 50% ao ano.

Muitos empresários, executivos e profissionais de diferentes áreas possuem um conhecimento vago ou distorcido sobre o que é esse mercado de *distressed assets*. Assim, achamos por bem fazer uma análise do estágio em que o mercado se encontra, de sua evolução com a nova legislação, ao reunir alguns dos maiores especialistas na área, de forma a contribuir efetivamente para que os negócios viáveis sejam preservados por meio de melhores e modernas técnicas de prevenção e solução de crises empresariais, juntamente com o fortalecimento do mercado secundário para títulos e ativos em *stress*, para que continue a gerar valor, desenvolvimento econômico e empregos.

O livro está organizado de forma a apresentar no primeiro capítulo, escrito por Salvatore Milanese e Laysa Gouveia, especialistas da Pantalica e *experts* em *distressed investing*, uma visão geral desse mercado e das principais *asset classes*. Na sequência, traz uma abordagem detalhada e fundamental das melhores técnicas de *valuation* de empresas em *distress* por Wolney Netto, Antonio Bruno de Carvalho e Ricardo Lotti, os três membros da Pantalica e especialistas em *distressed investing*. No capítulo seguinte, José Mauro Braga, Christine Sauvignon e Ricardo Alexandre Suga Hirata, experts em reestruturação de dívida da PwC, exploram as técnicas de *Independent Business Plan Review*, enquanto o especialista em Direito Alexandre David apresenta os detalhes e a importância da realização do *due diligence* para mitigar os riscos existentes em transações com *special situations*. Em seguida, Rafael Fritch, sócio da casa de investimento Canvas Capital, apresenta o ponto de vista dos investidores sobre esse tipo de investimento, enquanto Marcelo Sacramone e Fernanda Piva, respectivamente juiz de Direito da 2ª Vara de Falência e Recuperação Judicial do Foro Central da Comarca de São Paulo e advogada com forte experiência em procedimentos concursais, discorrem sobre o papel do judiciário nos processos de *distressed M&A*. Em outro texto, Thomas Felsberg e Fabiana Solano, especialistas em procedimentos concursais e Direito Comercial, mostram como os processos falimentares podem representar grande oportunidade de investimento para especialistas em crise de empresas. Por fim, para dar ao leitor uma visão global moderna da gestão de negócios, Jorge Queiroz, executivo expert em *turnaround*, apresenta em detalhes os paradigmas de gestão de riscos e de recuperação de empresas, mostrando o passo a passo em dois casos complexos e bem-sucedidos de *turnaround* de grande porte.

Em suma, é nossa intenção, com este novo livro, contribuir para uma melhor compreensão desse mercado, ao promover uma abordagem mais profissional e organizada sobre tais processos e tipos de investimentos.

Boa leitura!

Salvatore Milanese e Jorge W. Queiroz

Capítulo 1

O mercado de distressed assets no Brasil: estatísticas, players e operações realizadas

Salvatore Milanese

Salvatore tem grande experiência em gestão de crise de empresas, *turnaround*, investimentos em *distress*, fusões, aquisições e estruturação de financiamentos complexos. Trabalhou em agências de *rating*, bancos de investimentos e consultorias multinacionais no Brasil e no exterior. Possui graduação em Bancos e Finanças pela Universidade de Messina - Itália, um MBA no CUOA - Itália e pós-graduação sobre liderança na Fundação Dom Cabral - Brasil. Presidiu a *Turnaround* Management Association do Brasil - TMA Brasil (2010 a 2012).

Laysa Gouveia

Laysa tem experiência em *turnaround*, reestruturação financeira e avaliação de *distressed assets*. Antes de se juntar à Pantalica Partners, trabalhou em *Financial Restructuring* na PwC e na área de Reestruturação da KPMG Brasil, onde atuou em processos em contexto judicial e extrajudicial. Tem também experiência em M&A, reestruturação e operacional e venda, revisão, *valuation* e análises de carteiras de crédito não performadas (NPLs). É graduada em Administração de Empresas pela Fundação Armando Álvares Penteado (FAAP) e em *Business Sciences* pela EAE Business School (Espanha).

1.1. Introdução – Mercados de *distressed investing* e seu funcionamento

O cenário de incerteza econômica de um país representa a arena preferida por investidores e fundos especializados em *distressed investing*. Nesse ambiente de recessão, tais entidades encontram oportunidades investindo em ativos depreciados em razão de situações de crises contingentes ou definitivas. Trata-se de fundos às vezes grandes, que administram algo na ordem de bilhões de dólares, dedicados à garimpagem de situações de empresas que entram em crise por má gestão financeira, mas com um bom negócio para ser reestruturado e depois vendido, de portfólios de créditos vencidos de bancos/outros credores ou de direitos creditórios de diversas naturezas que se prestam a ser precificados de qualquer maneira e aptos a negociação no mercado secundário.

Esses tipos de investidores não são novidade no mercado. Como muitas das inovações financeiras dos tempos modernos, o início da atuação de fundos especializados em investimentos em empresas em crise deve-se à atuação dos chamados *vulture funds* (em tradução livre, "fundos abutres"), no começo dos anos 1990, nos Estados Unidos. As oportunidades para tais investidores, que tecnicamente são fundos que investem em títulos acionários ou de dívida de empresas em crise, surgiram devido à falência de empresas que tinham acumulado altos níveis de dívida na década de 1980, em sua maioria por consequência de operações de fusões ou aquisições alavancadas (*leverage buy out*).

Tecnicamente, poderíamos classificar os *vulture funds* em:

- *Vulture funds* passivos: efetuam investimentos em posições minoritárias, não se envolvem na gestão das empresas investidas, atuam seguindo lógicas de diversificação da carteira de investimento e investem apenas em ações ou debêntures negociadas em mercados oficiais.
- *Vulture funds* ativos: efetuam investimentos minoritários, porém se envolvem na preparação do plano de reestruturação e *turnaround* e compram sempre títulos (ações ou debêntures) de empresas listadas.
- *Vulture funds* agressivos: entram exclusivamente em posição de controle, comprando ações ou debêntures de empresas listadas (líquidas) ou não listadas (ilíquidas) em quantidade suficiente para influenciar e dirigir o resultado do processo de reestruturação.

Alguns fundos se especializaram na aquisição de carteiras de créditos corporativos inadimplidos e em contencioso, pertencentes a bancos. Mas essa é uma atividade diferente, em que prevalece o viés jurídico e não se faz necessário possuir competências de investidor de *private equity*.

Os mercados dos Estados Unidos e da Europa proporcionaram, nos últimos anos, enormes oportunidades para esses fundos especializados. Especialmente depois da crise de 2008, dados da Debtwire (*news wire* especializada nesse mercado) mostravam que em 2010 quase US$ 2 trilhões de títulos de empresas de alto risco (*high yield*), em *stress* ou *distress*, em Chapter 11 e/ou *post restructuring*, estavam disponíveis para serem negociados. Na Europa, no mesmo período o valor era de € 150 bilhões. Tudo isso sem contar os US$ 600 bilhões de ativos da Lehman Brothers, que quebrou em 2008, e que necessitavam ser negociados/vendidos no mercado, e os trilhões de dólares de ativos podres que bancos americanos e europeus ainda não tinham provisionado nos livros deles e que alimentariam em breve o mercado de *distressed investing*.

Dados recentes publicados pelo Supervisory Banking Statistics, órgão que supervisiona e publica dados do sistema bancário na Europa, mostram (v. figura a seguir) que mais de € 900 bilhões estão classificados como problemáticos nos balanços de bancos europeus. A mesma instituição nos revela que mais de 680 investidores em 15 países na Europa estão comprando esses ativos.

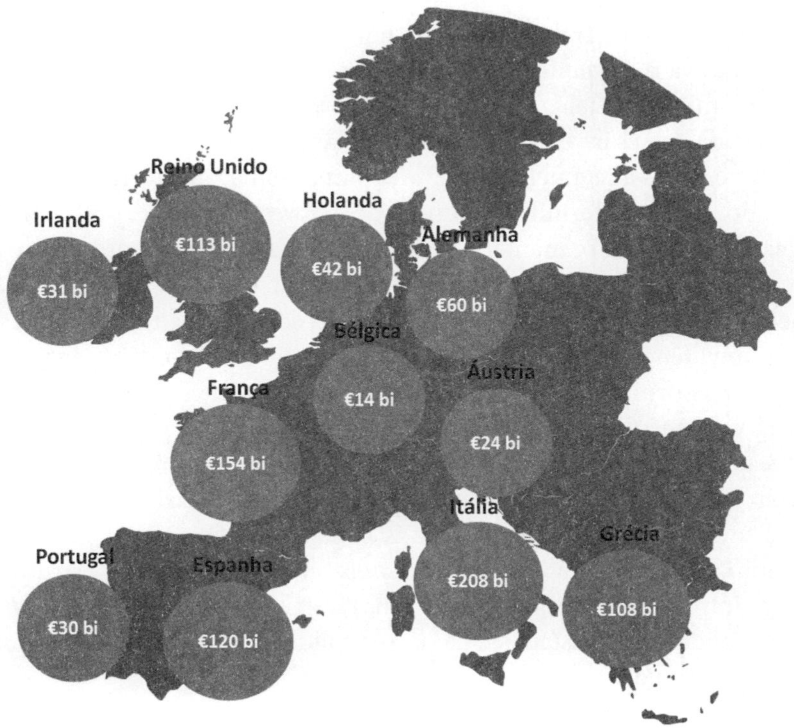

Uma pesquisa de março de 2019 publicada pela Debtwire, em colaboração com a consultoria Ashurst, mostra que os investidores estão abrindo novos mercados, como China, Índia, Tailândia, Oriente Médio, Indonésia e Argentina, tudo alimentado por longos períodos de *credit bonanza* (crédito concedido não muito criteriosamente) que se tornou *non performing*, isto é, inadimplido ou de difícil recuperação.

As atividades dos *vulture funds* agressivos evoluíram muito nos Estados Unidos, graças também ao quadro normativo do Chapter 11 (recuperação judicial), procedimento por meio do qual se dá preferência a alternativas de recuperação de uma empresa em crise e não à sua liquidação, prevendo toda uma série de garantias contra a sucessão fiscal e trabalhista, por exemplo, para quem investe na empresa em crise ou adquire ativos dela. A estratégia típica dos *vulture funds* agressivos americanos no Chapter 11 é comprar créditos de bancos ou debêntures contra a empresa, com grande desconto, numa quantidade suficiente para obter a maioria dentro da assembleia de credores, influenciando a estrutura do plano de reestruturação a seu favor.

Na nossa visão, a presença desse tipo de investidor permite a manutenção da atividade das empresas, possibilitando a geração de valor social, pois os investimentos efetuados por esses fundos/investidores constituem para empresários, bancos, trabalhadores e também para as instituições públicas uma alternativa à liquidação das empresas, que gera enorme destruição de valor econômico e social.

A entrada desses investidores em empresas em crise, porém com o *business* viável, isto é, aptas a recuperar valor, preserva o nome, a história e o *know-how* acumulado e salva determinados níveis de emprego; permite, preservando-se a cadeia de suprimento, manter a continuidade do fornecimento de produtos e serviços e, não menos importante, possibilita uma maior e mais rápida recuperação de créditos – do fisco, dos fornecedores, dos trabalhadores, dos entes de previdência e em parte dos bancos. Esse tipo de investidor agrega valor graças à sua enorme especialização, aportando experiência a situações em que outros enxergam apenas grandes riscos.

A capacidade de negociação desses fundos, de estruturar aportes financeiros rápidos, é fundamental para reduzir os prazos e os custos da crise de uma empresa. Mas somente isso não basta, pois esses investidores agem com uma forte abordagem "*hands-on*", reforçando a estrutura de gestão e introduzindo especialistas em reestruturação e *turnaround* para que seja rapidamente restabelecida a credibilidade e mesmo a confiança e o entusiasmo internos.

Forma de atuação dos fundos de *turnaround* e *special situations*

Para iniciar, deveríamos dizer que investimentos em empresas em crise ou *special situations* poderiam ser enquadrados em situações como as que se seguem, porém não se limitando a elas:

1. Empresas/negócios em crise financeira, com problemas de alto endividamento (crise financeira).
2. Empresas/negócios com problemas econômicos temporários ou transitórios (crise econômica transitória).
3. Empresas que atuam em segmentos não atendidos ou descuidados temporariamente pelo setor financeiro.
4. Empresas ou negócios com problemas de governança (conflito entre sócios, venda obrigatória de ativos etc.).
5. Portfólio de negócios com segmentos que devem ser vendidos ou descontinuados por não serem mais estratégicos para o grupo ao qual pertencem.
6. Empresas ou negócios com performance abaixo do desejado e pertencentes a *private equities* que chegaram próximo ao seu período máximo de investimento.

Qualquer que seja a situação ou o contexto em que se enquadra o investimento, esses fundos seguem na sua filosofia de investimento alguns princípios básicos, tais como:

1. A empresa ou o negócio que recebe o investimento deve ter um "*core business*" com potencial inexplorado, claramente identificável, apesar da situação de crise financeira ou de baixa performance.
2. A filosofia de investimento será sempre a de *value investor*, exceto nos casos em que o investidor se envolve em situações percebidas pelo mercado como sendo extremamente complexas e quase impossíveis de resolver, portanto com um nível de risco elevadíssimo (*goodwill* negativo) e com extrema depreciação dos ativos.
3. Procuram gerar retornos superiores, transformando-se em "chave para a mudança", injetando não somente dinheiro novo, mas sobretudo competências de gestão e administração com uma forte abordagem "*hands-on*", gerando credibilidade por meio de competência introduzida na gestão da crise.

Entre os típicos critérios de investimentos, podemos identificar:

- A preferência por uma posição majoritária, ou pelo menos de controle, sempre e em qualquer contexto, voltada a assegurar a direção e o governo das difíceis decisões a serem tomadas.
- Investimentos em setores que possam se beneficiar de tendências macroeconômicas de crescimento ou que estejam passando por um processo de consolidação.
- Investimentos em negócios ou setores em que o administrador do fundo investidor e seu time tenham uma expertise específica (por exemplo, como CEO de empresas do setor).
- Situações de empresas *underperforming*, mas com patrimônio líquido positivo, ou de empresas com patrimônio líquido negativo, mas com potencial operacional muito grande, ou, ainda, empresas pertencentes a grupos/acionistas em dificuldades financeiras.

A forma de entrada desses investidores no capital das empresas *target* pode variar, mas geralmente identificam-se duas técnicas:

1. Compra da empresa por meio de injeção de capital durante o período de declínio, sem que um *default* ou uma crise mais evidente tenha se manifestado. Dessa forma, compra-se barato, almejando criar valor por meio da subsequente reestruturação do negócio.

2. Compra do controle da empresa/negócio conforme procedimentos concursais, seja adquirindo diretamente o controle do capital no contexto das medidas de recuperação oferecidas pelo procedimento, seja assumindo o controle por meio de troca de dívida adquirida previamente no mercado (via bancos ou fundos) pelo capital da empresa *target*. Nesse caso, os investidores procuram direcionar o processo de reestruturação judicial em seu próprio benefício, assumindo posições majoritárias como credores da empresa.

Se a entrada se der no contexto de procedimentos concursais (recuperação judicial ou extrajudicial no Brasil), é muito importante para o sucesso da operação que os procedimentos concursais sejam pró-recuperação, e não pró-liquidação, apresentando soluções que favoreçam a entrada de investidores que tenham um conhecimento profundo da lei de falências e recuperação do país nos quais efetuam seus investimentos.

1.2. Mercado e característica no Brasil

Há vários anos existem investidores investindo em empresas em crise e carteiras de créditos inadimplidos no Brasil. Há investidores que investiram volumes de recursos importantes, constituindo estruturas de cobranças próprias para essas carteiras de crédito inadimplido, ou investiram em *joint ventures* com empresas de cobranças locais para o *servicing* das carteiras. Os negócios têm adquirido corpo ao longo dos anos, passando de alguns bilhões de carteiras compradas (em valor de face), em 2005 e 2006, a mais de dezenas de bilhões negociados por ano entre 2007 e 2018, como mostrado mais adiante ao longo deste capítulo. Isso atraiu plataformas (investidores) nacionais e internacionais que se firmaram e que hoje compram periodicamente carteiras acessando bancos, varejistas e empresas de telefonia para adquirir recebíveis (créditos) vencidos acima de 180 dias ou mais.

Com a nova Lei de Recuperação de Empresas e Falência (LREF), que entrou em vigor em meados de 2005, mais oportunidades foram geradas no Brasil para *distressed investors*.

A nova LREF tem como propósito principal preservar o negócio em funcionamento, protegendo os postos de trabalho em detrimento dos interesses dos acionistas da empresa em crise, que se subordinam ao objetivo social da lei. Por essa razão, a nova LREF introduziu um dispositivo antes não previsto nos procedimentos concursais no Brasil: a possibilidade de vender ativos ou unidades de negócios independentes sem que o comprador seja responsabilizado pelos passivos fiscais e trabalhistas pregressos.

Conforme a lei anterior, exceto no caso da venda de ativos efetuada dentro do contexto da falência, o comprador desses ativos estava sujeito à responsabilidade sucessória de todos os passivos tributários e trabalhistas, tanto conhecidos como ocultos no momento da compra. Considerando que normalmente uma empresa em crise atrasa impostos e acumula dívida trabalhista como forma de gestão do status de iliquidez, era impensável obter uma avaliação atrativa ou até manifestação de interesse por parte de investidores, especialmente quando esse montante de tributos e obrigações trabalhistas devidos e atrasados excedesse o valor intrínseco dos negócios/ativos, inviabilizando, assim, sua transferência.

Ao permitir que a venda possa envolver ativos ou unidades isoladas sem riscos de sucessão tributária e trabalhista, a nova LREF praticamente elimina a necessidade de prolongados processos de *due diligence* para a estimativa de passivos, criando oportunidades de geração de valor quando as empresas em crise, com passivos fiscais e trabalhistas, necessitam trilhar uma solução de reestruturação por meio da venda rápida de ativos ou unidades isoladas, que só pode ser viabilizada utilizando-se esse novo dispositivo da nova LREF.

A venda de ativos ou unidades isoladas pode ser prevista dentro dos planos de recuperação apresentados no contexto da recuperação judicial e deve ser aprovada pelos credores. Quando essa venda envolver ativos ou unidades dadas em garantia a específicos credores, estes deverão expressamente manifestar-se a favor, permitindo que a operação seja realizada, liberando as garantias. A venda de filiais, ativos ou unidades produtivas isoladas está prevista no artigo 60 da LREF, que assim reza:

> "Art. 60. Se o plano de recuperação judicial aprovado envolver alienação judicial de filiais ou de unidades produtivas isoladas do devedor, o juiz ordenará a sua realização, observado o disposto no art. 142 desta Lei.
>
> Parágrafo único. O objeto da alienação estará livre de qualquer ônus e não haverá sucessão do arrematante nas obrigações do devedor, inclusive as de natureza tributária, observado o disposto no § 1º do art. 141 desta Lei".

O artigo 141 reafirma o conceito de não sucessão:

> "Art. 141. Na alienação conjunta ou separada de ativos, inclusive da empresa ou de suas filiais, promovida sob qualquer das modalidades de que trata este artigo.
>
> [...]
>
> II – o objeto da alienação estará livre de qualquer ônus e não haverá sucessão do arrematante nas obrigações do devedor, inclusive as de natureza tributária, as derivadas da legislação do trabalho e as decorrentes de acidentes de trabalho".

A venda deverá ocorrer, quando possível, conforme o disposto no artigo 142, o qual define as três modalidades, incluindo leilão por lances orais, propostas fechadas e pregão. A lei também é flexível, pois o artigo 144 prevê que "Havendo motivos justificados, o juiz poderá autorizar, mediante requerimento fundamentado do administrador judicial ou do Comitê, modalidades de alienação judicial diversas das previstas" e mencionadas anteriormente.

De fato, a nova LREF gerou um escudo contra possíveis passivos trabalhistas e/ou fiscais, criando incentivos tanto para empresas em recuperação judicial venderem seus ativos para implementar seus planos de reestruturação quanto para potenciais investidores.

É importante notar que esse escudo não existe quando o comprador é um indivíduo (ou indivíduos) próximo ao devedor, de acordo com os três itens do parágrafo 1º do artigo 141:

> "I – sócio da sociedade falida, ou sociedade controlada pelo falido; II – parente, em linha reta ou colateral até o 4º (quarto) grau, consanguíneo ou afim, do falido ou de sócio da sociedade falida; ou III – identificado como agente do falido com o objetivo de fraudar a sucessão".

Em relação aos funcionários, a LREF deixa claro que eles devem ser admitidos pelo novo proprietário da parte eliminada com novos contratos de trabalho, e o comprador não deve ser responsável pelo passivo vinculado aos antigos contratos.

A jurisprudência tem se mantido favorável à não sucessão de passivos trabalhistas, firmando o espírito da LREF de manter os investidores em um processo de recuperação judicial livres de qualquer passivo.

Em resumo, a LREF introduz um instrumento valioso para investidores dispostos a fazer sua lição de casa e a explorar as possibilidades oferecidas por ela, sendo por meio de participação ativa em processos de recuperação judicial já em curso, ou por meio de um pacote predefinido de recuperação, no qual os termos são negociados entre o devedor, o investidor e os principais credores, mesmo antes que a empresa faça o requerimento por uma recuperação judicial.

Outra importante inovação para investidores em ativos em *distress*, introduzida pela nova LREF, é o conceito de DIP, ou *Debtor-In-Possession, Financing*.

Empresas que fazem o requerimento por uma recuperação judicial frequentemente estão atravessando uma severa crise de liquidez. A atenção pública resultante desse processo geralmente cria uma resistência adicional por parte dos credores e fornecedores, agravando essa crise.

Nesse tipo de cenário, a nova LREF reconhece que é crucial que a empresa tenha acesso a capital e insumos, garantindo que ela possa implementar seu plano de recuperação e pagar suas dívidas.

A nova LREF inclui, essencialmente, dois novos dispositivos para a proteção de credores e fornecedores que oferecem financiamento após a petição:

- Créditos pós-petição são considerados direitos superprioritários caso a recuperação judicial seja convertida em uma liquidação.
- Créditos pré-petição e quirografários passam a ser prioritários quando o credor continua a fornecer bens e serviços ou a financiar a empresa, mas somente se a recuperação for convertida em liquidação.

Dados esses dois dispositivos introduzidos pela nova LREF, muitos planos de recuperações judiciais incluem explicações detalhadas sobre como cada categoria de crédito está sujeita a aprimoramentos caso o credor continue a fornecer bens, serviços ou financiamento à empresa. Esses dispositivos se aplicam tanto a novos quanto a antigos credores.

Investidores interessados em utilizar instrumentos de dívidas baseiam-se no fato de que o plano de recuperação judicial foi abertamente discutido e aprovado pelos credores, bem como sancionado pelo juiz, criando uma rede de segurança adicional para o *DIP investor*.

Existe hoje uma importante jurisprudência em casos envolvendo a discussão sobre a prioridade de recebimento de credores que financiaram a empresa durante uma recuperação judicial. Alguns casos de sucesso de importância nacional serão comentados por outros autores ao longo deste livro.

A lei introduziu dois conceitos interessantes, sendo o primeiro similar ao do DIP Finance, tal como existe no procedimento de Chapter 11 nos Estados Unidos. Trata-se de financiamento disponibilizado a empresas em recuperação judicial, garantindo, no caso de falência e liquidação da empresa, uma prioridade no recebimento a tal financiador. Em outras palavras, o legislador quis dar um incentivo aos financiadores (fundos ou bancos) para financiar empresas em recuperação judicial, a fim de que o dinheiro emprestado às recuperandas, fundamental matéria-prima para o sucesso de uma reestruturação, pudesse ser garantido com prioridade no caso de cenário adverso, como uma liquidação. O segundo conceito diz respeito à possibilidade, introduzida pela lei, de vender parte do negócio em crise e em recuperação judicial, sem que o comprador seja responsabilizado pelos passivos trabalhistas e fiscais pregressos. Inclusive na falência, diferentemente do que estabelecia a lei no passado, os ativos da massa poderão ser adquiridos sem ônus algum pelo investidor. Isso representa uma grande inovação, que proporciona relevantes oportunidades de negócio para investidores em *distressed assets* no contexto dos procedimentos concursais aplicáveis no Brasil.

Portanto, entre negócios estabelecidos e progredindo, como os investimentos em carteiras de créditos inadimplidos, novos negócios (DIP Finance) e compra de ativos/empresas em crise, no Brasil está estabelecido um mercado para investidores especializados, que prevemos deverá crescer enormemente nos próximos anos.

1.3. Operações envolvendo portfólios de NPLs no Brasil

Nos últimos sete anos o Brasil viu o volume de créditos do Sistema Financeiro Nacional (SFN) ter um aumento de 60%, chegando a R$ 3,3 trilhões em dezembro de 2018, segundo informações do Banco Central do Brasil (Bacen). Nesse mesmo período, a inadimplência total no SFN, que considera inadimplidos os créditos com ao menos uma parcela em atraso superior a 90 dias, subiu 30%, atingindo R$ 93,5 bilhões (2,9% do total de créditos do SFN) em dezembro de 2018, alcançando o pico de 4,05% em relação ao total de créditos do SFN em maio de 2017. Dentre as categorias, o crédito para pessoas físicas destacou-se, apresentando inadimplência de 3,25%, enquanto os créditos para pessoa jurídica ficaram em patamares de 2,4%. A inadimplência não afetou apenas o crédito bancário, mas o crédito cedido por empresas para o mercado também piorou em 2017 e 1018. Dados da Serasa indicam que o número de pessoas jurídicas inadimplentes aumentou 23,1%, atingindo 5,6 milhões de empresas e R$ 126,4 bilhões em dívidas negativadas, enquanto o número de pessoas físicas inadimplentes teve um aumento menos expressivo, crescendo apenas 5% e atingindo 62,4 milhões de indivíduos e R$ 247,1 bilhões em dívidas negativadas.

Com o volume crescente de inadimplência nas carteiras e a mudança de percepção de que a cobrança dentro de casa não é vantajosa, pois demanda investimentos de tempo e capital e provavelmente não alcançaria o mesmo retorno que uma empresa especializada, por não ser esse seu *core business*, empresas e bancos vêm buscando cada vez mais se desfazer desses ativos que não performam, cedendo-os para investidores especializados, como empresas de cobrança e Fundos de Investimento em Direitos Creditórios (FIDC), que têm como foco a recuperação desses valores. Além de manter o foco no negócio, a venda dessas carteiras antecipa recursos que podem ser reinvestidos no negócio ou, no caso dos bancos, abrem espaço para fornecimento de crédito a outros clientes e geram benefícios fiscais.

Outro incentivo à cessão dessas carteiras pelos bancos é o Acordo de Basileia, que estipula que os bancos devem manter um percentual mínimo de 11% de patrimônio em relação ao total emprestado, ou seja, para cada R$ 1.000,00 emprestados, o banco deve manter um patrimônio de R$ 110,00. Portanto, com o volume crescente de inadimplência nas carteiras, o movimento natural dos bancos é tentar liberar o espaço tomado por créditos que não estão performando para dar lugar a créditos que tragam resultados financeiros positivos.

De 2008 a 2018, o mercado movimentou R$ 167,4 bilhões em valor de face de carteiras de créditos não performados (*non performing loans* – NPL), apresentando uma taxa média composta de crescimento anual (CAGR) de 16,5%, segundo informações de mercado e levantamento realizado pela PwC Brasil. Nos anos de 2016 e 2017, o *aging* das carteiras que circularam no mercado aumentou consideravelmente (apresentando dívidas mais antigas), o que acarretou menores preços de venda.

Volume de créditos NPL transacionados no Brasil

Fonte: PwC.

Para 2019 é esperado um aumento no volume de transações, com expectativa de que o mercado movimente R$ 36,5 bilhões (em valor de face) de carteiras envolvendo NPLs, sendo que até março já estavam em andamento transações com montante de R$ 10,6 bilhões.

1.4. Precificação de carteira de créditos

A precificação de carteira de créditos é feita pela metodologia de fluxo de caixa descontado (Discounted Cash Flow - DCF), isto é, pela estimativa de realização líquida (recebimentos) dos créditos que a compõem, trazidos ao valor presente pela taxa de desconto (Valor Presente Líquido - VPL). O fluxo de caixa deve refletir a expectativa de recuperação dos valores no tempo, deduzidos os custos aplicáveis a cada tipo de carteira (documentação, custos de leilão etc.), os impostos e eventuais contingências (ações contrárias pelos devedores etc.), e ser trazido ao valor presente pela taxa de desconto que reflita o risco de realização da recuperação esperada para a carteira e o custo de oportunidade do investidor. A taxa de desconto normalmente varia entre 15% a.a. e 30% a.a. para carteiras de NPL.

Fatores que afetam o valor de uma carteira de créditos

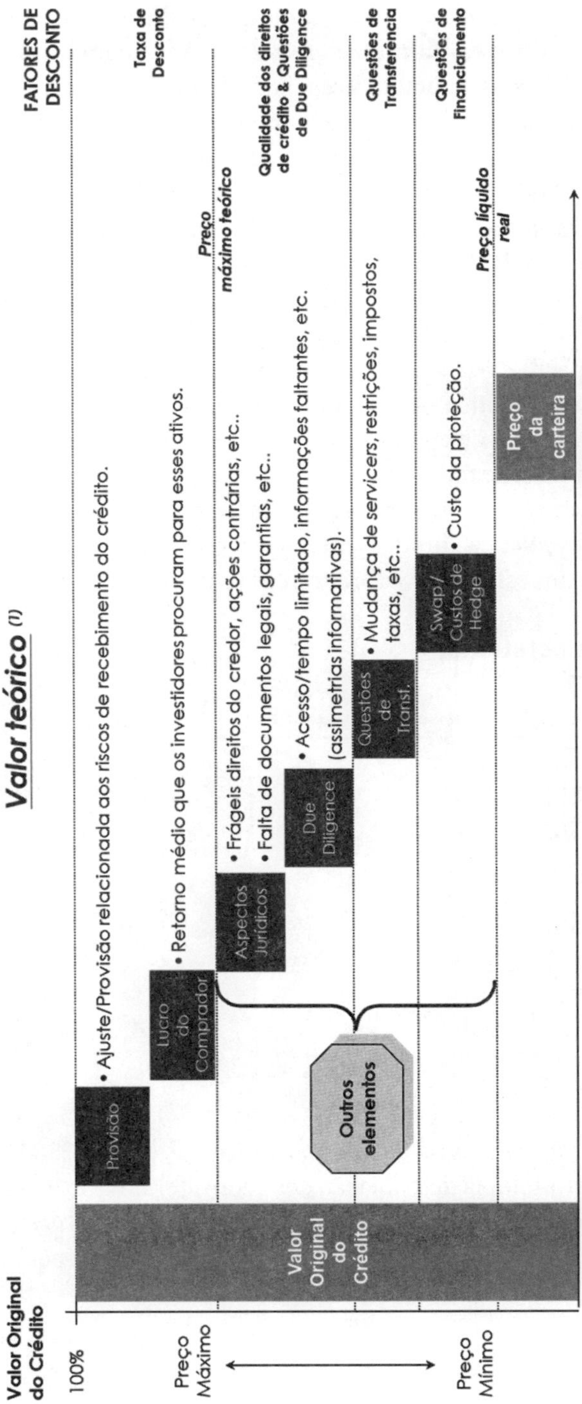

(1) Somente para efeito indicativo: tamanho de barras não estão demonstradas em escala. Não se trata de país específico.

A forma de aplicação da metodologia de DCF pode ser estatística ou analítica, podendo esta última ser realizada por análise amostral ou caso a caso, dependendo das características da carteira. Após uma análise preliminar e estratificação dos créditos que serão precificados por suas principais características, esses créditos são agrupados de acordo com seu perfil e assim determina-se a metodologia que será utilizada para cada grupo. As principais características analisadas são: tíquete médio, origem do crédito, garantias, tipo de cobrança e tipo de devedor.

Para a determinação do fluxo de recuperação pela metodologia estatística é observado o comportamento histórico da carteira analisada ou de carteiras com mesmo perfil e extrapolado o mesmo comportamento para o futuro, de forma média e estatística. A metodologia estatística é usualmente aplicada na avaliação de carteiras de créditos massificados, sem garantias, de tíquete médio baixo e sem ajuizamento.

Apresentamos a seguir números ilustrativos da metodologia utilizada na avaliação estatística, fundamentada na recuperação histórica da carteira, considerando um esforço de cobrança despendido ao longo de 24 meses.

Metodologia estatística

Faixa de atraso (dias)	Fluxo de recuperação nominal (R$) – Meses 1º	2º	. . .	23º	24º
360-390	58.957				
391-420	33.265	34.236			
421-450	35.018	23.285			
451-480	34.842	21.520			
.	.	.	.		
1021-1050	33.366	28.590		32.044	
1051-1080	46.749	31.065		43.777	29.834
TOTAL	389.041	387.805		75.821	29.834
	F_1	F_2	. . .	F_{23}	F_{24}

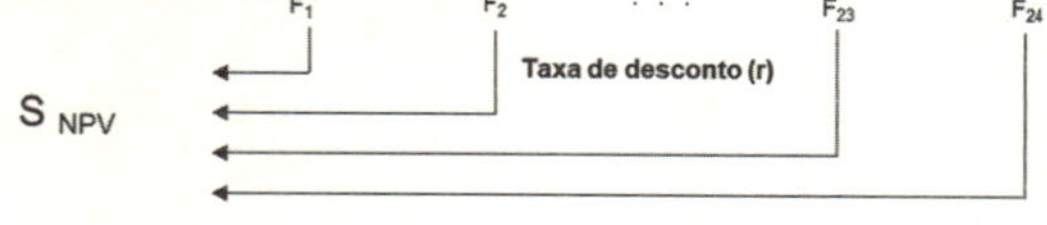

Aplicando-se as taxas de recuperação histórica na carteira que está sendo avaliada determina-se o fluxo de recuperação nominal. O fluxo é trazido a valor presente pela taxa de desconto para se determinar o valor de recuperação da carteira avaliada.

$$\sum_{NPV} = \frac{F_1}{(1+r)^1} + \frac{F_2}{(1+r)^2} + \ldots + \frac{F_{23}}{(1+r)^{23}} + \frac{F_{24}}{(1+r)^{24}}$$

Além da projeção dos recebimentos futuros (F1, F2... F23, F24) relacionados à carteira, a metodologia de avaliação deve considerar também custos e despesas de recuperação, impostos, possíveis contingências e outros gastos. Dessa forma, o valor presente líquido da carteira pode ser definido pela equação abaixo:

$$VPL(C) = S_{NPV} - VP_{CDR} - VP_{Impostos} - VP_{Contingências} - VP_{Outros\ gastos}$$

Onde:

VPL(C) = Valor presente líquido da recuperação da carteira
S_{NPV} = Valor presente dos fluxos de recuperação nominal da carteira
VP_{CDR} = Valor presente dos custos e despesas de recuperação
VP Impostos = Valor presente dos impostos
VP Contingências = Valor presente de possíveis contingências
VP Outros gastos = Valor presente de outros gastos identificados

Assim, a fim de determinar a relação de recuperação (%) entre o valor presente líquido da carteira/crédito e o seu valor de face, deve-se realizar o seguinte cálculo:

Recuperação (%) = VPL (Carteira ou crédito) **/ Valor de face** (Carteira ou crédito)

Na metodologia analítica caso a caso, a principal diferença em relação à metodologia estatística é que se projeta o fluxo de recuperação esperado de forma individual para cada um dos créditos que compõem a carteira, sendo necessária uma análise mais detalhada de cada crédito, considerando: a situação financeira do devedor, a real situação e valor da garantia, a liquidez do devedor, o estágio da ação judicial contra o devedor e avalistas (por exemplo, ação de execução, monitória, busca e apreensão, cobrança etc.), a estratégia de recuperação, a probabilidade de êxito e os custos relacionados à recuperação do crédito e da garantia. Dessa forma, o valor da carteira será a soma do VPL de cada um dos créditos que a compõem. Na metodologia analítica amostral são analisados alguns créditos selecionados que tenham características que representem a totalidade da carteira, de forma que o resultado médio da recuperação esperada desses casos possa ser aplicado ao restante da carteira de forma homogênea.

Metodologia analítica

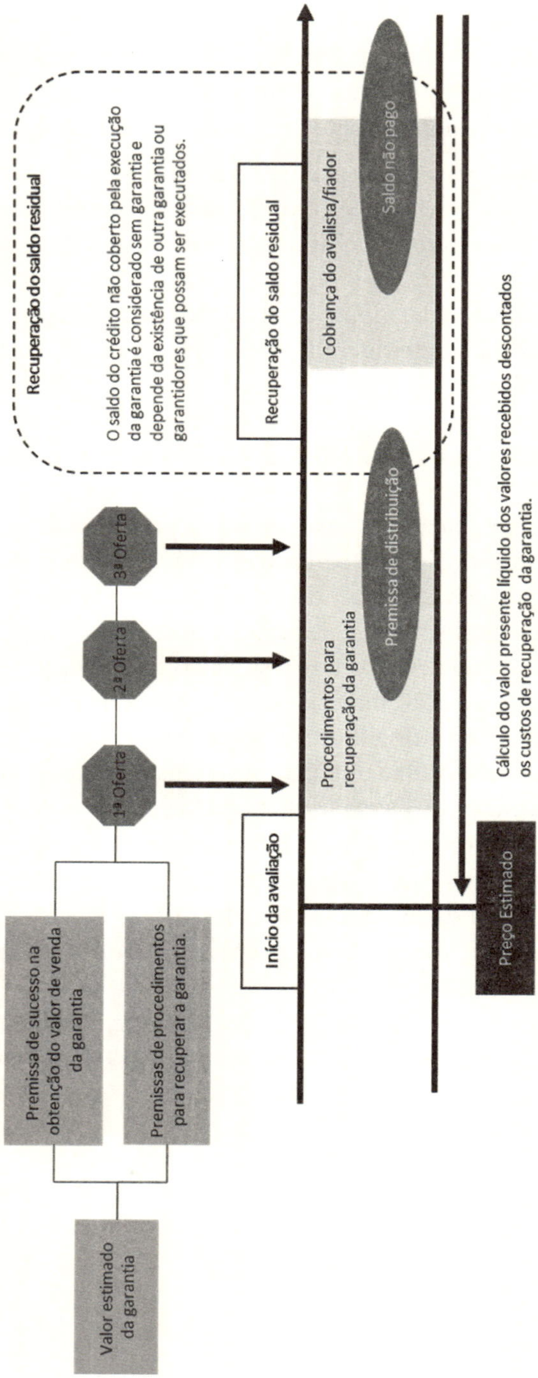

A metodologia analítica é utilizada em carteiras de créditos com ou sem garantias, de valores unitários relevantes e normalmente ajuizados.

1.5. Resultados das precificações

Quanto às carteiras compostas por créditos de características semelhantes, observa-se uma constância no comportamento das curvas de recuperação, e a precificação desses créditos costuma seguir um padrão, podendo sofrer alterações pela idade média da carteira e eventuais especificidades do crédito, como por exemplo o estado federativo do devedor, que pode dificultar a ação de cobrança e assim reduzir a expectativa de recuperação e, consequentemente, o valor do crédito percebido pelo investidor.

Para carteiras das modalidades de cartão de crédito, cheque especial e crédito ao consumidor, a precificação normalmente resulta entre 1,0% e 7,0% do valor de face do crédito, variando principalmente de acordo com a idade média da carteira e o esforço de recuperação já despendido para esses créditos.

Para carteiras massificadas de crédito para aquisição de bens móveis (carros, motos etc.), a precificação normalmente resulta entre 5% e 10% do valor de face dos créditos quando a garantia ainda está vinculada ao contrato; nos casos em que não há mais garantia, esse valor pode chegar a 1% do valor de face. Nesse caso, além da dificuldade de localizar a garantia, os custos de documentação podem reduzir a expectativa de recuperação desses valores.

Quanto aos créditos para pequenas empresas, o range de precificação é mais amplo e costuma variar de 2% a 30%, de acordo com as garantias, tipo de crédito e estágio da cobrança. Já para os créditos corporativos de grandes empresas, com tíquetes maiores, normalmente com maior lastro de garantias e informações organizadas, a precificação fica em torno de 20% a 40% do valor de face dos créditos. Essa maior recuperação perante outros créditos ocorre pois, além das garantias, esses créditos costumam ter aval dos sócios, havendo assim mecanismos jurídicos mais efetivos para cobrança, facilitando a realização de um acordo de pagamento dos valores devidos ou a localização de bens para execução.

Range das precificações por tipo de crédito

	Tipo de crédito	Preço médio (% do valor de face)
Sem garantia	Cartão de crédito	2% a 7%
Sem garantia	Varejo	1% a 4%
Sem garantia	PME	2% A 8%[1]
Com garantia	Auto	5% a 10%
Com garantia	PME	10% a 30%
Com garantia	Corporativo	20% A 40%[2]

[1]Varia de acordo com o tipo de crédito e o estágio da cobrança.

[2]Varia individualmente de acordo com a expectativa de recuperação dos valores considerando garantias, possibilidade de acordo, etc.

Tanto nas carteiras para pessoa física quanto naquelas para pessoa jurídica, os créditos que podem ser acessados mais facilmente apresentam maior inadimplência em relação ao total da modalidade na carteira do SFN. São créditos sem garantia, como cheque especial e cartão de crédito. Nas modalidades de crédito para pessoa física nota-se também alta inadimplência nas composições de dívidas, que nada mais são do que novos créditos para repactuar antigos débitos com os bancos.

Nessas situações de inadimplência, a venda desses créditos para um investidor especializado pode ser benéfica inclusive para o devedor, pois esses investidores podem oferecer prazos, descontos e demais condições que nem sempre o originador do crédito está disposto a dar, aumentando assim a chance de um bom acordo para o devedor, pela possibilidade de condições que se ajustem à sua realidade.

Com a aquisição de um crédito, o cessionário passa a deter o direito legal de cobrança deste, inclusive podendo inserir o nome dos devedores nos órgãos de proteção ao crédito e realizar ações judiciais.

Inadimplência por modalidade de crédito no SFN – pessoa jurídica

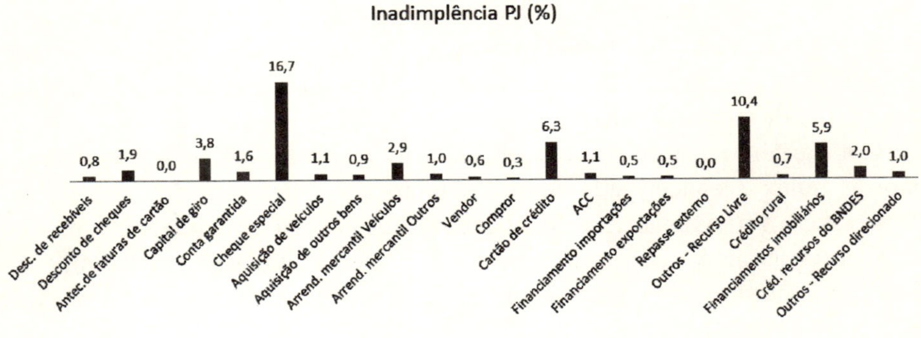

Fonte: BCB.

Inadimplência por modalidade de crédito no SFN – pessoa física

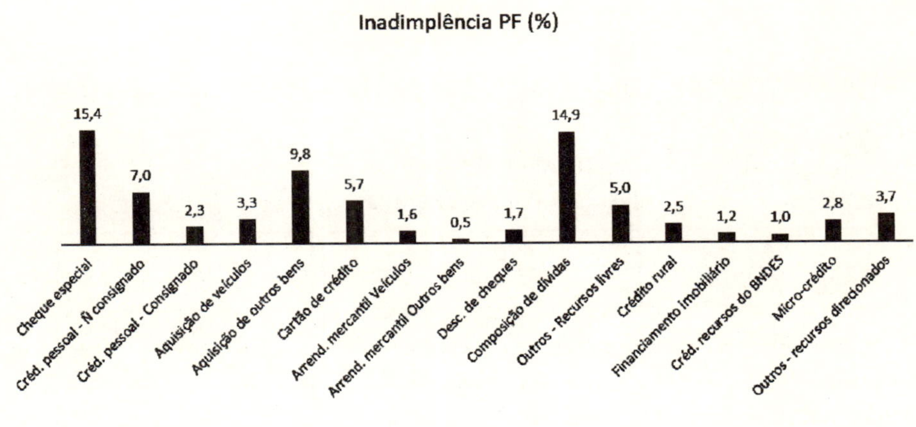

Fonte: BCB.

1.6. Financiamento de empresas em crise

As crises empresariais resultam, em sua maioria, em problemas de liquidez, sendo a falta de caixa um resultado quase certo. Nesse contexto, a obtenção de crédito passa a ser primordial para a continuidade da empresa e a equalização da situação de falta de recursos.

Contrariando as práticas de mercado para empresas em situação normal, para as quais o concentrado mercado financeiro brasileiro tem apetite, as empresas em *distress* ficam fora do radar das instituições financeiras tradicionais, sendo a regulação bancária brasileira um fator importante que não incentiva o financiamento dessas empresas, uma vez que prevê a realização de provisões para perdas de acordo com o nível de risco de cada crédito.

A classificação do nível de risco é de responsabilidade da instituição detentora do crédito e deve ser definida com base em critérios mínimos estabelecidos pelo Bacen, contemplando análises do devedor, dos garantidores e da operação, sendo afetada também pelo atraso das operações em caso de *default*. Nesses casos, o Bacen estipula um nível mínimo de risco, que deve ser atribuído de acordo com o atraso da operação. O nível de risco varia de AA até H, em que se determina a provisão obrigatória de 0% a 100% do valor das operações (Resolução BCB n. 2.682).

Provisão obrigatória por nível de risco – Resolução n. 2.682 Bacen

Nível de Risco	Provisão obrigatória (% do valor da operação)	Atraso
AA	0%	-
A	0,5%	-
B	1,0%	Entre 15 e 30 dias
C	3,0%	Entre 31 e 60 dias
D	10,0%	Entre 61 e 90 dias
E	30,0%	Entre 91 e 120 dias
F	50,0%	Entre 121 e 150 dias
G	70,0%	Entre 151 e 180 dias
H	100,0%	Acima de 180 dias

A situação fica ainda mais complexa no caso de empresas em recuperação judicial, uma vez que a atual Lei de Recuperação de Empresas e Falência,

n. 11.101, de 2005, não fornece aos financiadores a segurança jurídica necessária na proteção do crédito e das garantias que serão alienadas ao financiador frente a outros credores. Assim, o custo do crédito para as empresas em crise fica extremamente elevado, pois o banco precisa remunerar tanto o valor efetivamente emprestado quanto o provisionado, e ainda precificar os riscos de a empresa não honrar o compromisso ou ter problemas com credores em caso de recuperações judiciais e falências.

Em 2018, foram feitos na justiça brasileira 1.408 pedidos de recuperação judicial, dos quais 1.215 foram deferidos pelo juízo, segundo dados da Serasa Experian. Desse total de deferimentos, 61% foram requeridos por micro e pequenas empresas, 24% por médias empresas e 15% por grandes empresas.

Juristas do Brasil vêm tentando aprovar a reforma da LREF, que visa, entre diversos outros pontos, melhorar a regulamentação da concessão de crédito a empresas em recuperação judicial, dando transparência ao processo e segurança ao financiador, com o intuito de reduzir o custo do crédito e aumentar a oferta dessas linhas. A proposta que tramita no Congresso prevê dar segurança aos financiadores após a recuperação judicial, estabelecendo sua prioridade em relação a outros credores em caso de falência, reduzir o prazo de aprovação para os novos financiamentos e possibilitar a oneração ou alienação de bens e direitos.

A dificuldade de financiamento com bancos abre espaço para fundos de investimento especializados em investimentos de alto risco. O apetite pelo risco vem acompanhado da necessidade de altos retornos, em média de 20% a 30% ao ano, o que gera um alto custo de financiamento para as empresas em crise.

No entanto, apesar de ser uma alternativa cara para as empresas, esse recurso pode significar a continuidade do negócio, dando o fôlego necessário para que superem a crise. Para o investidor, o retorno é bastante atrativo, principalmente se comparado às taxas de juros básicas do Brasil, atualmente na casa de 6,5% ao ano, e também de outros países, como os Estados Unidos, em que a taxa está entre 2,25% e 2,50% ao ano, e da Zona do Euro, onde muitos trabalham com taxas negativas.

Para os investidores que buscam os retornos oferecidos nesse tipo de empresa, além da opção de participar via dívida, há a possibilidade de aquisição de participação na sociedade. O investimento via dívida pode ser feito por meio da concessão de novo crédito ou pela aquisição da posição de um credor já existente, sendo uma forma de menor exposição ao risco para o investidor, uma vez que o risco máximo é definido pelo valor do crédito; porém, da mesma forma, há limite de retorno, estabelecido pelas condições do financiamento. No investimento via participação, além do risco inicial do capital injetado, há o risco de o investidor ser afetado por demandas trabalhistas ou fiscais que recaiam sobre os sócios se a estrutura de aquisição não estiver devidamente resguardada pela legislação, como na utilização de Unidades Produtivas Isoladas (UPIs). Da mesma forma, com a superação da crise e a retomada do crescimento da companhia, a valorização da participação adquirida pode atingir níveis de retorno para o investidor exponencialmente maiores.

1.7. Quem são os operadores desses mercados

O número de fundos de investimento no Brasil mais do que dobrou nos últimos dez anos, chegando a 17,3 mil fundos de diferentes classes com patrimônio líquido de R$ 4,8 trilhões em 2018. Desses fundos, 920 são FIDCs, que cresceram nesse período a uma taxa média de 17% ao ano. O papel dos FIDCs no financiamento da economia vem crescendo ao longo dos últimos anos.

Fundos de investimento por classe – 2018

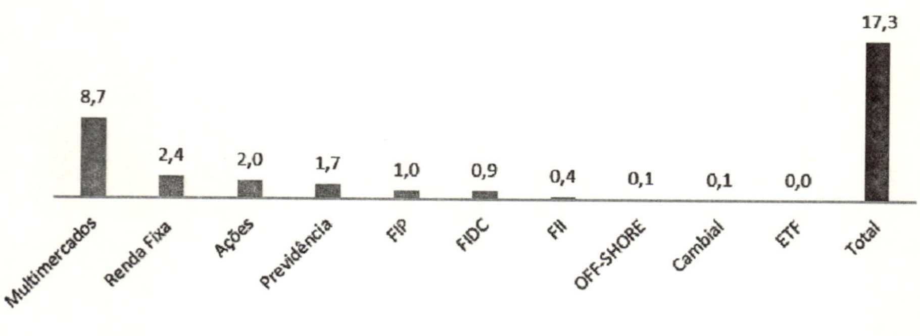

Fonte: Anbima.

Apenas em 2018 o número de FIDCs cresceu 26%, impulsionados pelo aumento da demanda de crédito por empresas para capital de giro, pagamento de dívidas e investimentos e por pessoas físicas para consumo.

Evolução do número de FIDCs no Brasil

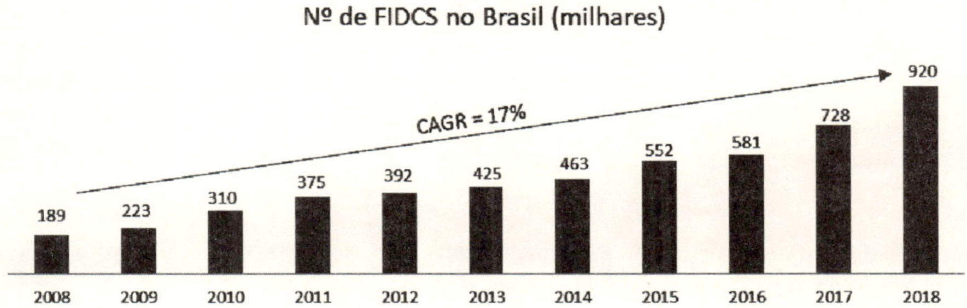

Fonte: Anbima.

Desde 2014, o patrimônio líquido dos FIDCs cresceu a uma taxa média de 16% ao ano, e para 2019 a perspectiva é de crescimento acelerado dos FIDCs – nos primeiros dois meses do ano o patrimônio líquido desses fundos cresceu 12%, atingindo R$ 136,4 bilhões, segundo dados da Anbima.

Evolução do patrimônio líquido dos FIDCs no Brasil

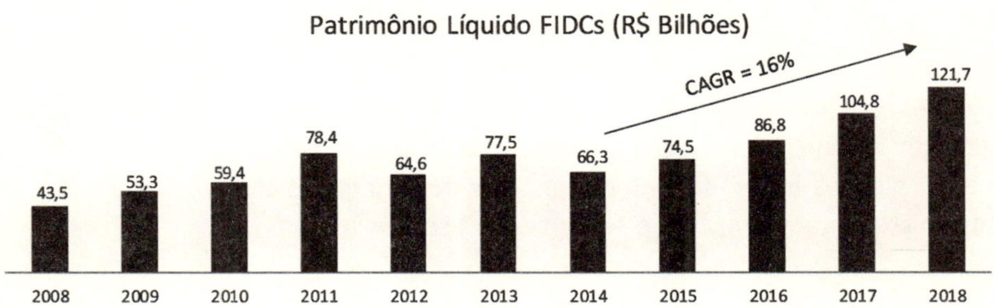

Fonte: Anbima.

Em momentos de crise, os FIDCs se tornam peça importante também no mercado com operações envolvendo NPL; em 2018 os FIDCs focados nesse tipo de crédito cresceram 17,6%, conforme dados da Uqbar.

Na venda de carteiras NPL e na recuperação desses créditos são envolvidos diversos players, conforme quadro a seguir com exemplo de estrutura de um FIDC para NPL.

Exemplo de estrutura de FIDC para NPL

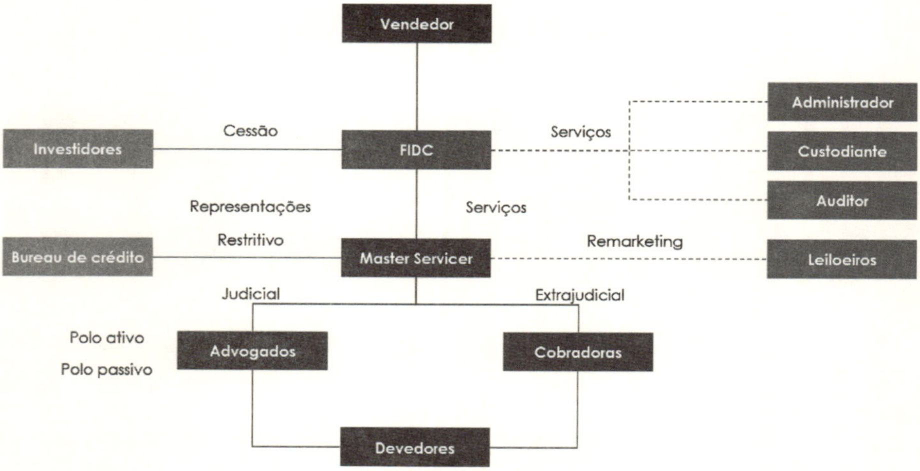

Segundo a Instrução n. 356 da CVM, é obrigatório para o FIDC ter uma instituição administradora que seja instituição financeira e a contratação de empresas que prestem os serviços de custódia, auditoria e classificação de risco dos fundos. O administrador é o responsável pelo funcionamento do fundo, cuidando das atividades do dia a dia; o custodiante pode ser definido como o responsável por guardar os ativos do fundo, fornecendo informações e dados para os gestores e administradores do fundo, e o auditor é responsável por garantir a transparência e a qualidade das informações da administração do fundo para os investidores e as agências de *rating* que classificam o risco do fundo e tornam mais claro o seu nível de segurança.

Ranking de prestadores de serviço para FIDC

#	Administrador	PL Administrado (% do Total)
1	BB DTVM S.A	27%
2	OLIVEIRA TRUST DTVM	20%
3	SOCOPA SOCIEDADE CORRETORA PAULISTA	15%
4	BEM	13%
5	BANCO FINAXIS S.A	5%
6	MODAL	3%
7	CAIXA	2%
8	BRL DTVM	2%
9	INTRADER DTVM LTDA	2%
10	BTG PACTUAL	2%
	Outros (15)	9%

#	Custodiante	Total Ativos Custodiados (% do Total)
1	BRADESCO	24%
2	ITAÚ UNIBANCO SA	23%
3	BB	15%
4	CITIBANK	12%
5	BANCO SANTANDER (BRASIL) SA	6%
6	CAIXA	4%
7	JP MORGAN	4%
8	BNY MELLON SERV FINANCEIROS DTVM SA	2%
9	SAFRA	1%
10	BTG PACTUAL	1%
	Outros (34)	6%

#	Auditores	PL (% do Total)
1	KPMG	33%
2	PwC	18%
3	BDO	13%
4	Next	11%
5	EY	7%
6	Deloitte	4%
7	Grant Thornton	4%
8	BWEL	2%
9	Crowe Horwath	2%
10	MGI	2%
	Outros	4%

#	Agência de classificação	Volume financeiro (% do Total)
1	LIBERUM	43,2%
2	FITCH	20,9%
3	S&P	18,2%
4	MOODY'S	17,5%
5	LF	0,1%
6	AUSTIN	0,1%

Fontes: Anbima e Uqbar.

Além desses serviços, os FIDCs podem contratar empresas de gestão de cobrança de créditos para ajudar na recuperação dos créditos, os chamados *master servicers*. Essas empresas cuidam da estratégia interna dos FIDCs, gerindo o ciclo de recuperação dos créditos, traçando estratégia de cobrança, gerenciando empresas terceirizadas de cobrança, controlando os custos das operações e reportando resultados aos investidores.

Master Servicer	Proprietário	Tipo de Carteira
AMC		Auto Loans
Apoema (ex Hipoges)	Lonestar	Single Names and Real Estate
Ativos	Banco do Brasil	Consumer
Enforce	BTG	SME and Corporate Loans with Real Estate
I-Platform		Real Estate and Consumer Performing & NPLs
Ipanema	Santander	Small Portfolios and SME
Jive	Jive	SME and Corporate Loans
Omni		Auto loans & Consumer
RCB	PRA	Consumer and SME
Recovery	Itaú	Consumer and SME
Canvas	Canvas	SME and Corporate Loans

Fonte: PwC.

Hoje o serviço de cobrança massificada é em sua maioria prestado por empresas de *call center*, e a cobrança de carteiras corporativas é feita por advogados especializados. O ano de 2018 terminou com aproximadamente 270 mil posições de atendimento (PA) em *call centers*.

1.8. Oportunidades para a evolução do mercado de *distressed investing*

Os elementos-chave para investir em casos de *turnaround* e *special situations* consistem em ter uma legislação favorável à recuperação de empresas em vez da liquidação. No Brasil, a LREF de 2005 introduziu normas que possibilitam a transferência de ativos da mesma empresa para novos investidores no contexto do mesmo procedimento concursal. Mas, como dito, isso não é suficiente; há a necessidade de incentivar a constituição de fundos especializados nessa indústria, dando incentivos e permitindo que recursos institucionais (de fundo de pensão, por exemplo, ou de bancos de desenvolvimento) participem no fomento dessas atividades/investimentos.

Dada a complexidade das operações de investimento em *special situations*, apenas investidores especializados podem e devem operar nesse segmento. Embora possam ser relevantes as competências operacionais e jurídicas, os *skills* que realmente contam dizem respeito à capacidade de identificar valor em situações extremamente complexas com rapidez, atuando com agilidade na implementação de iniciativas de valorização dos ativos.

O Brasil possui hoje um arcabouço legal, competências administrativas em fundos de investimentos e um ambiente favorável com oportunidades relevantes que com certeza serão determinantes para fazer florescer essa importante indústria.

Capítulo 2

Metodologias para avaliar empresas em crise: o método fluxo de caixa descontado e seus parâmetros

Wolney Netto

Graduado pela FGV em Administração de Empresas com MBA na Fundação Dom Cabral e Pós-MBA na Northwestern University – Kellogg School of Management. Acumula experiência em grandes multinacionais e consultorias. Começou sua carreira na KPMG Corporate Finance e participou de transações M&A e análises de investimentos. Atuou na holding do Grupo Votorantim e conduziu o processo de planejamento estratégico para os negócios industriais do grupo, projetos de M&A e de Capex. Liderou a área de planejamento estratégico do negócio Alumínio na Votorantim Metais. Foi Head de M&A e Novos Negócios na Biosev, controlada pelo grupo Louis Dreyfus. Na Pantalica Partners, lidera processos de *turnaround*, planejamento estratégico, reestruturação operacional e financeira, M&A, gestão de caixa e assessoria em projetos de recuperação judicial, extrajudicial e falências.

2.1. Introdução

O objetivo deste capítulo é apresentar o método do Fluxo de Caixa Descontado e seus parâmetros, bem como algumas considerações sobre avaliação de empresas em crise.

Este capítulo está organizado da seguinte maneira: primeiro, são feitas algumas considerações sobre empresas em crise e o contexto brasileiro (número de falências e de recuperações judiciais, comportamento dos investidores); em seguida, é apresentado o método de Fluxo de Caixa Descontado – DCF (sua origem, evolução de finanças corporativas nos últimos cem anos, a estrutura do DCF, principais fases), vantagens e desvantagens do método; e, finalmente, as principais conclusões.

Sempre que aplicável, foi utilizado um exemplo numérico de uma empresa fictícia (a Empresa Exemplar S.A.), assim como considerações sobre aplicações práticas, especialmente para empresas em crise.

2.2. Sobre empresas em crise

Inicialmente, faz-se necessário apresentar um jargão de mercado quando se trata de empresas em crise – o termo *distressed companies*, que se refere a companhias muito depreciadas por razões geralmente relacionadas à performance operacional, ao seu nível de alavancagem e à sua incapacidade de cumprir as obrigações contratuais com credores e/ou outros *stakeholders*, levando a uma situação de *default*.

São empresas problemáticas, às quais geralmente se associa um grau maior de risco e que podem se encontrar num momento de reestruturação dentro ou fora de procedimentos concursais.

Empresas em situação de *distress* passam por dificuldades em virtude de má performance operacional e/ou excesso de dívidas. Quanto mais o tempo passa, mais elas perdem valor: não conseguem operar com nível de rentabilidade adequado, a administração do capital de giro fica prejudicada, o acesso a crédito no mercado desaparece, os investimentos para manter as atividades são postergados.

2.3. Contexto brasileiro

Nos últimos anos, com a deterioração da economia brasileira, cenário macroeconômico em recessão, desvalorização do real frente ao dólar, altas taxas de juros e escassez de crédito, a lista de companhias nessa situação aumentou consideravelmente. Empresas que atuam no Brasil nos setores de óleo e gás, mercado imobiliário, energia, construção civil, usinas de açúcar e etanol são nomes recorrentes na lista dos mais vulneráveis.

De acordo com dados da Serasa Experian, em 2016, o número de recuperações judiciais requeridas aumentou quase 45% em relação ao ano anterior – se compararmos com 2013, quando a economia crescia a 3% ao ano, o número de pedidos de recuperação judicial mais que dobrou em 2016. Em 2017, o número de falências e recuperações judiciais requeridas atingiu 1.708 e 1.420, respectivamente. Em 2018, foram requeridas 1.459 falências e 1.408 recuperações judiciais.

Evolução do número de falências e recuperação judicial requeridas e decretadas nos últimos dez anos no Brasil

Ano	Requeridas		Decretadas	
	Falências	Recuperação Judicial	Falências	Recuperação Judicial
2009	2.371	670	908	492
2010	1.939	475	732	361
2011	1.736	515	641	397
2012	1.930	757	688	618
2013	1.758	874	746	690
2014	1.661	828	740	671
2015	1.783	1.287	829	1.044
2016	1.852	1.863	721	1.514
2017	1.708	1.420	928	1.195
2018	1.459	1.408	930	1.215

Fonte: Serasa Experian.

Nessa conjuntura, com preços que representam uma possibilidade de barganha, o interesse por investidores e fundos especializados em *distressed companies* no país aumentou, principalmente considerando a grande retração do crédito local (bancos nacionais), fonte outrora muito utilizada pelas empresas endividadas que precisavam postergar suas obrigações.

Mas como avaliar empresas nessas condições? Como estabelecer um valor de referência para as companhias em *distress*?

Ainda há pouca literatura acadêmica sobre o assunto. Numa abordagem prática, podem ser mencionadas as seguintes metodologias:

1. Fluxo de caixa descontado (abordada neste capítulo);
2. Avaliação por múltiplos (ver capítulo 4); e
3. Valor dos ativos e passivos[1].

1 Recomendável principalmente para avaliar companhias em *distress* quando não se consegue enxergar um potencial de geração de caixa futuro para sobreviver e reconstruir valor. É a metodologia mais solicitada pelos investidores para simular uma liquidação ordenada do negócio (diferente do valor de liquidação forçada), uma vez que considera o valor intrínseco de mercado dos ativos existentes, em vez de levar em conta um negócio que gera valor.

O método de fluxo de caixa descontado ou *discounted cash flow* (DCF) é a principal metodologia utilizada para avaliar empresas. É amplamente usada por bancos de investimento, consultorias e investidores com o objetivo de calcular o valor de uma organização, seja para fins internos, de análise de investimento, ou para fusões e aquisições. Com ela, pretende-se estimar o valor do negócio trazendo a valor presente os fluxos (caixa operacional ou dividendos) que uma empresa pode gerar.

Segundo Damodaran[2], o valor da companhia é determinado pelo fluxo de caixa descontado por uma taxa que reflete o risco associado ao negócio. O desconto pode focar o fluxo de caixa da operação ou os dividendos.

Para empresas em *distress*, utiliza-se o desconto do fluxo de caixa da operação, pois simplifica o trabalho e porque seria difícil considerar que uma empresa em crise poderia distribuir dividendos.

É um método reconhecido pelo mercado por suas características de maior rigor técnico e conceitual. Com sua aplicação, é possível entender as variáveis-chaves do negócio, bem como simular os resultados com base nas premissas macroeconômicas (por exemplo: taxa de câmbio e inflação), estratégicas (evolução esperada dos preços), operacionais (indicadores de produtividade) e financeiras (investimentos).

Além disso, o método DCF leva em conta as preferências do investidor sobre a relação risco-retorno, bem como a taxa apropriada para remunerar os proprietários de capital.

2.4. Origem do fluxo de caixa descontado

Fluxos de caixa descontados foram usados de alguma forma desde que o dinheiro foi emprestado pela primeira vez a juros, nos tempos antigos. Estudos de antigas matemáticas egípcias e babilônicas sugerem que esses povos usaram técnicas semelhantes ao desconto dos fluxos de caixa futuros. Esse método de avaliação de ativos é diferenciado do valor contábil, que é baseado no valor pago pelo ativo.

Após a queda do mercado de ações de 1929, a análise do fluxo de caixa descontado ganhou popularidade como método de avaliação das ações. Irving Fisher, em seu livro *The Theory of Interest* (1930), e o texto de John Burr Williams, *The Theory of Investment Value* (1938), expressaram primeiro formalmente o método DCF em termos econômicos modernos.

A seguir, é apresentada de forma resumida a evolução da teoria de finanças nos últimos cem anos.

---

2 DAMODARAN, Aswath. *Investment Valuation: Tools and Techniques for Determining the Value of Any Asset*. 3. ed. New York: Wiley, 2012.

2.5. Evolução das finanças corporativas

De acordo com Assaf Neto[3], as finanças corporativas, de início consideradas parte do estudo das Ciências Econômicas, vêm descrevendo ao longo do tempo um processo consistente de evolução conceitual e técnica.

Principalmente a partir dos anos 1920, já entendida como uma área independente de estudo, as finanças empresariais são motivadas a evoluir de maneira a atender à crescente complexidade assumida pelos negócios e pelas operações de mercado.

Atualmente, a área financeira passou de uma postura mais conservadora e de absoluta aceitação dos fatos para uma posição bem mais questionadora e reveladora dos fenômenos financeiros.

A seguir são apresentadas as evoluções do foco de finanças corporativas e as principais preocupações das companhias.

Evolução do foco de finanças corporativas e a preocupação das empresas

Período/Década	Foco de Finanças Corporativas	Preocupação das Empresas
1920	Captação de recursos	Quais as fontes externas de recursos?
1930	Aspectos internos da organização, liquidez e solvência	Como melhorar os resultados e a liquidez?
1940-1955	Decisões externas	Como a empresa é percebida?
1955 em diante	Decisões de investimentos e criação de valor	A empresa aloca recursos de forma eficiente e as fontes de financiamento são adequadas?

Até a década de 1920, as finanças corporativas davam ênfase ao mercado de capitais para a captação de recursos. Naquela época, a preocupação das empresas tinha foco nas fontes externas de recursos, isto é, principalmente os banqueiros.

3 ASSAF NETO, Alexandre. *Valuation - Métricas de Valor & Avaliação de Empresas: Métricas de Valor e Avaliação de Empresas*. 2. ed. São Paulo: Atlas, 2017.

A partir desse período, com as novas teorias de administração de negócios de Taylor e Fayol, as finanças das companhias passaram a priorizar os aspectos internos das organizações, o aperfeiçoamento de suas tarefas e procedimentos e o desenvolvimento de sua estrutura organizacional.

Esse enfoque ganhou força com a depressão econômica (1929-1933) - a crise de 1929, também conhecida como Grande Depressão, foi uma forte recessão econômica que atingiu o capitalismo internacional no final da década de 1920; ela marcou a decadência do liberalismo econômico naquele momento e teve como causas a superprodução e a especulação financeira. Como consequência, o estudo das finanças também passou a considerar a liquidez e a solvência das empresas.

Da década de 1940 até meados dos anos 1950, as finanças voltaram a enfocar as empresas a partir de decisões externas, estudando-as sob o ponto de vista de um emprestador de recursos ou aplicador, sem atribuir maior destaque às decisões de caráter interno.

Na metade da década de 1950, contudo, foi dada ênfase aos investimentos empresariais e à geração de valor. A administração financeira preocupava-se tanto com a alocação eficiente dos recursos como com a seleção adequada de suas fontes de financiamento. Dois importantes conceitos financeiros foram desenvolvidos nesse ambiente: retorno do investimento e custo de capital, destacando a interdependência das decisões financeiras.

Essa abordagem mais contemporânea das finanças prioriza as decisões de investimento e financiamento tomadas pelas empresas, de maneira a promover a riqueza de seus acionistas, minimizando os riscos e tornando mais eficazes os recursos alocados.

Na essência, de acordo com Brealey e Myers[4], as finanças corporativas estão voltadas para a criação de valor. As decisões financeiras visam a maximização do valor de mercado da empresa e da riqueza de seus acionistas. Ao perseguirem esse objetivo básico, as decisões financeiras beneficiam os investidores da empresa e, como consequência, maximizam a riqueza de toda a economia.

O valor de mercado da companhia reflete as expectativas em relação aos resultados das decisões tomadas e pode ser considerado um bom termômetro para medir o objetivo de criação de valor. Quanto mais baixa a qualidade das decisões financeiras, maior será a desvalorização do valor de mercado da empresa; por outro lado, melhores decisões podem implicar na valorização dos papéis.

---

4 BREALEY, Richard A.; MYERS, Stewart. *Principles of Corporate Finance*. 8. ed. New York: McGraw-Hill, 2005.

A definição do objetivo para a empresa deve incorporar um período dentro do qual inserem-se o retorno esperado e o risco associado aos resultados previstos, conforme premissas presentes no método de avaliação de empresas pelo fluxo de caixa descontado. O objetivo da empresa é a criação de valor para os seus proprietários, sendo o valor de mercado da empresa o parâmetro de sua riqueza. O crescimento, por outro lado, é a principal fonte de valor, sendo seu cálculo processado a partir da análise dos benefícios econômicos esperados de caixa, conforme propostos no método do DCF.

Aqui insere-se a adoção do método do fluxo de caixa descontado como o mais coerente e ajustado ao objetivo de maximização de riqueza delineado para a empresa. O método apura o valor da empresa a partir de um potencial esperado de geração de benefícios econômicos e, consequentemente, de criação de riqueza aos seus acionistas.

2.6. Valor da empresa e o método do fluxo de caixa descontado

Pode-se dizer que a tarefa de estimar o valor de mercado de uma companhia pode ser complexa e demanda um modelo de avaliação coerente. Entretanto, essa tarefa envolve certa subjetividade na definição de tal valor, visto que são assumidas premissas de mercado e projeções de resultados futuros. Copeland, Koller e Murrin[5] afirmam que, quando um investidor realiza uma aquisição por certo valor, há um determinado retorno esperado que ele busca realizar no futuro, portanto, está sujeito a incertezas inerentes ao processo de previsão, como por exemplo incidentes e fatores que não podem ser totalmente controlados.

Com efeito, avaliar uma empresa não é uma ciência exata. As premissas adotadas no processo de avaliação pretendem refletir a leitura do avaliador sobre a realidade do ambiente econômico da empresa. É possível afirmar que o modelo de avaliação leva em conta expectativas para a projeção de cenários econômicos e resultados, do horizonte de tempo das previsões, da definição da taxa de retorno que deverá remunerar os donos do capital e, ainda, do valor residual do negócio.

O responsável por preparar as projeções procura aplicar seu melhor julgamento sobre os parâmetros previstos, com o objetivo de aproximá-los da realidade. Nesse processo, quando não se tem uma ideia mais coerente

---

5 COPELAND, Tom; KOLLER, Tim; MURRIN, Jack. *Avaliação de Empresas - Valuation: Calculando e Gerenciando o Valor das Empresas*. 3. Ed. São Paulo: Pearson Universidades, 2001.

do valor da empresa, outros fatores podem ser incorporados e ganhar mais relevância na análise (interesses especulativos, fatores emocionais, julgamentos prévios). É necessário ter domínio dos conceitos de finanças, de suas técnicas e procedimentos e dos demais fatores que norteiam o valor da empresa.

Ao longo do tempo, a teoria de *Corporate Finance* e *Valuation* vem apresentando evolução coerente, o que permite dar mais consistência ao processo de determinação de valor de um negócio. Nesse contexto, o fluxo de caixa descontado atende a tais requisitos, pois é uma metodologia referenciada nas principais publicações internacionais e adotada de forma recorrente como base de cálculo do valor de mercado de um negócio.

Uma companhia pode ser avaliada pelos princípios fundamentais contidos no método do fluxo de caixa descontado: sua geração de valor econômico retratada a valor de hoje, isto é, a resultante dos benefícios de caixa esperados descontados por uma taxa de retorno que reflete o custo de oportunidade dos investidores.

Desse modo, o método do DCF assume que um investidor faz uma escolha, pois ele abre mão de um consumo atual em troca de um consumo maior no futuro, levando em conta o valor de seu dinheiro no tempo. Para remunerar o risco assumido nessa escolha, toma-se como base a taxa de atratividade definida para a avaliação econômica, isto é, aquela taxa que proporcione um retorno esperado às várias fontes de capital.

A base de avaliação do modelo são os fluxos de caixa operacionais (aqueles fluxos provenientes da atividade operacional da empresa), excluindo, entre outros, os fluxos financeiros de remuneração do capital (despesas de juros e dividendos). Tais fluxos operacionais são projetados para um determinado horizonte de tempo, entre entradas e saídas de caixa, até se apurar a geração de valor no momento presente (o valor da empresa).

Os fluxos de caixa considerados na avaliação devem ser consistentes com a taxa de desconto aplicada, a qual reflete, no modelo do DCF, o custo de oportunidade dos vários componentes de capital ponderados pela participação relativa de cada um deles no total do financiamento.

Persiste, diante dessa colocação, uma relação implícita entre risco e retorno esperado. Por tratar essencialmente de valores previstos, a avaliação incorpora um risco, mensurável geralmente por meio de modelos de precificação de ativos, com consistência teórica e larga aceitação prática. Admite-se que, em princípio, todo investidor seja avesso a risco – somente aceita assumir maiores riscos se for compensado por uma expectativa de maior retorno.

2.7. A estrutura do método do fluxo de caixa descontado

Pelo fato de envolver valores futuros (esperados) não conhecidos exatamente, as decisões de investimento são tomadas em ambiente de risco, como é previsto na taxa de desconto estabelecida no método do DCF. De acordo com Elton e Martin, toda decisão de investimento é avaliada pelo seu retorno esperado, determinado a partir dos fluxos de caixa previstos. Toda proposta de alocação de capital, nesse ambiente de decisão, deve levar em consideração a relação entre risco e retorno esperados.

A avaliação de uma empresa é processada, em consonância ao exposto e previsto no método do DCF, com base na previsão dos fluxos operacionais de caixa a serem gerados ao longo de um determinado período e efetivamente disponíveis aos componentes de capital da empresa.

No processo de avaliação, é importante não somente o levantamento dos fluxos de caixa esperados, mas também a sua distribuição ao longo do tempo. A definição do valor de um ativo, como mensurada pelo DCF, leva em conta o valor do dinheiro no tempo.

Portanto, a remuneração do valor de um ativo é efetuada pela atualização de todos os benefícios econômicos de caixa previstos, para um único momento do tempo (valor presente). Essa atualização dos fluxos de caixa é executada mediante a aplicação de uma taxa de desconto, denominada custo de capital, constituída do custo de oportunidade de cada fonte de financiamento ponderada por sua respectiva participação na estrutura de capital.

No modelo do DCF estão incorporados três princípios gerais fundamentais:

1. A avaliação do investimento é feita com base nos fluxos de caixa de natureza operacional;
2. O risco é incorporado à avaliação econômica do negócio, respeitadas as preferências do investidor com relação ao conflito risco-retorno; e
3. A decisão identifica, ainda, o valor presente do ativo com base na taxa de desconto apropriada para remunerar os proprietários de capital.

Dessa forma, a estrutura básica de avaliação pelo método do fluxo de caixa descontado para determinação do valor da empresa obedece às seguintes fases básicas:

Principais etapas do processo de avaliação de uma empresa

Etapa	Descrição
1	Projeção do fluxo de caixa em determinado horizonte de tempo
2	Determinação da taxa de desconto (taxa mínima de retorno *vis-à-vis* o risco auferido)
3	Cálculo do valor presente dos fluxos de caixa
4	Estimativa do valor residual
5	Cálculo do valor da empresa

As etapas do processo de avaliação são descritas a seguir.

Etapa 1. Projeção do fluxo de caixa em determinado horizonte de tempo

O trabalho de avaliação econômico-financeira consiste na projeção do comportamento futuro dos parâmetros econômicos básicos da empresa. O trabalho é desenvolvido em três etapas consecutivas:

- Identificação de parâmetros econômicos que influenciam na operação da empresa;
- Projeção dos resultados esperados; e
- Determinação do horizonte de tempo.

A etapa de identificação de parâmetros econômicos geralmente se baseia na análise dos demonstrativos históricos e na confrontação dos dados históricos da empresa com variáveis macroeconômicas que consideram o ambiente econômico, social e político no qual ela está inserida.

Na etapa seguinte, que representa a avaliação econômico-financeira propriamente dita, projetam-se os cenários que buscam retratar realisticamente as expectativas da empresa.

Finalmente, define-se o período para o qual as projeções serão desenvolvidas, considerando a estabilização do fluxo de caixa, o atingimento da maturidade/capacidade operacional da empresa, da captura de mercado, entre outros.

O horizonte de projeção é o período projetivo utilizado e precisa refletir o ciclo natural dos negócios, podendo variar em função da indústria ou setor analisado, ou até em função do ciclo de planejamento estratégico da empresa.

Para obter o fluxo de caixa operacional, o qual determinará o valor do negócio, parte-se da projeção do lucro operacional da empresa (sem incluir resultados não operacionais e financeiros), adiciona-se a depreciação contábil do período, subtraem-se os impostos calculados sobre esse lucro e ainda eventuais necessidades de capital de giro e investimentos e ajustes, quando verificadas receitas/custos/despesas "não caixa".

A necessidade de capital de giro operacional geralmente é apurada pela projeção de usos operacionais e de fontes operacionais (Matarazzo[6]), expurgando-se os valores referentes às aplicações financeiras (quando não operacionais) no ativo e financiamentos no passivo, os quais são tratados à parte.

Formação do fluxo de caixa livre

Sinal	Conta
	Lucro antes de despesas financeiras e impostos ou *Earnings Before Interest and Taxes* (EBIT)
(+)	Depreciação e amortização
(=)	Lucro antes de despesas financeiras, impostos, depreciação e amortização (LAJIDA) ou *Earnings Before Interest, Taxes, Depreciation and Amortization* (EBITDA)
(-)	Imposto de Renda e Contribuição Social sobre EBIT
(-)	Investimentos em ativo fixo
(+/-)	Variação no capital circulante líquido
(=)	= Fluxo de caixa livre (FCL) ou *free cash flow* (FCF)

6 MATARAZZO, Dante Carmine. *Análise Financeira de Balanços: Abordagem Básica e Gerencial*. 6. ed. São Paulo: Atlas, 2003.

Exemplo

Para exemplificar a formação do fluxo de caixa livre, considere as seguintes premissas para a empresa fictícia Empresa Exemplar S.A.: no Ano 1, a Empresa Exemplar registrou lucro antes de despesas financeiras e impostos de R$ 200 milhões; segundo a contabilidade da companhia, a depreciação e amortização no mesmo período foi de R$ 50 milhões; o Imposto de Renda e Contribuição Social foi de R$ 68 milhões; a empresa investiu R$ 20 milhões em um projeto de ampliação de sua capacidade e a necessidade de capital de giro foi de R$ 5 milhões. Nesse caso, a Empresa Exemplar S.A. registrou um fluxo de caixa livre de R$ 157 milhões, conforme a seguir.

Fluxo de caixa livre para a Empresa Exemplar S.A., ano 1

Sinal	Conta	R$ milhões
	Lucro antes de despesas financeiras e impostos ou *Earnings Before Interest and Taxes* (EBIT)	200,0
(+)	Depreciação e amortização	50,0
(=)	Lucro antes de despesas financeiras, impostos, depreciação e amortização (LAJIDA) ou *Earnings Before Interest, Taxes, Depreciation and Amortization* (EBITDA)	250,0
(-)	Imposto de Renda e Contribuição Social sobre EBIT	(68,0)
(-)	Investimentos em ativo fixo	(20,0)
(+/-)	Variação no capital circulante líquido	(5,0)
(=)	= Fluxo de caixa livre (FCL) ou *free cash flow* (FCF)	157,0

No caso de companhias em *distress*, não basta apenas projetar os resultados com base na performance histórica mais recente. É necessário fazer alguns ajustes para normalizar o fluxo de caixa, expurgando os efeitos relacionados com a situação de dificuldade (custos da reestruturação e despesas que ocorrem uma só vez, assim chamadas de *one off*), com a finalidade de projetar a evolução dos resultados com uma base mais objetiva.

Os itens de Receita, Custos e Despesas Operacionais são ajustados para excluir itens não recorrentes, aumentos de custo de aquisição de produtos decorrentes da perda do poder de barganha, linhas de produtos/serviços que serão descontinuados, efeito de *write-offs* (regularizações de ativos), entre outros. Da mesma forma, a necessidade de capital de giro e os investimentos em manutenção são estimados considerando um cenário de estabilidade.

Aqui, ganha importância o "plano de viabilidade futura", que deverá ser suficientemente detalhado e bem suportado para mostrar que a empresa *target*, apesar da crise, teria como se reerguer e voltar a gerar valor. A taxa de desconto também precisa refletir o risco associado ao negócio em *distress*.

Etapa 2. Determinação da taxa de desconto

A taxa de desconto é aquela utilizada para descontar os fluxos de caixa previstos para o cálculo do valor presente da empresa. Assim:

- A taxa de desconto expressa o custo de oportunidade das várias fontes de capital ponderado pela participação relativa de cada uma delas na estrutura de financiamento;
- A taxa de desconto é obtida de forma a remunerar adequadamente a expectativa de retorno definida pelos acionistas e credores;
- Deve haver plena coerência entre essa taxa de atratividade e os fluxos operacionais de caixa esperados do investimento;
- A avaliação de uma decisão de investimento deve considerar o custo médio ponderado de capital - WACC, *weighted average cost of capital* - com os fluxos de caixa operacionais disponíveis; e
- Os pesos utilizados no cálculo do WACC devem ser identificados com os planos futuros estabelecidos de captações da empresa.

O cálculo da taxa é realizado pelo critério da média ponderada pela seguinte expressão de cálculo:

Fórmula do WACC

$$WACC = \sum_{J=1}^{N} W_J \times K_J$$

Onde:

WACC = custo médio ponderado de capital (*Weighted Average Cost of Capital*)
K_J = custo específico de cada fonte de financiamento
W_J = participação relativa de cada fonte de capital no financiamento total

Em outras palavras, o custo médio ponderado de capital considera o custo do capital próprio (K_e) e o custo de capital de terceiros (K_d).

Exemplo
Segundo dados do balanço patrimonial do Ano 1, a estrutura de capital da Empresa Exemplar S.A. é formada por 60% de capital próprio e 40% por capital de terceiros (empréstimos e financiamentos). O custo de capital próprio da Exemplar S.A. é de 10,0% ao ano e a empresa consegue captar dívida com instituições financeiras a uma taxa de 12,0% ao ano (ou 7,92% ao ano, livre de impostos, considerando 34% de Imposto de Renda e contribuição social sobre o lucro líquido). Desse modo, o custo médio ponderado de capital da Empresa Exemplar S.A. é de 9,17% ao ano, conforme segue:

Cálculo do WACC para a Empresa Exemplar S.A.

WACC = ke x %E + kd x %D
WACC = 10% x 60% + 7,92% x 40%
WACC = 9,17%

Quanto ao custo do capital próprio, a fórmula a seguir traz a metodologia de cálculo.

Fórmula do custo de capital próprio

$$K_e = K_{rf} + \beta_{realavancado} \times K_m + K_{país}$$

Onde:

K_e = custo do capital próprio
K_{rf} = taxa livre de risco

$\beta_{realavancado}$ = medida de risco do negócio ajustado pela estrutura de capital
K_m = prêmio de mercado
$K_{país}$ = risco país

Conforme o tipo de investidor, outros itens podem ser incluídos no custo de capital próprio, a saber: prêmio pelo tamanho da empresa, ajuste de liquidez, entre outros.

Exemplo

Conforme o exemplo do cálculo do WACC, o custo de capital próprio da Empresa Exemplar S.A. é de 10,0% ao ano. Esse custo foi estimado a partir de parâmetros de mercado, como a taxa livre de risco de 2,0% ao ano, o Beta realavancado de 0,8, o prêmio de mercado de 5,0% e o risco país estimado em 4,0% ao ano.

Cálculo do custo de capital próprio para a Empresa Exemplar S.A.

$$K_e = K_{rf} + \beta_{realavancado} \times K_m + K_{país}$$

$K_e = 2,0\% + (0,8 \times 5,0\%) + 4,0\%$
$K_e = 10,0\%$ *ao ano*

O custo de capital de terceiros (Kd) é o custo de captação de empréstimos e financiamentos da companhia no mercado financeiro.

A abordagem de investidores sobre a taxa de desconto para avaliar empresas em *distress* é mais pragmática, de modo que podem não aplicar a fórmula clássica do WACC, mas estabelecer uma determinada taxa de retorno exigida pelo fundo. Essa prática pode ser facilmente verificada nos fundos *high yield* – fundos que investem em oportunidades com taxas de curto prazo e de emitentes de baixo *rating* (classificação de risco que diversas agências especializadas indicam para um emissor). Basicamente, os fundos *high yield* podem ser considerados fundos de renda fixa que investem em títulos que pagam taxas de juros elevadas – daí a terminologia *high yield* ("alto rendimento"). Para conseguir alcançar esses títulos, os fundos devem procurar diversos nichos de mercado. Em geral, irão encontrar títulos com taxas mais altas em empresas iniciantes, empresas com alto nível de endividamento, países com graves problemas inflacionários ou fiscais.

Etapa 3. Cálculo do valor presente dos fluxos de caixa

O cálculo do valor presente se dá pela seguinte expressão matemática:

Fórmula do valor presente dos fluxos de caixa

$$Valor = \frac{FCO_1}{(1+K)^1} + \frac{FCO_2}{(1+K)^2} + \frac{FCO_3}{(1+K)^3} + \cdots + \frac{FCO_n}{(1+K)^n}$$

Onde:

Valor = valor econômico (presente) do negócio
FCO = fluxo de caixa operacional
K = taxa de desconto, que representa o custo médio ponderado de capital (WACC - *Weighted Average Cost of Capital*)

Exemplo
Para o último exercício realizado, foi calculado um fluxo de caixa livre de R$ 157 milhões para a Empresa Exemplar S.A. A partir da combinação de premissas macroeconômicas, de mercado e da sua própria administração, foram estimados os fluxos de caixa livre para os anos subsequentes, apresentados no gráfico a seguir.

Fluxos de caixa livre da Empresa Exemplar S.A. (R$ milhões)

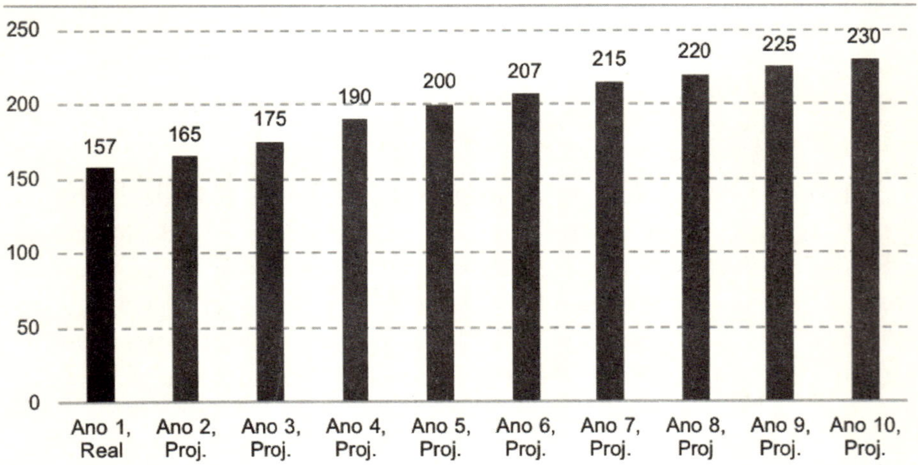

Aplicando a taxa de desconto de 9,17% ao ano, os fluxos a valor presente no fim do Ano 1 ficariam assim:

Fluxos de caixa livre da Empresa Exemplar S.A. a valor presente (R$ milhões)

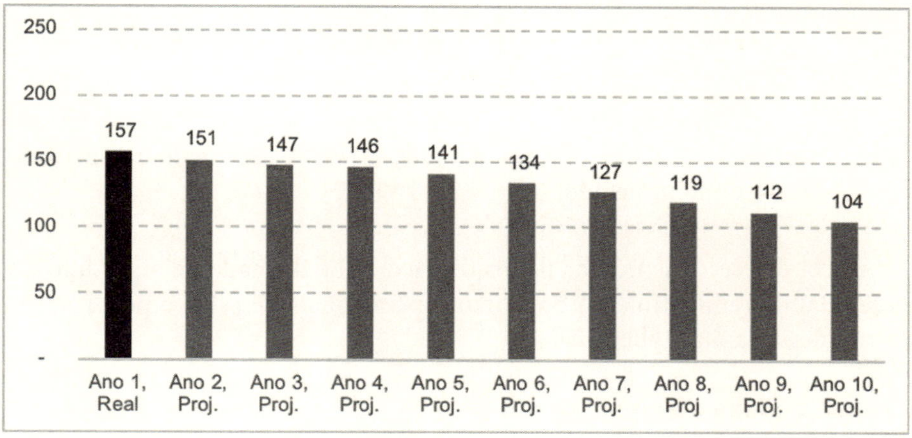

Etapa 4. Estimativa do valor residual

O valor residual expressa o fluxo de caixa gerado após o horizonte de projeção considerado. O método mais usual para o cálculo do valor residual é o método da perpetuidade, o qual calcula o valor residual como sendo o valor presente de um fluxo de caixa considerado padrão, perpetuado após o último ano de projeção. Geralmente o valor da empresa é constituído, em parcela relevante, por seu valor residual.

O valor da perpetuidade depende do comportamento previsto dos direcionadores de valor, definidos principalmente pelo Retorno sobre Investimentos ou *Return On Investments* (ROI), taxa de desconto (WACC) e crescimento das operações:

Fórmula do ROI

ROI = Lucro Operacional/Investimentos

Em linhas gerais, considera-se que a empresa investe anualmente o mesmo montante considerado como depreciação anual, valor considerado suficiente para manter a empresa funcionando em perfeitas condições. Com isso, os valores de novos investimentos e depreciação se anulam.

Esse método baseia-se em algumas premissas para o período posterior ao horizonte projetado, quais sejam:

a. A empresa obtém margens constantes, giros constantes e retornos constantes sobre o capital investido;

b. A empresa investe uma proporção constante do fluxo de caixa operacional bruto, suficiente para repor a sua depreciação anual e manter a empresa funcionando em perfeitas condições; e

c. A empresa obtém um retorno igual ao custo médio ponderado do capital - WACC - sobre qualquer novo investimento no período posterior ao projetado.

A taxa de crescimento dos fluxos de caixa (g) é formada pelo produto do percentual de reinvestimento dos fluxos operacionais de caixa e pela taxa de retorno desse capital aplicado.

Fórmula da taxa de crescimento

g = b x r
Onde:
g = taxa de crescimento
b = percentual de reinvestimento dos fluxos operacionais de caixa
r = taxa de retorno desse capital aplicado

Exemplo
A taxa de crescimento para a Empresa Exemplar S.A. foi estimada em 1,38% ao ano, considerando uma taxa de reinvestimento de 15,0% e uma taxa de retorno de 9,17% ao ano.

Taxa de crescimento da Empresa Exemplar S.A.

g = b x r
g = 15% x 9,17%
g = 1,38%

Na prática, a taxa de crescimento é calculada considerando o comportamento dos fluxos de caixa e as perspectivas de mercado *versus* a capacidade operacional da empresa. Em projeções preparadas de forma nominal, levando-se em conta o efeito da inflação, geralmente considera-se a incidência da inflação a partir do último ano, acompanhada, quando for o caso, por uma taxa de crescimento real.

Formulações de valor na perpetuidade

O valor de perpetuidade é calculado pela relação entre o fluxo de caixa operacional disponível e o custo de capital.

Fórmula do valor residual sem crescimento

Valor residual = Fluxo de caixa operacional ajustado/WACC

Onde:

WACC = custo médio ponderado de capital

Exemplo

No caso da Empresa Exemplar S.A., o fluxo de caixa operacional estimado no décimo ano de projeção é de R$ 230 milhões, e foi ajustado igualando-se a depreciação aos investimentos e zerando a necessidade/liberação de capital de giro, de modo que o valor do fluxo ajustado foi estimado em R$ 200 milhões. Ao aplicar o WACC de 9,17% ao ano, o valor residual foi calculado em R$ 2.182 milhões no ano 10.

Valor residual sem crescimento para a Empresa Exemplar S.A. no ano 10

Valor residual *= fluxo de caixa operacional ajustado/WACC*
Valor residual *= 200 / 9,17%*
Valor residual *= 2.182*

Ao considerar que os fluxos de caixa crescem a uma taxa constante g, o valor residual na data do último fluxo projetado é dado pela fórmula a seguir.

Fórmula do valor residual com crescimento

Valor residual = fluxo de caixa operacional ajustado x (1+ g)/WACC - g
Onde:
g = taxa de crescimento
WACC = custo médio ponderado de capital

Exemplo
No caso da Empresa Exemplar S.A., considerando uma taxa de crescimento na perpetuidade (g) de 2,0% ao ano, o valor residual foi calculado em R$ 2,846 milhões no ano 10.

Valor residual com crescimento para a Empresa Exemplar S.A. no ano 10

Valor residual = *fluxo de caixa operacional ajustado* x *(1+ g)/WACC - g*
Valor residual = *200* x *(1+2,0%) / (9,17% - 2,0%)*
Valor residual = *2.846*

Etapa 5. Cálculo do valor da empresa

Assim, o valor presente do fluxo de caixa livre projetado mais o valor residual é o valor do negócio (*enterprise value* ou EV). Em seguida, subtraem-se o valor da dívida e as contingências e adicionam-se o caixa e as aplicações financeiras. O resultado é o valor da empresa (*equity value*).

Cálculo do valor da empresa (*equity value*)

Sinal	Descrição
	Soma do valor presente do fluxo de caixa livre projetado
(+)	Valor residual
(=)	**Valor do negócio ou *enterprise value* (EV)**
(-)	Dívida bruta (soma de empréstimos e financiamentos de curto e longo prazo)
(-)	Contingências
(+)	Caixa e aplicações financeiras
(=)	**Valor da empresa ou *equity value* (EqV)**

Exemplo:

No caso da Empresa Exemplar S.A., considerando as projeções de seu fluxo de caixa do ano 2 em diante e uma taxa de crescimento na perpetuidade de 2% ao ano, o enterprise value *foi estimado em R$ 2,5 bilhões (ou 9,9x o EBITDA). Para o cálculo do* equity value, *foram consideradas as contas de seu balanço patrimonial no ano 1, data base da avaliação, ficando em R$ 1,8 bilhão, conforme segue:*

Cálculo do valor da Empresa Exemplar S.A. (*equity value*)

Sinal	Descrição	R$ milhões
	Soma do valor presente do fluxo de caixa livre projetado (ano 2 ao ano 10)	1,180
(+)	Valor residual (g = 2,0%) a valor presente no fim do ano 1	1,292
(=)	**Valor do negócio ou *enterprise value* (EV)**	**2,473**
(-)	Dívida bruta (soma de empréstimos e financiamentos de curto e longo prazo)	(700)
(-)	Contingências	(25)
(+)	Caixa e aplicações financeiras	52
(=)	**Valor da empresa ou *equity value* (EqV)**	**1,800**

Para empresas em *distress*, recomenda-se utilizar o valor da dívida pós-renegociação com os credores, o qual deveria ser o estoque de dívida compatível com a geração de caixa da companhia. Caso a dívida tenha sido reestruturada com as condições que não refletem o risco de crédito da empresa *target* (por exemplo, taxa de juros abaixo do mercado), seria recomendável considerar o fluxo da dívida a valor presente por coerência com o *enterprise value.*

2.8. Vantagens e desvantagens da metodologia de fluxo de caixa descontado

As principais vantagens da metodologia DCF são:

- Trata-se de uma análise fundamentalista, com base em projeções econômico-financeiras de longo prazo da empresa.
- Análise geralmente suportada por plano de negócios.
- Envolve perfil detalhado dos fluxos de caixa: reflete os investimentos, o risco do fluxo de caixa é capturado na taxa de desconto.
- As projeções refletem as melhores estimativas da administração da empresa quanto ao desempenho futuro.
- No caso de companhias abertas, pouca influência das condições do mercado acionário, que podem ser voláteis.
- Permite a captura da perspectiva de crescimento.
- Identifica os principais fatores de criação de valor e permite avaliar a sensibilidade do valor a esses fatores.
- Podem ser consideradas desvantagens do fluxo de caixa descontado:
- O processo está sujeito a opiniões divergentes sobre as projeções da companhia.
- Pequenos ajustes nas premissas podem resultar em mudanças significativas nas avaliações.

Ainda sobre as restrições à metodologia de DCF, os argumentos mais frequentes englobam a subjetividade implícita no método, de que é necessário combinar muitos elementos para produzir o fluxo de caixa, certo desconhecimento sobre o custo de capital e, finalmente, consideram que o DCF é muito sensível às projeções de crescimento de longo prazo.

Entretanto, as outras técnicas de avaliação de empresas envolvem também algum elemento subjetivo. Sobre a combinação de vários elementos, a avaliação por múltiplos requer julgamentos a respeito de alguns fatores. Quanto ao custo de capital, as diferenças na taxa de retorno exigida são um fator que não pode ser ignorado no processo de avaliação – a metodologia de DCF também poderá fornecer a taxa de retorno implícita. Para mitigar a questão sobre o crescimento no longo prazo, basta considerar uma taxa de crescimento nula na perpetuidade.

Quando analisamos a aplicação dessa metodologia para empresas em *distress*, poderão ser observadas algumas restrições:

- Falta de acurácia das informações: a maioria dos planos de viabilidade apresentados não traz detalhes que possam de forma consistente suportar o fluxo de caixa futuro demonstrado nos planos de negócio.
- Inconsistência de dados gerenciais.
- Os dados podem refletir a situação de *distress* e não o potencial do negócio.

2.9. Conclusões

Como resultado da evolução da teoria de finanças corporativas que implica no objetivo de maximização do valor dos acionistas, fica clara a preocupação com a forma como a empresa é avaliada e com o impacto de cada decisão sobre a criação/destruição de valor.

Há ainda quem utilize balanços patrimoniais para definir o valor da empresa ou para comparar valores definidos para negociações de mercado. Entretanto, a contabilidade procura expressar seus valores com base no princípio do custo, voltado para a apuração do lucro, em vez de referenciar os valores para efeito de negociação.

Assaf Neto[7] salienta que o valor patrimonial de uma ação é distinto do valor de mercado da empresa, visto que tem mais a ver com o valor de compra (custo) de seus ativos. Os valores apurados pela contabilidade nas demonstrações financeiras são publicados pelas empresas a preço de custo histórico/corrigidos monetariamente. O valor de um ativo é função de sua capacidade futura de gerar riqueza, como considerada no método do DCF, e não de seus resultados acumulados em exercícios passados e registrados de acordo com princípios e normas gerais da contabilidade.

O valor de uma empresa depende de seu desempenho esperado no futuro, do que ela é capaz de produzir de riqueza, e não do custo de seus ativos. Os ativos são dimensionados pelos seus custos, com o objetivo de serem confrontados com as receitas de vendas e para conhecer o lucro, não revelando preocupação alguma em mensurar seu valor econômico de venda.

7 ASSAF NETO, Alexandre. *Valuation - Métricas de Valor & Avaliação de Empresas: Métricas de Valor e Avaliação de Empresas*. 2. ed. São Paulo: Atlas, 2017.

O patrimônio líquido a valores de reposição, por outro lado, envolve quantificar o volume de capital necessário para constituir uma empresa no estado em que se encontra. Equivale, em outras palavras, ao valor individual de venda (valor de liquidação) de cada um de seus ativos a preços que poderiam efetivamente alcançar no mercado em determinado momento, deduzido de todas as obrigações passivas perante terceiros.

De acordo com Martins[8], se uma empresa gera lucros tidos como normais e razoáveis para o seu setor de atividade, poucos investidores estariam dispostos a pagar por ela mais do que gastariam para montá-la, admitindo-se evidentemente que o tempo de montagem seja bastante curto. O investidor é atraído a desembolsar um valor maior que o patrimônio líquido a preços de mercado ou, o que é o mesmo, maior do que aquele que gastaria para a montagem da empresa, somente se o empreendimento fosse capaz de produzir retornos classificados acima de um padrão normal.

Se a expectativa de retorno se situar abaixo desse padrão julgado como razoável, o valor da empresa poderá inclusive não atingir o patrimônio líquido a preços de mercado. Uma empresa somente tem seu valor de mercado fixado acima do valor de reposição de seu patrimônio líquido se possuir um *goodwill*, ou seja, alguma vantagem competitiva que permita produzir um retorno acima dos resultados operacionais de caixa mínimos do setor.

A avaliação de uma empresa para toda a teoria de finanças volta-se essencialmente ao seu valor intrínseco, o qual é função dos benefícios econômicos de caixa esperados, do risco associado a esses resultados previstos e da taxa de retorno requerida pelos investidores (Damodaran[9]). São esses parâmetros decisórios previstos no método do DCF, e definidos a partir de expectativas dos investidores com relação ao desempenho econômico esperado e de seu grau de aversão ao risco, que determinam o valor de mercado de uma empresa.

Na avaliação econômica de empresas, o método do fluxo de caixa descontado é o que apresenta o maior rigor técnico e conceitual. Esse método está voltado para a apuração da riqueza absoluta do investimento a valor presente de um fluxo de benefícios econômicos de caixa esperados no futuro, estando perfeitamente consistente com o objetivo enunciado da empresa de maximização de seu valor de mercado.

Para empresas em *distress*, utiliza-se o desconto do fluxo de caixa da operação, pois, além de simplificar o trabalho, seria difícil considerar que uma empresa em crise poderia distribuir dividendos. Quanto mais tempo

---

8 MARTINS, Eliseu. *Contabilidade de custos*. 9. ed. São Paulo: Atlas, 2006.

9 DAMODARAN, Aswath. *Investment Valuation: Tools and Techniques for Determining the Value of Any Asset*. 3. ed. New York: Wiley, 2012.

levar o processo de avaliação, menor será o valor, como consequência da deterioração do negócio e dos ativos. Em função da celeridade requerida em algumas circunstâncias, e como uma maneira de ter mais uma referência de valor da empresa, geralmente aplica-se também a metodologia de avaliação por múltiplos, a ser detalhada no capítulo seguinte deste livro.

Capítulo 3

Metodologias de mercado (múltiplos de mercado e de transações) e avaliação de empresas em *distress*

Ricardo Luiz Lotti

Administrador de empresas pela Fundação Armando Álvares Penteado (FAAP) com experiência em processos de *turnaround* e reestruturação financeira em diversos segmentos e níveis de empresas, destacando-se os setores de agronegócio, alimentício, hospitalar e serviços. Atuou em grandes empresas no setor bancário e de consultoria, como Banco Unibanco, KPMG e PwC.

Antonio Bruno de Carvalho

Administrador de empresas com experiência em processos de *turnaround* e reestruturação financeira. Atuou em grandes empresas do setor bancário e de consultoria: Banco Bilbao Vizcaya, Banco Bradesco, KPMG e PwC. Graduado em Administração de Empresas pela Fundação Armando Álvares Penteado (FAAP), com MBA em Gestão de Negócios pelo Instituto Brasileiro de Mercado de Capitais (Ibmec). Participou de diversos cursos nacionais e internacionais sobre *restructuring*.

3.1. Introdução

A avaliação de mercado por múltiplos é comumente utilizada para dar uma ideia rápida do valor da empresa, sendo mais adotada quando um número significativo de empresas comparáveis é negociado no mercado. Essa metodologia é mais bem aplicada em mercados maduros, que refletem melhor o preço das empresas.

Para empresas que estão abaixo de sua performance, ou gerando prejuízo, a utilização de múltiplos de mercado torna-se mais difícil e subjetiva.

A utilização de múltiplos é mais fácil de ser manipulada, distorcendo o valor da companhia.

No caso de empresas em reestruturação, cuja performance operacional e financeira está abaixo do esperado, a metodologia mais utilizada é a do fluxo de caixa descontado, por ser mais analítica, permitindo que haja um detalhamento maior das premissas utilizadas para chegar ao valor da firma, permitindo que a análise seja mais acurada se comparada com a metodologia de múltiplos de mercado.

Vale ressaltar que a utilização de múltiplos pode não refletir corretamente o valor da empresa, uma vez que o mercado pode estar supervalorizando ou subestimando o valor das empresas comparáveis. O fluxo de caixa descontado utiliza como base as taxas de crescimento específicas da empresa e sua respectiva geração de caixa, por isso está menos suscetível a erros.

Para alguns setores específicos, além dos múltiplos financeiros, há a utilização de múltiplos operacionais para estimar o valor da empresa. Nesse caso, as análises comparativas de múltiplos limitam-se a empresas do mesmo segmento de atuação. A avaliação considerando indicadores operacionais será mais bem detalhada no decorrer deste capítulo.

Apesar de a avaliação por múltiplos possuir algumas limitações, ela não deve ser descartada em uma análise de empresas, ou seja, uma avaliação por múltiplos pode ser uma ótima opção para uma análise inicial de investimentos ou para empresas de pequeno porte e capital fechado que não têm muitas informações disponíveis no mercado. Na maioria dos casos, a avaliação por múltiplos é utilizada de forma integrada com outras metodologias de avaliação de empresas, com o objetivo de enriquecer a análise.

3.2. Definição

A avaliação por múltiplos de mercado é uma metodologia bastante difundida. Sua utilização permite que as transações sejam comparáveis, ou seja, empresas podem ser comparadas umas com as outras de forma bastante rápida.

A avaliação feita por meio dessa metodologia é rápida, além de ser facilmente demonstrada para as partes interessadas.

Apesar de ser muito mais simples de ser calculada se comparada com a metodologia de fluxo de caixa descontado, existem alguns pontos que podem impactar a avaliação da empresa e acabam passando despercebidos nesse tipo de avaliação:

- A avaliação por múltiplos de mercado não considera o potencial de crescimento de uma empresa se comparada com o método de fluxo de caixa descontado.
- Reflete o ambiente de mercado, podendo impactar positiva ou negativamente o valor da empresa.
- A falta de transparência nas premissas utilizadas faz com que aumente o risco de manipulação de informações.

Para comparar o valor de determinadas empresas no mercado, é importante padronizar os valores de alguma forma. O valor de uma empresa pode ser padronizado de acordo com o lucro gerado, o valor contábil ou o valor de substituição dos ativos, o valor da receita gerado ou outras formas específicas, de acordo com o setor em que a empresa está inserida.

Diante desse contexto, no decorrer deste capítulo serão abordados alguns dos principais múltiplos adotados pelo mercado, conforme detalhado a seguir:

- Múltiplos de preço
- Múltiplo de valor patrimonial
- Múltiplo de EBITDA
- Múltiplos de receita
- Múltiplos específicos de setores

3.3. Múltiplos de mercado

3.3.1. Múltiplos de preço

Uma das formas mais intuitivas de avaliar um ativo é verificar o seu valor como múltiplo do lucro gerado. Quando se compra uma ação, é comum verificar o valor pago como múltiplo de lucro por ação gerado pela empresa.

O índice de preço/lucro (*price earnings ratio - PE*) ou P/L por ação é o múltiplo mais utilizado entre todos os múltiplos, devido principalmente à sua simplicidade e relevância.

O múltiplo é calculado considerando-se o valor de mercado e o lucro por ação:

Índice de preço (PE) = Preço por ação/Lucro por ação

Para o cálculo do múltiplo de preço, o numerador será o preço da ação (ou das ações) de uma empresa, e o denominador será o lucro líquido da ação (ou de uma empresa). Assim, o índice P/L é o tempo que se levaria para reaver o capital aplicado na compra de uma ação, pelo recebimento do lucro gerado por uma empresa. Esse múltiplo é considerado um ótimo indicador para demonstrar o otimismo excessivo no mercado.

O maior problema na utilização do P/L é a variação do lucro por ação usado para calcular o múltiplo, especialmente com empresas com alto índice de crescimento (e alto risco). O P/L pode ser calculado utilizando o lucro corrente, o lucro futuro, o lucro diluído por ação ou o lucro primário por ação, ou seja, o P/L é um múltiplo utilizado para calcular o *equity value* da empresa, diferentemente do múltiplo de EBITDA, que é utilizado para calcular o *enterprise value* e será mais bem detalhado no decorrer deste capítulo.

O P/L não é indicado para analisar empresas que geram prejuízo ou um lucro pequeno comparado ao seu valor de mercado, como é normalmente o caso de empresas do setor de tecnologia, como por exemplo Facebook, Google, Amazon etc.

Quando o P/L é utilizado para comparações entre empresas, é difícil assegurar que o lucro por ação seja calculado de forma padronizada, tornando sua comparação menos acurada, devido principalmente aos seguintes fatores:

- Empresas geralmente crescem adquirindo outras empresas, e a contabilização não é feita utilizando os mesmos critérios, impactando as demonstrações de resultado, o que leva a uma apuração diferente do lucro por ação.
- Empresas têm critérios distintos para contabilizar despesas ou capitalizar itens, impactando, consequentemente, o cálculo do lucro por ação.

Levando em consideração os pontos apresentados, é mais prudente, no momento de calcular, comparar ou analisar o valor de uma empresa, utilizar o múltiplo de P/L atrelado a outros múltiplos ou metodologias de avaliação de empresas e análises de mercado, pois o P/L não leva em consideração aspectos relevantes de uma empresa, como, por exemplo, se ela está passando por uma expansão, por uma crise comercial, a sua estrutura de capital etc.

3.3.2. Múltiplo de valor patrimonial

O valor patrimonial do *equity* é calculado pela diferença do valor contábil dos ativos e o valor contábil do passivo, respeitando os critérios contábeis praticados. O valor contábil do ativo é o valor original pago deduzindo-se as depreciações.

Esse múltiplo é comumente utilizado pelos analistas, dado que o valor patrimonial demonstra o valor relativamente estável do ativo, podendo ser comparado com o preço de mercado, além de ser um *benchmark* bastante simples. Outro aspecto relevante é que a contabilização respeita os princípios contábeis, permitindo a comparação com empresas similares.

Em geral, analistas de investimentos consideram ações abaixo do valor patrimonial uma boa oportunidade, enquanto ações vendidas acima do valor patrimonial podem ser consideradas supervalorizadas.

Outra vantagem é que o múltiplo de valor patrimonial pode ser aplicado a empresas que apresentam resultado negativo por um curto período, o que não é possível utilizando outro tipo de múltiplo.

Por outro lado, existem algumas desvantagens em utilizar esse índice, tais como: a contabilização do resultado é impactada por decisões relacionadas à depreciação e outras variáveis; quando há critérios contábeis diferentes de um país para outro, ou mesmo entre empresas, a comparação utilizando o múltiplo de valor patrimonial não se mostra viável.

O múltiplo de valor patrimonial pode ser calculado de duas formas, conforme demonstrado a seguir.

Múltiplo de valor patrimonial por ação = Preço por ação/Valor patrimonial por ação

Embora a fórmula acima seja consistente, por se tratar de um valor de *equity* tanto no numerador quanto no denominador, é necessário levar em consideração a variedade de classes de ações em circulação e a parcela do valor patrimonial atribuído às ações preferenciais no momento do cálculo do valor patrimonial por ação.

Esses pontos podem ser mitigados por meio de outra fórmula de cálculo do múltiplo de valor patrimonial, utilizando o valor de mercado da empresa e o valor patrimonial total, conforme demonstrado a seguir.

Múltiplo de valor patrimonial = Valor de mercado da empresa/Valor patrimonial

Com base nos pontos destacados anteriormente, o múltiplo de valor patrimonial é comumente utilizado por analistas para avaliar e comparar empresas de setores em que os ativos possam ser avaliados e calculados periodicamente, como por exemplo instituições financeiras. Além de empresas do setor financeiro, o múltiplo de valor patrimonial é indicado para empresas de determinados setores que necessitam de capital intensivo, como empresas de *real estate*, mineração e petrolíferas.

No entanto, para empresas de pequeno porte, *startups* e empresas de capital fechado, em que o acesso à informação é mais difícil e que não têm uma contabilização confiável, a utilização do múltiplo de valor patrimonial não é indicada.

3.3.3. Múltiplo de EBITDA

Diferentemente dos múltiplos apresentados anteriormente, o múltiplo de EBITDA é um indicador de valor da empresa, e não do *equity*. Ao longo dos anos, esse múltiplo vem sendo cada vez mais utilizado, devido principalmente ao fato de existirem menos empresas com EBITDA negativo se comparadas com empresas com lucro negativo, o que inviabiliza a utilização dos múltiplos baseados em lucros.

Empresas utilizam diferentes métodos de depreciação, porém essa particularidade não é levada em consideração no múltiplo de EBITDA. Além disso, esse múltiplo pode ser utilizado para comparar empresas com diferentes níveis de alavancagem, diferentemente dos múltiplos de lucros.

O valor da empresa calculado utilizando como base o múltiplo de EBITDA relaciona o valor de mercado da empresa líquido de caixa com o lucro antes do Imposto de Renda, depreciação e amortização, conforme equação demonstrada a seguir.

Enterprise Value (EV)*/EBITDA

***Valor da empresa considera: (Valor da empresa + valor da dívida - caixa disponível) / EBITDA**

Para o cálculo do valor da empresa, o caixa é excluído da análise, uma vez que juros provenientes do caixa não impactam o EBITDA.

Os cinco pontos determinantes para definir corretamente o valor da empresa com múltiplo de EBITDA, segundo Damodaran, estão detalhados a seguir:

1. Impostos – empresas com carga tributária menor devem apresentar um valor maior (EV/EBITDA) se comparadas com empresas com taxa tributária mais alta.
2. Depreciação e amortização – empresas que têm uma parcela maior oriunda da depreciação devem ser negociadas com um múltiplo menor do que empresas com taxas menores de depreciação e amortização.
3. Reinvestimento – quanto maior for a necessidade de reinvestimento, menor será o múltiplo de EBITDA.
4. Custo de capital – empresas com menor custo de capital serão negociadas com um múltiplo maior de EBITDA.
5. Crescimento esperado – empresas com taxas maiores de crescimento serão negociadas com um múltiplo maior de EBITDA.

Os gráficos a seguir ilustram a variação do EV/EBITDA conforme a variação da carga tributária e gasto de capital.

Múltiplo EV/EBITDA e alíquota tributária

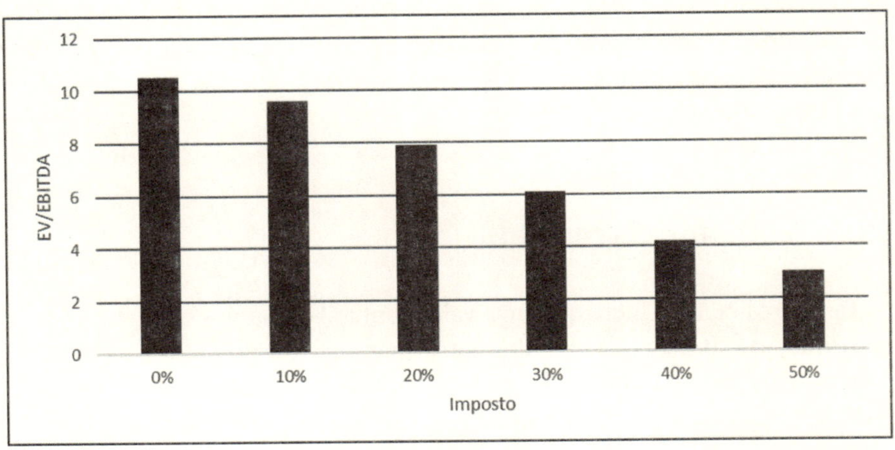

Fonte: Damodaran (2012).

EV/EBITDA e índice líquido de gasto de capital

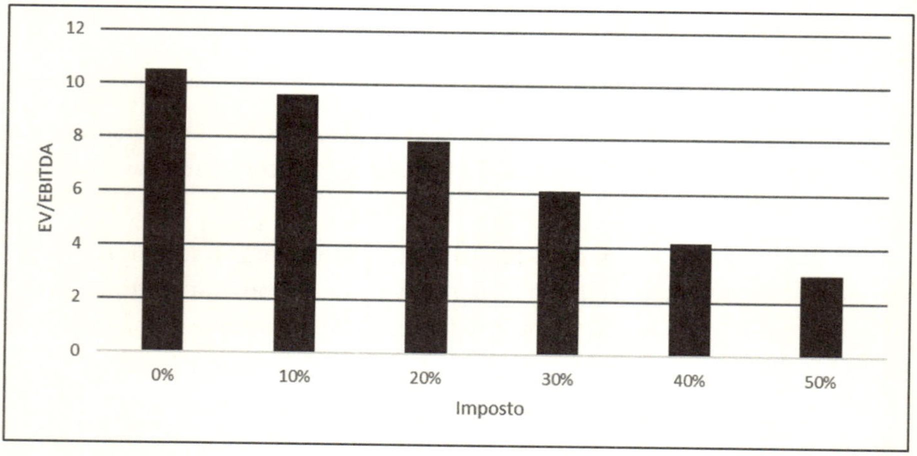

Fonte: Damodaran (2012).

Como todo múltiplo de avaliação de empresas, é arriscado analisar o valor de uma empresa utilizando apenas o múltiplo de EBITDA, devido principalmente ao fato de o múltiplo não considerar a alavancagem financeira, a necessidade de investimentos e a geração de caixa futura.

Não existe uma forma padronizada de cálculo de EBITDA, e não é fácil achar empresas com exatamente as mesmas características para realizar uma análise comparativa.

Apesar dos pontos destacados anteriormente, o múltiplo de EBITDA é um dos indicadores mais utilizados e compõe praticamente todas as avaliações de empresas, principalmente em se tratando de empresas em crise, desde que ele seja positivo.

3.3.4. Múltiplos de receita

Tanto o cálculo do lucro quanto o valor contábil dos ativos são determinados por princípios contábeis. Uma alternativa para calcular o valor da empresa é utilizando a receita, uma vez que não é impactada por decisões contábeis.

O múltiplo de receita mensura o valor da empresa com base na receita gerada.

Esse critério tem sido bastante utilizado pelos analistas, devido aos seguintes fatores:

- Pode-se avaliar empresas que estão performando abaixo do esperado, ou seja, que não têm gerado lucro, ou cujos ativos estão com baixo valor contábil.
- Difícil manipulação, dado que o lucro e o valor contábil dos ativos podem ser manipulados pela contabilidade.
- O múltiplo de receita é menos volátil que o resultado.

Por outro lado, existe uma deficiência importante ao utilizar esse múltiplo para estimar o valor da empresa, uma vez que a geração de caixa não é considerada nessa análise, ou seja, nem sempre empresas com grandes receitas geram lucro.

O múltiplo de receita não é indicado para avaliar empresas de determinados setores, como por exemplo do setor financeiro, pois a forma como a receita é contabilizada difere da de outros setores.

Além disso, o múltiplo de receita também não é indicado para setores que exigem capital intensivo, como empresas de *real estate*, mineração e petrolíferas; nesse caso, o múltiplo mais indicado seria o múltiplo de valor patrimonial, abordado anteriormente.

Existem basicamente dois múltiplos de receita:

Índice Preço/Vendas = Valor de mercado da empresa/Receita

Índice EV (*Enterprise Value*)/Vendas = (valor de mercado da empresa + dívida - Caixa)/Receita

O índice de EV/Vendas é mais completo se comparado com o de Preço/Vendas, pois leva em consideração o valor da dívida na fórmula de cálculo. Consequentemente, é possível analisar empresas de setores diversos com diferentes graus de alavancagem financeira.

Apesar de os padrões contábeis em diferentes setores e mercados serem semelhantes quando se trata de contabilização de receita, existem empresas com contabilizações questionáveis no registro de transações *intercompany* em suas receitas. Porém, os múltiplos de receita sofrem muito menos com as regras de contabilização se comparados com outras metodologias de múltiplos.

O fator principal que define o múltiplo de receita é a margem de lucro (margem líquida no caso de Preço/Vendas e margem bruta no caso de EV/Vendas), ou seja, quanto maior a margem, melhor será o múltiplo de receita e, consequentemente, maior será o valor da empresa.

Segundo Damodaran, uma queda nas margens de lucro pode causar um efeito duplo:

1. Redução no múltiplo de receita.
2. Uma margem de lucro menor pode levar a um crescimento menor e, consequentemente, a múltiplos de receita ainda mais baixos.

O gráfico a seguir ilustra o impacto direto da redução de margem no múltiplo de receita.

Múltiplo de receita e porcentagem da margem de lucro

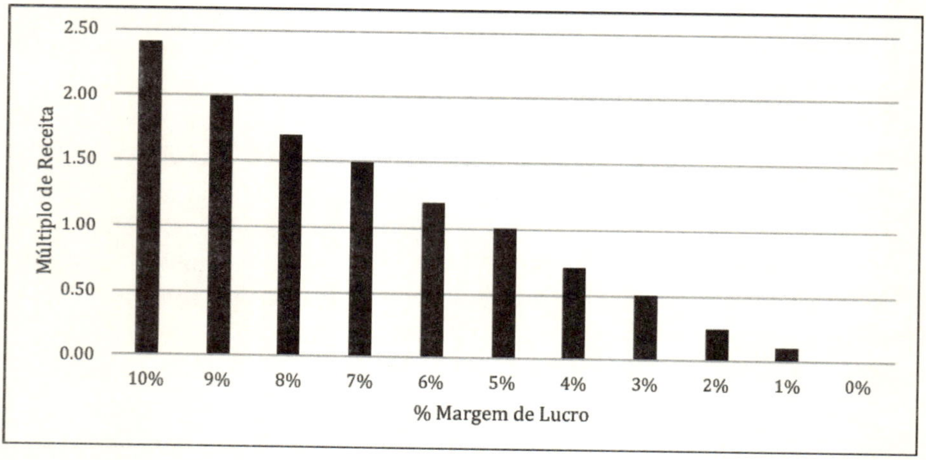

Fonte: Damodaran (2012).

A mensagem geral demonstrada anteriormente é que o múltiplo de receita é um múltiplo muito usado, com um conceito simples e de fácil interpretação e análise. Porém, é necessário ficar atento em relação a qual setor o múltiplo se encaixa melhor, e, assim como acontece com todos os outros múltiplos, se usado de forma isolada, pode prejudicar a análise.

3.3.5. Múltiplos específicos setoriais

Enquanto os múltiplos apresentados anteriormente podem ser utilizados para comparar valores de empresas de diferentes setores, os múltiplos setoriais limitam-se a empresas do mesmo segmento de atuação.

O valor de uma empresa pode ser padronizado utilizando múltiplos específicos para um determinado setor. Empresas do setor de açúcar e álcool, por exemplo, podem ser comparadas com base no valor de mercado por tonelada de cana moída, já empresas produtoras de energia podem ser comparadas com base no valor de mercado por quilowatt-hora (kWh) de energia produzida.

Nos últimos anos, dado o surgimento de novas empresas de tecnologia, novos múltiplos são criados para viabilizar a análise de empresas nesse setor, os quais variam de valor por assinante para provedores de serviços on-line a valor por visitante para portais de internet e, ainda, valor por membro para empresas de mídia social.

Com o surgimento de *startups*, principalmente no setor de tecnologia, os múltiplos setoriais vêm sendo mais utilizados, pelo fato de a maioria das empresas terem lucro negativo, receitas ainda baixas e pouco ativo em seus balanços patrimoniais.

Com isso, as avaliações muitas vezes são estimadas em valor de mercado por clique ou número de usuários. A ideia é que cada usuário ou visita ao site seja uma oportunidade para gerar lucro por meio da venda de produtos ou serviços, por exemplo.

Além dos fatos destacados anteriormente, relacionados ao surgimento de *startups*, a utilização de múltiplos setoriais tem crescido nos últimos anos devido também à possibilidade de associar o valor da empresa a dados operacionais, e, além disso, podem ser utilizados por empresas que não tenham informações contábeis acuradas e/ou auditadas e critérios contábeis diferentes.

Os múltiplos específicos de setor variam de um setor para outro. Em geral, porém, eles compartilham algumas características:

- O numerador será geralmente a soma do valor de mercado do *equity* e da dívida subtraído o valor em caixa.
- O denominador será a unidade operacional geradora de receitas e lucros para a empresa.

Para empresas de commodities com reservas naturais, como por exemplo refinarias de petróleo e empresas de mineração, em que a receita é gerada com a venda da commodity, o valor de mercado pode ser padronizado e comparado por meio da seguinte fórmula, utilizando como base o tamanho da reserva que essas empresas possuem das commodities:

Valor unitário da commodity = (valor do *equity* + valor da dívida – caixa) / número de commodity em reserva

Refinarias de petróleo podem ser comparadas por meio do valor da empresa por barril de petróleo em suas reservas, já empresas de mineração podem ser comparadas por onça de ouro em suas reservas.

Para empresas que produzem produtos homogêneos (qualidade e quantidade), o valor de mercado pode ser padronizado e comparado por meio da seguinte fórmula, utilizando como base a quantidade de produtos produzidos ou a capacidade de produção:

Valor unitário da commodity = (valor do *equity* + valor da dívida – caixa) / número de unidades produzidas (ou capacidade).

Empresas de abate de animais podem ser comparadas por meio do valor da empresa por animal abatido por dia ou pela capacidade de abate por dia. Como, por exemplo, o setor aviário.

Em cada um desses casos apresentados, poderíamos argumentar a favor do uso de um múltiplo específico do setor, porque as unidades (sejam elas barris de petróleo, kWh de eletricidade ou animais abatidos no dia) geram receitas semelhantes.

As distorções entre os múltiplos de setor começam a aparecer em casos em que o denominador utilizado para dimensionar o valor da empresa não é homogêneo.

Podemos utilizar como exemplo empresas como Facebook e Twitter, em que o múltiplo setorial seria o valor da empresa mensurado por usuário inscrito. O problema é que o vínculo entre os inscritos e as receitas de publicidade não é claramente estabelecido nem óbvio.

Em 2010, essas empresas de mídia social atraíram a atenção do mercado, em parte por causa de suas enormes listas de inscritos. O valor das empresas poderia ser dimensionado pelo número de inscritos, porém a relação entre o número de inscritos e a lucratividade é tênue e não testada.

Em linhas gerais, os múltiplos de setores relacionam o valor a variáveis específicas do setor e devem ser usados com cautela.

Muitas vezes, é difícil comparar esses múltiplos entre as empresas sem realizar análises rigorosas sobre suas operações e seu potencial de crescimento. Além disso, é muito arriscado analisar o múltiplo de forma isolada, ou seja, o ideal é sempre utilizá-lo como complemento de uma análise mais detalhada.

3.4. Avaliando empresas com resultado negativo

Nesta etapa, iremos abordar as metodologias aplicadas para avaliar empresas com resultado negativo ou que estejam passando por um momento de turbulência, impactando significativamente o seu resultado.

Para tanto, é necessário identificar a origem do problema:

- Problemas temporários – podemos utilizar como exemplo uma situação temporária, como greve, ou um problema específico em determinado produto, um *recall* de produto – o argumento é relativamente simples: as despesas decorrentes do problema temporário serão ajustadas tão logo a situação seja normalizada.
- Problemas cíclicos – deterioração da situação econômica geral, dada a falta de geração de resultado e o consequente impacto no caixa – empresas no setor de commodities, em que a oscilação no preço pode afetar o resultado. Para esse tipo de situação, recomenda-se a utilização do resultado normalizado.
- Problemas operacionais – plantas industriais antigas e pouco eficientes, mão de obra não qualificada e pouco investimento no passado – o processo de avaliação é mais complicado, dada a necessidade de assumir premissas de como a empresa vai sobreviver e fazer a sua reestruturação.

3.4.1. Prejuízo – causas e consequências

Avaliar uma empresa com problemas na geração de resultado é mais complexo do que avaliar uma empresa superavitária. Apesar de não ser um problema conceitual, são significantes para estimar o valor do ativo:

1. A taxa de crescimento do lucro não pode ser estimada ou utilizada – não se pode estimar e esperar crescimento para uma empresa que está gerando prejuízo. Para uma empresa deficitária, prever uma taxa de crescimento significa projetar mais prejuízo.
2. Prejuízo fiscal – Os prejuízos podem ser deduzidos dos ganhos no futuro. Porém, no curto prazo nada pode ser feito, dado que não há ganho.

Existem diversos motivos pelos quais as empresas geram prejuízos, sendo que alguns podem ser classificados como temporários, outros, de longo prazo, outros são problemas setoriais e, por fim, resultado de baixa atividade econômica.

a. **Problemas temporários**

Em algumas situações, o problema pode ser temporário, como greve, *recall* de produto, entre outros. O problema é classificado como temporário quanto afeta os resultados por um período e não afetará o resultado futuro da empresa. Pode ser resolvido no curso normal das atividades, sem impactar os resultados da empresa no futuro.

Para o setor de commodity, uma intempérie ou queda no preço podem ser classificados como problemas temporários.

b. **Problemas de longo prazo**

Resultados negativos muitas vezes podem ser ocasionados por má gestão, decisões estratégicas errôneas que impactam negativamente a operação da empresa e, consequentemente, a situação financeira, resultando em tomada de dívida exagerada no mercado. Tal situação leva a empresa para um contexto de insolvência, dado que a geração de caixa não é suficiente para fazer frente às obrigações perante os financiadores da empresa.

c. **Ciclo de vida**

Em alguns casos, o prejuízo não é resultado de algum problema, e sim do ciclo de investimento. Muitas vezes a empresa está em fase de investimento em algum projeto e por um determinado período será deficitária até que tal projeto entre em operação.

3.4.2. Empresas com resultado negativo

Quando se tem uma empresa com problema pontual ou temporário, a expectativa é de que o resultado volte a ser positivo rapidamente. Dessa forma, para avaliar uma empresa nessa situação, é utilizado o resultado normalizado.

Existem algumas maneiras de trabalhar com o resultado normalizado, o que dependerá da natureza do problema.

- Empresa com problema específico: caso o problema seja específico e de curto prazo e possa ser atribuído a uma causa pontual, tal como greve ou processo judicial, a solução é relativamente simples, dado que as demonstrações financeiras refletiram o impacto causado pelo problema. Dessa forma, a empresa conseguirá mensurar o custo adicional ou a falta de receita ocasionada por esse problema pontual e demonstrá-lo para as partes interessadas. A grande questão é identificar e saber como reportar que o problema é pontual e não estrutural.

- Problema setorial ou de mercado: o resultado de empresas cíclicas por definição é mais volátil e depende do estado da economia. Em situações de *boom* econômico, o resultado dessas empresas tende a crescer, enquanto em recessão os resultados caem drasticamente.

O mesmo pode ser dito em relação a empresas do setor de commodity, uma vez que passam por ciclos de preços, quando períodos de preços altos são seguidos por períodos de preços mais baixos. Em ambos os casos a avaliação será prejudicada se for apenas utilizado como premissa o ano base.

3.4.3. Avaliando empresas cíclicas

O valor da empresa poderá ser impactado significativamente se forem considerados os dados de apenas um ano, sem levar em conta a volatilidade de preço e, dependendo do setor, aspectos climáticos. Segundo Damodaran, existem duas potenciais soluções para avaliar empresas cíclicas: uma é ajustar a taxa de crescimento esperada para os próximos anos para refletir as mudanças cíclicas; a outra é avaliar a empresa considerando as premissas normalizadas.

3.4.4. Avaliando empresas do setor de commodity e recursos naturais

Empresas do setor de commodities não são apenas voláteis por causa do preço, mas também pelo ciclo - períodos de preços maiores são seguidos por períodos de preços menores.

Companhias desse setor tendem a se movimentar para cima e para baixo de acordo com o preço, o que impacta diretamente a sua avaliação.

Entre as metodologias utilizadas para avaliar esse tipo de ativo, podemos destacar as três opções detalhadas a seguir.

a. Tentar prever o valor futuro da commodity, o que não é simples, uma vez que os ciclos não são previsíveis; entretanto, pode-se utilizar os preços futuros que estão sendo negociados no mercado.

b. Avaliar a empresa utilizando o preço da commodity estabilizado, analisando o preço do produto durante um ciclo completo. O risco de utilizar essa metodologia é o preço da commodity ficar abaixo do valor projetado por um período mais extenso.

c. Avaliar a empresa considerando o preço atual da commodity, mesmo que o preço esteja abaixo da média histórica.

3.4.5. Empresas com problemas de longo prazo

Todas as opções de avaliação apresentadas levam em conta o lucro ajustado, considerando que os prejuízos gerados serão rapidamente revertidos. Em alguns casos, o resultado negativo é o reflexo de problemas de mais longo prazo. Nesses casos, há a necessidade de fazer julgamentos sobre como o problema será superado e quando isso ocorrerá. Nesta seção discutiremos a respeito desse tipo de problema e como solucioná-lo.

3.4.5.1. Problemas estratégicos

Muitas vezes empresas têm problemas na definição do seu mix de vendas, ou utilizam estratégias de marketing errôneas que culminam na geração de prejuízo por um período significativo, até que ações sejam tomadas para reverter a situação.

O principal ponto quando se identifica um problema estratégico é determinar se ele pode ser solucionado ou se é permanente. Caso o problema não seja revertido, a empresa deverá ser avaliada considerando a situação atual e que o *turnaround* efetivo não será possível. Outra situação é quando existe possibilidade de reverter o problema e a empresa retomar as taxas históricas de crescimento e rentabilidade.

3.4.5.2. Problemas operacionais

Empresas menos eficientes do que seus concorrentes, na produção ou na prestação de serviços, são mais mal avaliadas se comparadas com outros *players* de mercado que tenham uma performance melhor. O principal ponto é identificar o motivo que colocou a empresa em uma situação inferior à de seus competidores.

A variável que melhor mede a eficiência operacional é a margem operacional – empresas com problemas operacionais têm a tendência de ter margens muito piores do que as de seus concorrentes. Uma forma de reverter a situação é aumentar a margem em direção à margem média do setor em que a empresa está inserida. A velocidade com que a margem deverá convergir para a média do setor dependerá de alguns fatores, tais como:

a. Tamanho da empresa – quanto maior a empresa, maior será o tempo para eliminar as ineficiências.

b. Natureza da ineficiência – algumas ineficiências podem ser ajustadas mais rapidamente se comparadas a outras. Por exemplo, a empresa poderá substituir equipamentos obsoletos.

c. Restrições externas – empresas estão restritas no que se refere a como e quando conseguem reparar e ajustar ineficiências relativas a obrigações contratuais e pressão social. Muitas vezes, demissões em massa podem ser uma solução, porém os sindicatos e a publicidade negativa podem dificultar tal decisão.

d. Qualidade do *management* – a administração deve estar comprometida a implementar as mudanças necessárias, o que é crítico para o sucesso do *turnaround*. Em muitos casos, a substituição do *top management* é necessária para viabilizar a reestruturação operacional.

3.4.6. Empresas alavancadas

Com frequência empresas encontram-se em situações complicadas dado o alto grau de endividamento. Nesse tipo de situação o *equity* é negativo, dada a sua alavancagem.

A solução para esse tipo de problema dependerá se a empresa será levada para um contexto de insolvência ou se há alternativa para a reestruturação do seu passivo.

Caso a companhia tenha solução, existem algumas alternativas que devem ser perseguidas para implementar a reestruturação financeira e, consequentemente, gerar *equity value*.

3.4.6.1. Empresa alavancada, mas sem risco imediato de falência

Em algumas situações é possível encontrar empresas com uma geração de caixa operacional razoável, porém, o estoque de dívida coloca em risco a sua situação de liquidez. Em primeiro lugar, estando alavancada, a empresa tem um risco iminente de *default*, afetando diretamente sua operação, colocando em risco a relação com clientes, além da falta de prazo para pagamento de fornecedores, entre outros. Adicionalmente, o custo de capital da empresa alavancada será maior, impactando diretamente seu valor. O grande desafio para uma empresa nessa situação é diminuir o seu nível de alavancagem no menor tempo possível.

Existem dois aspectos fundamentais que devem ser considerados para avaliar empresas alavancadas:

- É possível projetar o fluxo de caixa livre para a empresa e avaliar o valor da companhia, desde que a empresa esteja operacionalmente viável, as margens comparáveis com as de empresas similares, sendo que o desafio será adequar o nível de alavancagem à capacidade de geração de caixa, reduzindo com o tempo o nível de endividamento. É importante enfatizar nesse ponto que, caso o nível de alavancagem seja superior à capacidade de geração de caixa da empresa, há a necessidade de readequação de margem (caso possível), de desmobilização de ativos ou até mesmo de um desconto na dívida.
- Alternativamente, é possível ajustar o valor presente da empresa, considerando que o ativo esteja desalavancado, e, na sequência, adicionar o custo da dívida reestruturada e os eventuais benefícios fiscais. Essa abordagem é aplicada na maioria das vezes por empresas que estão em recuperação judicial.

3.4.6.2. Empresa alavancada com risco iminente de falência

Quando a situação financeira da empresa está drasticamente deteriorada e com risco iminente de falência, duas abordagens são utilizadas para verificar o possível valor do ativo. Uma das opções é analisar o valor de liquidação dos ativos e a outra é avaliar a empresa como se estivesse em uma situação normal e na sequência fazer os ajustes para o contexto de *distress*.

3.4.6.2.1. Valor de liquidação

A análise de liquidação nada mais é do que o valor dos ativos da empresa considerando as condições de mercado, líquido dos custos da transação. Caso haja valor de *equity*, ele deve ser obtido por meio da seguinte equação: valor do *equity* é igual ao valor dos ativos menos o valor do endividamento e possíveis contingências.

Estimar o valor de liquidação dos ativos não é algo simples, uma vez que nem sempre o valor de avaliação será pago pelo potencial comprador, que considera na sua proposta a urgência da venda dada a situação da empresa. Empresas nessa situação terão que considerar um desconto no valor justo do ativo para acelerar o processo de venda.

3.5. Conclusão

A avaliação por múltiplos de mercado permite que uma empresa seja avaliada de forma rápida, facilitando a sua comparação com outros *players* do setor.

A sua aplicação, apesar de fácil e rápida, deve ser evitada no caso de empresas que estão abaixo de sua performance, uma vez que sua utilização é mais difícil e subjetiva.

Para empresas em reestruturação financeira ou operacional, a metodologia de múltiplos deve ser aplicada em conjunto com outra metodologia, como por exemplo a de fluxo de caixa descontado, apresentada no capítulo anterior, permitindo que fatores que estejam impactando a performance da empresa possam ser isolados, tornando sua análise mais acurada.

No caso de empresas que apresentam resultado negativo, é importante identificar as causas do problema e o que precisa ser feito para permitir a reversão do resultado. Para isso é necessário um diagnóstico detalhado da empresa, identificando as causas do declínio e a gravidade da crise.

As causas da crise podem variar muito, como por exemplo aquisições malsucedidas, controles financeiros inadequados, má gestão, custos elevados, concorrência etc.

Por fim, quando falamos de uma análise utilizando múltiplos, apesar de sua metodologia de cálculo ser simples, é necessária uma análise profunda para evitar distorções. O primeiro passo é definir o múltiplo que será considerado na análise e utilizá-lo de maneira uniforme, além de também identificar o que é um valor alto, baixo e normal para o múltiplo em questão. Após o entendimento do múltiplo, o próximo passo é identificar as principais variáveis que afetam de forma positiva ou negativa o valor do múltiplo e, finalmente, identificar empresas comparáveis e ajustar as peculiaridades entre essas empresas.

Por meio de um estudo detalhado do múltiplo e da utilização de uma metodologia complementar que leve em consideração aspectos que a metodologia de múltiplo não considera, é possível realizar uma análise de valor de empresa consistente, tanto no âmbito de crise como em uma situação de normalidade.

Capítulo 4

O *Independent Business Review* como base para a viabilidade do negócio e como peça fundamental para o *valuation*

José Mauro Braga

Líder das práticas de Business Recovery Services (BRS) e Debt & Capital Advisory (DCA). Líder da plataforma do Sudeste Asiático – South East Asia Desk (SEAD).

Possui experiência em processos de recuperação judicial, reestruturação financeira e operacional de empresas, estruturação de fundos de investimento, captação de recursos, fusões e aquisições, preparação para abertura de capital (IPO) e *project finance*. Atuou como diretor da KPMG na área de Structured Finance no Brasil. Atuou também como VP sênior em Investment Banking nas áreas de Fusões e Aquisições do Banco Espírito Santo de Investimento (BESI) e do Unibanco. MBA em Finanças e Estratégia – University of Michigan (Ross School of Business), EUA, 1999.

Christine Savignon

Christine é graduada em Direito pela Universidade Federal do Paraná e pós-graduada em Administração de Empresas pela Università Statale di Milano. Trabalhou na PwC em Milão, na Itália, onde atuou por vários anos nas práticas de Business Recovery Services, M&A e Valuation, fornecendo serviços de assessoria financeira e estratégica para clientes corporativos e fundos de *private equity*. É diretora na PwC Corporate Finance & Recovery, Brasil. Em 2015 participou do Stanford Ignite Innovation Program na Stanford University, na Califórnia, EUA.

Ricardo Hirata

Atuou na área de produtos de tesouraria no Santander e hoje é gerente da área de Corporate Finance da PwC Brasil na prática de Business Recovery Services, participando de projetos de reestruturação financeira e operacional e M&A. Bacharel em Administração de Empresas pela Universidade de São Paulo (FEA - USP), tem pós-graduação em Finanças e Eficiência Operacional pela FIA e certificações internacionais em intercâmbios acadêmicos pela Aston Business School (Reino Unido) e pela Kwansei Gakuin University (Japão).

4.1. Introdução

O objetivo deste capítulo é introduzir o conceito do *Independent Business Review* (IBR), explicando os principais aspectos analisados em um processo típico e como o resultado obtido no IBR pode ser utilizado pelas empresas, por seus *stakeholders*, potenciais investidores e financiadores como uma valiosa ferramenta para análise da viabilidade de seus negócios, entendendo as alternativas e ações que podem ser tomadas com base em um entendimento muito mais aprofundado das projeções econômico-financeiras da empresa.

Este texto advém da experiência dos autores na realização de diversos IBRs durante sua carreira na PwC no Brasil e no exterior. Como característica específica do mercado brasileiro, observamos um número razoável de empresas de médio e até grande porte, muitas vezes familiares, que apresentam um desafio a mais ao processo de IBR, uma vez que muitas delas cresceram sem os controles apropriados. Portanto, um grande obstáculo neste nosso mercado ainda em desenvolvimento é dar um adequado nível de conforto às partes que requisitam uma revisão dos negócios, visto que muitas vezes a informação disponível é escassa, incompleta ou simplesmente pouco acurada.

O IBR é um trabalho realizado por um terceiro independente com o objetivo de analisar e criticar o modelo e o plano de negócios, assim como as projeções econômico-financeiras elaboradas por uma empresa, identificando os principais *drivers* do negócio, as principais premissas feitas pela empresa em relação a esses *drivers* e a razoabilidade dessas premissas *vis-à-vis* os resultados históricos da empresa, a estratégia para os próximos anos, o posicionamento da empresa no setor, o desempenho dos concorrentes e as tendências identificadas no mercado.

Ao longo do capítulo podem-se observar todas as faces que compõem uma revisão de negócio, compreendendo desde os elementos estratégicos e do ambiente competitivo de uma empresa, até os mais detalhados aspectos internos e financeiros. Toda essa abrangência e ao mesmo tempo atenção aos detalhes, intrínsecos à natureza do IBR, tornam-no uma ferramenta valiosa para compreender a viabilidade de uma empresa, de forma totalmente isenta, pelo prisma de um terceiro independente. Ao mesmo tempo, considerada a abrangência do trabalho e o foco na viabilidade das projeções econômico-financeiras, o IBR também tem valor imensurável para o *valuation* da empresa, especialmente quando se leva em conta o método de fluxo de caixa descontado, principal método para avaliar empresas em *distress*. Pelo fato de o método do fluxo de caixa descontado se basear em projeções para descontar os fluxos de geração de caixa futuros para uma empresa, o IBR fornece todas as bases para que se estabeleçam premissas sólidas e projeções embasadas em dados confiáveis.

Objetivando pormenorizar uma característica pertinente à própria existência e identidade do IBR, devemos distinguir um IBR de um diagnóstico operacional e financeiro de uma empresa. Enquanto em um diagnóstico o objetivo é entender a situação da empresa a fim de estabelecer planos de ações e traçar caminhos para uma companhia seguir em frente e sair da situação de *distress*, um IBR tem como razão existencial identificar o estado da companhia e a razoabilidade de sua viabilidade e de suas projeções. Ou seja, ao contrário do diagnóstico, o IBR não tem como objetivo inerente propor soluções ou um plano de ações para o *turnaround*, mas analisar as projeções apresentadas, estabelecer a razoabilidade e o embasamento das projeções da companhia e analisar sua estrutura para identificar a real viabilidade dela. Contudo, uma vez que o IBR identifica as áreas de fragilidade da empresa e das projeções, acaba se tornando também um instrumento extremamente útil à fase de *turnaround*, pois enquanto critica as premissas da administração e identifica os principais riscos relacionados à empresa e ao atingimento dos objetivos econômicos e financeiros estabelecidos, acaba por naturalmente indicar o que deve ser corrigido ou melhorado para que esses objetivos sejam atingidos.

4.2. Definição de *Independent Business Review* e situações em que pode ser solicitado

Um IBR pode ser indicado em diversas situações e ser solicitado por diversas partes envolvidas com uma empresa em *distress*, desde um investidor que está avaliando um possível investimento na companhia e quer uma análise independente do plano de negócio e das projeções que lhe foram apresentadas, até um credor que está negociando uma dívida com a empresa e precisa entender a viabilidade dela e o risco.

Uma revisão independente pode facilitar a identificação e a avaliação de áreas de risco e possíveis soluções, e é usada para auxiliar a fundamentar as decisões dos acionistas, credores, possíveis investidores e financiadores da empresa.

O IBR tem como uma de suas principais funções analisar a estratégia adotada pela empresa e a sua capacidade de implementá-la, gerando uma série de considerações sobre a visão da administração da empresa, o posicionamento em relação a concorrentes, o modelo de negócios, os riscos envolvidos e até mesmo sobre a capacidade de implementação da administração.

Em um processo típico, o IBR visa responder às seguintes questões:

- Quais são os principais eventos internos e externos na história recente (normalmente três anos) que levaram a empresa à situação atual?
- Quais ações estão sendo tomadas para preparar a empresa para os resultados que estão sendo projetados?
- O nível de detalhamento do modelo econômico-financeiro é satisfatório?
- Os *drivers* à base da estrutura do modelo são de fato os mais pertinentes ao negócio?
- O modelo financeiro é matematicamente correto?
- As principais premissas feitas pela administração são razoáveis se comparadas ao histórico, ao planejamento estratégico da empresa, ao mercado, aos concorrentes e às tendências?
- Qual é o nível de alavancagem atual e projetado da empresa? O nível de alavancagem é adequado? É sustentável?
- Qual é a sensibilidade das projeções em relação às principais premissas do modelo e qual é o impacto da variação dessas premissas sobre o fluxo de caixa, sobre os principais indicadores econômico-financeiros projetados e sobre o valor da empresa?
- Para bancos e financiadores em geral – devem continuar a apoiar ou se retirar?

- Para bancos e financiadores em geral – se continuarem a apoiar, quais são os recursos adicionais necessários e qual é a capacidade da empresa de fazer frente aos compromissos assumidos?
- Quais são as opções viáveis para a empresa nos diversos possíveis cenários?
- Quais são as opções para os *stakeholders* (credores, investidores, acionistas, garantidores, gestores e outros envolvidos) nos diversos possíveis cenários?

Ao longo do processo, o IBR irá servir de suporte para identificar maneiras de melhorar o negócio e/ou a posição do *stakeholder* que irá receber as análises. Essas mudanças podem envolver uma revisão da estratégia, melhora nos processos de negócio, reduções de custo, mudanças na gestão, captação de novos recursos via dívida ou aumento de capital, alienação de ativos não essenciais ou até mesmo uma operação de *carve-out* para disposição de parte das operações.

Em termos de impacto sobre o *valuation*, o IBR permitirá ao potencial investidor elaborar uma avaliação mais realista da empresa no momento da apresentação e negociação de uma proposta. Não somente isso, mas também fornecerá suporte ao potencial investidor na identificação de ações que deverão ser tomadas em fase de *turnaround* para mitigar riscos, implementar ações corretivas e gerar valor na empresa em que está prestes a investir. Portanto, o IBR será peça fundamental para que o potencial investidor elabore o *valuation* mais realista possível no momento da entrada no investimento, as ações que poderão e deverão ser tomadas após o investimento e qual o possível *valuation* no momento da saída do investimento. Ou seja, o conjunto de informações e conclusões fornecidas pelo IBR suportará possíveis investidores na análise de risco e retorno do potencial investimento, provendo assim mais segurança ao processo de tomada de decisão em relação a investimentos em empresas em crise.

4.3. Aspectos a serem analisados

Em uma análise de IBR, olhamos o passado da companhia, principalmente para entender o que a levou à situação em que se encontra, ou seja, para identificar fatores internos e externos que a levaram à crise ou ao posicionamento atual. Seriam fatores de mercado? Macroeconômicos ou específicos do setor no qual a empresa opera? Custos muito altos? Má gestão? Uma análise do passado busca elucidar esses pontos, com o objetivo de evitar que erros ou situações do passado estejam se repetindo e possam colocar em risco os resultados projetados.

Ao mesmo tempo, devemos observar a situação atual da companhia, especialmente para compreender as necessidades de caixa de curto prazo e os principais ativos e passivos da empresa, de forma a determinar sua liquidez, garantindo sua sobrevivência. Analisa-se também quais ações estão sendo tomadas pela empresa para corrigir eventuais erros ou fragilidades do passado e prepará-la para a implementação da estratégia atual.

Por último, devemos olhar o futuro da companhia, de forma a entender sua viabilidade. Consideram-se então as projeções da companhia, tanto de resultado quanto de caixa, e analisa-se se as projeções são razoáveis, se a dívida é sustentável, quais são as alternativas para a empresa e o possível impacto para os *stakeholders*.

Passado

Devemos observar aspectos internos e externos que possam ter influenciado os resultados econômicos e o fluxo de caixa da companhia, por meio da busca de respostas para entender o que a levou a chegar à situação em que se encontra. Entender os motivos que a levaram à situação de crise (ou *distress*) é de fundamental importância, pois essa informação ajudará a desvendar os problemas inerentes ao modelo, tanto operacional quanto financeiro, da companhia e ao mercado em que atua.

Para tanto, é essencial que se entendam os componentes que impactaram o resultado e o fluxo de caixa da companhia, principalmente no passado recente, entre eles as margens de contribuição de seus produtos, as variações no faturamento e no endividamento, o custo de sua dívida, as despesas e custos de mão de obra, o cenário competitivo, os custos de matéria-prima etc.

Presente

Ao observar a situação atual da empresa, devemos estabelecer exatamente o seu estado atual - afinal, qual é a real condição em que ela se encontra neste momento? Deve-se observar especialmente, nesse caso, a liquidez da empresa e sua capacidade no curto prazo de cumprir suas obrigações e continuar operando. Para tanto, especial atenção deve ser dada à relação de ativos contra passivos, tanto de curto quanto de longo prazo, ao grau de liquidez dos ativos, às necessidades imediatas de fluxo de caixa, às garantias fornecidas e às possíveis consequências em caso de quebra de alguma cláusula contratual com financiadores (*e.g.* não pagamento de alguma parcela da dívida, quebra de *covenants* etc). O desrespeito a algumas cláusulas contratuais pode levar a graves consequências que podem piorar a situação da empresa, como por exemplo o vencimento antecipado de toda a dívida em questão e um efeito dominó entre os credores.

O aspecto essencial a ser analisado em relação à situação presente da empresa é a sua solvência e a sua capacidade de cumprir todas as obrigações operacionais e financeiras, determinando sua viabilidade como negócio no modelo atual de gestão.

Futuro

Ao explorar as perspectivas para o futuro da companhia, é importante considerar aspectos tanto quantitativos quanto qualitativos em termos de produtos e serviços, de estratégia, de posicionamento de mercado, de resultados e fluxos de caixa projetados. A estratégia e a visão que a administração tem do futuro são determinantes para avaliar as chances de sobrevivência de uma empresa em crise, assim como a sensibilidade ao avaliar sua real possibilidade de concretização. Entender os problemas identificados no passado e sua situação presente será subsídio para traçar uma projeção em relação às expectativas sobre as mudanças que podem ocorrer, tanto internas quanto externas.

A tabela a seguir sumariza alguns dos pontos e principais questionamentos que são usuais ao realizar uma revisão.

	O Passado Resultados, fluxo de caixa, produtos, mercado	O Presente Balanço patrimonial, caixa de curto prazo, garantias	O Futuro Projeções de resultados, caixa, produtos e estratégia de mercado
O quê? Quais?	...foram os resultados nos últimos três anos? ...mudou nas operações da companhia ao longo do tempo? ...foram os eventos relevantes que ocorreram?	...são os ativos e passivos do negócio? ...cada componente no balanço patrimonial representa? ...as necessidades imediatas de caixa do negócio?	...a administração espera que aconteça? ...os lucros/resultados esperados? ...a geração de caixa necessária para financiar essa visão?
Por quê?	...o faturamento decresceu nos últimos tempos? ...os juros subiram? ...os custos de mão de obra subiram em relação à receita?		...a administração acredita que mudanças devem ser feitas? ...a companhia tem de investir mais? ...novos produtos serão bem-sucedidos/novos clientes serão atraídos?
Como?		...a empresa está estruturada atualmente em consequência dos fatos que levaram à crise?	...aumentar as receitas com os clientes atuais? ...o capital de giro pode ser otimizado? ...aumentar a produtividade?
Conclusões	Quais as causas dos problemas enfrentados pelo negócio agora?	O negócio é solvente no curto prazo? Qual o estado das garantias dadas aos credores? Os erros do passado já foram corrigidos?	As expectativas da administração são razoáveis? O negócio é viável? Há medidas que devem ser tomadas para que os resultados projetados sejam atingidos?

4.4. Destinatários e utilidade do IBR

Na maioria dos casos não é a própria empresa, mas sim outros *stakeholders* a solicitar um IBR para analisar suas posições ou para considerar as ações a serem tomadas com relação a um negócio.

É muito comum que o demandante dos serviços de IBR sejam os credores ou um consórcio de credores com posições significativas na instituição. A necessidade de análise por parte das instituições financeiras credoras pode derivar da observação de uma performance negativa da empresa ou mesmo do pedido da empresa para alongar prazos ou liberar garantias. Normalmente, os objetivos de credores que solicitam um IBR incluem (i) avaliar suas opções, como por exemplo prover recursos adicionais, executar garantias, conceder *waivers* (ou seja, abrir mão de certas garantias ou medidas previstas no contrato de financiamento original, sob certas condições), compartilhar garantias com novos financiadores, entre outras; (ii) avaliar as opções que permitem maximizar o retorno financeiro; e (iii) conhecer os riscos relacionados.

Ao mesmo tempo, outros *stakeholders* podem estar preocupados com suas posições na empresa em crise, tais como fundos de *private equity*, *hedge funds* ou acionistas minoritários que não participam da gestão da empresa. Nesses casos, o objetivo do IBR será fornecer ao acionista uma visão realista sobre o futuro da empresa e permitir-lhe avaliar tempestivamente as opções disponíveis, como por exemplo aumento de capital para equacionar a alavancagem da empresa e garantir a sua continuidade, saída do investimento, participação mais ativa no conselho ou na gestão, entre outras.

Enfim, conforme já mencionado, potenciais investidores podem solicitar um IBR para melhor analisar um possível investimento na empresa em crise, saber qual a necessidade de caixa no curto, médio e longo prazo e possíveis fontes de financiamento, quais os principais riscos envolvidos, qual o valor a ser pago (ou a participação a ser exigida em troca do investimento necessário), quais as principais áreas de possível geração de valor e qual o possível retorno sobre o investimento em análise.

4.5. O processo típico de um IBR

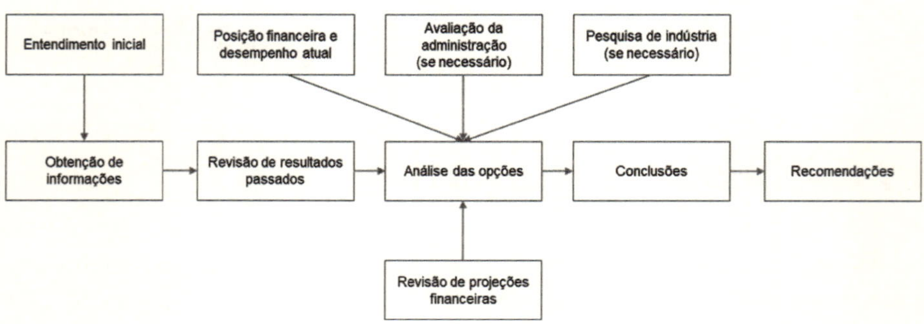

Entendimento inicial

Normalmente, o IBR é solicitado por uma parte envolvida (ou *stakeholder*), que é considerada o destinatário final das análises. Por essa razão, o primeiro estágio é uma reunião de alinhamento para entender os objetivos, as preocupações e os requisitos para a revisão e discutir informações relevantes do caso concreto.

Isso é absolutamente crucial e levará algum tempo para compreender as intenções e requisitos do solicitante, pois não raro a visão e os objetivos se apresentam confusos ou mesmo inconclusivos. Dentro da própria organização do solicitante, com frequência os interlocutores têm visões e objetivos diferentes. Portanto, muitas vezes a identificação dos objetivos e requisitos do solicitante acaba se tornando um longo processo de construção conjunta.

Obtenção de informações

A primeira etapa do processo é a obtenção de informações preliminares de fontes públicas e privadas. Isso pode incluir informações contábeis históricas publicadas, relatórios de analistas, website da companhia, informações sobre concorrentes, artigos sobre as tendências do setor etc.

O segundo passo é solicitar à administração relatórios, dados e documentos que forneçam as informações necessárias às análises sobre o passado, presente e futuro da empresa. Essas informações incluem relatórios e apresentações gerenciais contendo os principais indicadores operacionais e financeiros da companhia e auxiliarão na percepção, na visão dos gestores, dos principais *drivers* de resultado do negócio.

Enfim, outra fonte relevante são os próprios funcionários e gestores, que podem fornecer informações e *insights* valiosos para o trabalho. Além de documentos e relatórios a serem fornecidos, podem ser solicitadas entrevistas com a administração para discutir acontecimentos históricos, como a empresa reagiu, estrutura atual e visão estratégica. As entrevistas com os gestores, apesar de fornecerem informações menos detalhadas, serão úteis para avaliar a estratégia da empresa e o modelo de negócio e estabelecer as conclusões finais do IBR.

Revisão dos resultados passados, situação atual, revisão das projeções

O trabalho possui um viés financeiro forte e engloba uma revisão das tendências passadas dos resultados e do fluxo de caixa, uma análise da posição financeira atual e perspectivas de curto e médio prazo com relação aos resultados e os fluxos de caixa.

Uma revisão bem-sucedida vai depender de muitas perguntas à

administração e do espírito questionador de não aceitar primeiras respostas que pareçam superficiais, inconsistentes ou inexatas.

Embora estejam relacionadas ao futuro mais imediato da companhia, as projeções de fluxo de caixa de curto prazo devem ser consideradas como parte da posição financeira atual. É recomendado iniciar pela revisão dessa projeção de curto prazo, de forma a entender a urgência da situação e a necessidade de decisões e ações emergenciais e corretivas.

Pesquisa sobre a indústria

O conhecimento do setor de atuação é fundamental para que se possa fazer uma análise crítica das premissas à base das projeções da empresa, principalmente no que concerne ao posicionamento estratégico, volumes de venda, preço, expansão geográfica, vantagens competitivas, margens, aspectos tributários e outros aspectos que podem impactar as projeções de receita, margens, capital de giro e fluxos de caixa.

Análise das opções

Todo o conteúdo obtido das várias fontes do trabalho de campo – a performance histórica, a posição financeira atual, os resultados e fluxos de caixa projetados, as avaliações das garantias, as análises sobre a capacidade da administração, além da inteligência sobre o setor – permitirá formular várias opções, tanto para a companhia quanto para o destinatário do IBR.

Deve-se, nesse ponto, pensar em quem demandou o trabalho, considerando que o objetivo principal é fornecer informações e recomendações que sejam relevantes para a parte interessada. Apesar disso, é importante mapear as opções disponíveis de forma abrangente, de modo a demonstrar um amplo entendimento sobre os problemas e as possíveis soluções.

Conclusões

As conclusões do IBR devem incluir todas as considerações com relação às causas da crise, à reação da administração, ao posicionamento e estratégia atuais, às tendências de mercado e às principais premissas à base das projeções econômico-financeiras. Além disso, o IBR deve conter uma opinião clara sobre a viabilidade e o futuro da empresa, os principais riscos, barreiras ou ameaças à implementação do plano e as áreas mais sensíveis das projeções.

Recomendações

Como já mencionado, o intuito principal do IBR não é propor soluções para uma companhia ou uma situação específica, mas sim identificar a razoabilidade e as fragilidades das projeções e do modelo da empresa. Dito isso, o IBR, pela própria natureza investigativa do trabalho, acaba por apontar diversas falhas na gestão ou estratégia da empresa, indicando, assim - mesmo que indiretamente –, possíveis ações corretivas ou necessárias ao atingimento dos resultados projetados.

Além das recomendações "indiretas", úteis à administração ou aos acionistas controladores, que emergem das análises e das conclusões da revisão do negócio, o IBR pode conter recomendações específicas destinadas ao solicitante para mitigar os riscos, maximizar o retorno ou reduzir a perda da parte interessada.

4.6. O IBR e o ciclo de vida do negócio

Na maioria dos casos de empresas em *distress*, se a administração houvesse reconhecido os primeiros sintomas no balanço e nos resultados da companhia, poderia ter aumentado o leque de opções para resolver a situação e, consequentemente, as chances de êxito. Contudo, um desafio-chave é fazer com que a empresa ou as partes interessadas reconheçam os sintomas de forma precoce, antes de a crise se instalar, quando ainda há mais opções para reestruturar o negócio.

Na experiência dos autores, ao longo da realização de várias revisões de negócios observamos que é muito comum que os gestores, acionistas ou donos de empresas tenham uma resistência muito forte para admitir que existe um problema, que tenham sido tomadas decisões erradas ou que seja necessária uma mudança de curso na gestão da empresa. Essa negação faz com que a maioria das revisões seja feita somente quando a empresa já está em uma situação de *distress* acentuada, possivelmente com problemas de liquidez, tornando a situação mais urgente e o trabalho mais complicado.

O ciclo de vida do negócio

É importante em um trabalho de IBR compreender as diferentes fases do ciclo do negócio de uma empresa. Essa é uma informação essencial para identificar as opções mais adequadas. Tais opções variam bastante se compararmos uma empresa que está iniciando a etapa de declínio com uma empresa que está em uma crise financeira avançada, por exemplo.

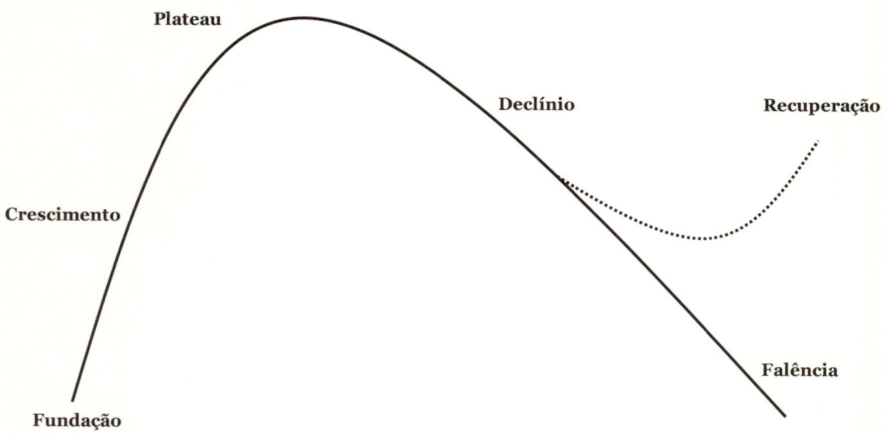

Crescimento

Como é observado, todos os negócios passam por uma fase de crescimento inicial - ou ao menos os bem-sucedidos. Caso os negócios sobrevivam a essa fase, eles podem continuar a crescer por anos. No entanto, a um certo ponto normalmente chegam a um platô de maturidade, em que o crescimento irá diminuir ou se tornar mais difícil. Essa desaceleração geralmente traz desafios, como a necessidade de cortar custos e priorizar investimentos, condutas que nem sempre são observadas ao final da fase de crescimento.

Platô

A situação de platô pode ter origem em diversos fatores internos, como investimentos insuficientes no desenvolvimento de novos produtos, falta de rigor em relação aos custos e despesas, restrições na capacidade de produção ou mesmo limitações na administração.

Tal situação também pode se originar de fatores externos, como tamanho do mercado, entrada ou fortalecimento dos concorrentes, ou mesmo o surgimento de produtos/serviços substitutivos.

Declínio

O negócio poderá entrar em uma situação de declínio ou até chegar à falência, a menos que sejam tomadas ações para mudar o curso e/ou o posicionamento da empresa.

Falência

A vida média dos negócios observados em países desenvolvidos gira em torno de 20 anos, mas muitos grandes negócios podem sobreviver bem mais que isso. Com base nesse fato e na média observada, pode-se deduzir que o ciclo de vida de negócios médios e pequenos não tenha duração significativamente superior a dez anos. Os principais motivos podem estar ligados à sucessão da administração, à obsolescência funcional ou tecnológica dos produtos ou serviços, à perda de cota de mercado para os concorrentes, à incapacidade de reação diante da crise que se instalou ou outros fatores internos e externos.

Recuperação

O IBR pode ter um papel de catalisador para as mudanças necessárias para que um negócio se recupere em vez de chegar à falência.

4.7. O declínio corporativo

Como já mencionado, o IBR pode ser indicado nas mais diversas situações e fases do ciclo de vida do negócio, desde aquela em que uma empresa em crescimento busca novos investidores até aquela em que credores de empresas em crise exigem uma análise independente para avaliar a própria exposição. Nesta seção analisamos uma das situações mais comuns em que é requisitado um IBR – a empresa em crise –, explorando um pouco mais a fase de declínio das empresas, suas causas e sintomas.

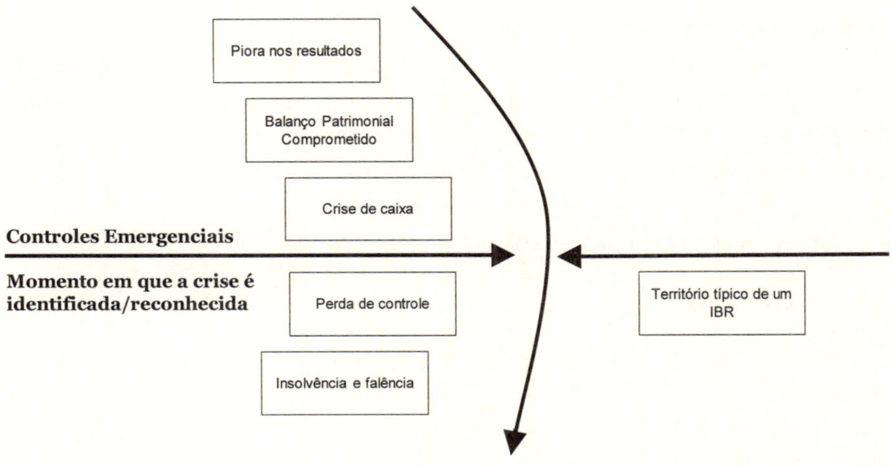

Piora nos resultados

Inicialmente, o declínio é marcado por sintomas de piora nos resultados, evidenciada na Demonstração do Resultado do Exercício (DRE) por uma queda nas vendas e/ou na rentabilidade.

Observa-se que o desempenho de uma empresa pode ser considerado ruim em comparação a seus próprios resultados passados, aos de outras companhias do setor ou mesmo quando há uma deterioração geral de performance que afeta todas as companhias do setor.

Nesse estágio, geralmente não há perigo de falência imediata da empresa.

Balanço patrimonial comprometido

Se o mau desempenho se mantiver, o efeito geralmente é um desequilíbrio no balanço patrimonial da companhia.

A alavancagem financeira normalmente aumenta – causando elevação do custo da dívida e resultados ainda piores –, os reinvestimentos em ativos fixos são racionalizados (afetando a competitividade) e os índices de capital de giro tendem a piorar (estoques baixos, fornecedores exigindo pagamento em prazos mais curtos, enquanto prazos mais longos são concedidos aos clientes).

Dependendo da situação de caixa e da solidez financeira da empresa no início da fase de declínio, os resultados ruins podem levar meses ou até mesmo anos para apresentar um impacto relevante no balanço patrimonial.

Crise de caixa

Apesar de as etapas anteriores se desenvolverem de forma lenta, uma situação de estresse pode rapidamente se tornar uma situação de crise se não endereçada correta e tempestivamente.

No estágio de crise de caixa, os empréstimos e linhas de crédito já atingiram o limite disponível. Além disso, os créditos com fornecedores foram estendidos ao máximo e alguns até se recusam a continuar a vender para a empresa, a menos que o pagamento seja efetuado à vista. Quando a empresa chega a esse nível, as operações começam a ficar comprometidas, pois não há liquidez nem mesmo para comprar os insumos necessários à produção ou para ter as condições de prestar o serviço.

Perda de controle

Uma vez que a companhia entra em uma profunda crise de caixa e compromete suas operações, há risco de perda de controle de seus próprios negócios, pois os fornecedores não atendem mais a empresa, a reputação perante os clientes pode sofrer danos e os bancos irão parar de fornecer crédito, com possíveis execuções legais das garantias.

Insolvência e falência

A perda de controle da companhia poderá levar a uma reestruturação da empresa, caso, por exemplo, o novo controlador seja um fundo especializado em situações de *distress*, ou poderá ser o início dos procedimentos de falência formal a pedido dos credores, devido à sua insolvência.

O papel do IBR

O IBR é mais comumente requisitado quando a companhia já se encontra em um momento de crise de caixa. Nesse estágio, a prioridade do trabalho será a identificação de alternativas para a continuidade do negócio, mais do que tentar entender as causas da crise.

Um IBR idealmente deveria ser realizado de forma mais tempestiva, assim que se começam a observar sinais de piora nos resultados. Porém, a maioria dos gestores não reconhece, ou nega, a necessidade de ajuda, até o momento em que já estão em uma situação de crise acentuada.

Nessa fase pode ser demasiadamente tarde para fazer mudanças estruturais ou estratégicas, pois tais mudanças levam mais tempo para serem implementadas e terão um efeito mais visível na situação da companhia apenas no médio e no longo prazo.

4.8. Principais componentes de um IBR

Uma vez ilustrados hos objetivos e o processo típico de um IBR, vamos explorar os principais componentes que normalmente são analisados. A tabela a seguir contém um resumo dos principais elementos a serem analisados.

Causas da crise	Análise da performance histórica	Análise do fluxo de caixa	Análise do balanço patrimonial	Revisão das Garantias	Análise dos resultados projetados
Internas	Vendas e volumes	Discussão das premissas	Análise por indicadores	Extensão das garantias	Análise das premissas/drivers
Externas	Margens de contribuição e bruta	Análise da utilização e propósito	Conciliação do balanço	Identificação e importância das garantias	Precisão dos orçamentos
	Despesas gerais e administrativas	Revisão do modelo	Análise de consistência	Possibilidade de execução das garantias	Análises de sensibilidade
	Custos financeiros	Análise da necessidade de captação	Análise de contas específicas		Identificação de oportunidades/ vulnerabilidades
	Custos extraordinários				Simulação de cenários

Causas da crise

Para entender os fatores que dão origem às crises corporativas, é necessário:

- Compreender a diferenciação entre os fatores gerados por decisões ou acontecimentos internos da empresa e fatores externos para os quais a companhia deve ou deveria ter planos de contingência ou para os quais ela deve se preparar.
- Entender que, embora esses fatores acarretem diferentes consequências, todos podem ser evitados ou ao menos minimizados com uma boa gestão da liderança, tanto proativa quanto reativamente.
- Saber que os motivos que levaram à crise não podem ser explicados somente analisando as informações financeiras históricas. Uma boa pesquisa antes e durante o processo, com perguntas relevantes à administração, pode prover pistas valiosas para entender as razões menos aparentes da dificuldade da companhia.

Afinal, quais são as causas das crises corporativas? O que leva uma empresa a entrar em declínio?

Quando analisamos empresas em apuros, deparamos com um leque de sintomas que apresentam evidência de uma empresa em crise, tais como resultados decrescentes, pressões no balanço patrimonial e insuficiência de caixa. Porém, essas são somente consequências, e para saná-las é necessário entender as causas da crise, que podem ser internas, externas, operacionais, financeiras ou, como na maior parte dos casos, uma combinação delas.

Muito do trabalho do IBR envolve analisar documentos – resultados passados, balanços atuais, projeções e informações sobre garantias. Apesar disso, o maior valor do trabalho de revisão está nas discussões realizadas com os gestores. O processo de revisão típico envolve uma grande quantidade de perguntas.

Pessoas que se envolvem nesse tipo de trabalho normalmente têm mentes questionadoras e pensamento crítico – elas continuamente analisam, desafiam e avaliam as informações que recebem. Se não entendem ou se têm respostas que não estão claras ou satisfatórias, elas persistem, até que a questão esteja clara e faça sentido em sua mente.

A habilidade da administração de identificar os riscos e de tomar ações tempestivas para evitar que possíveis riscos se tornem problemas reais é essencial. Por outro lado, a habilidade do executor do IBR em entender as causas da crise é um dos aspectos mais importantes para prepará-lo para a avaliação acerca da razoabilidade das principais premissas à base dos resultados projetados pela empresa.

A figura a seguir ilustra os fatores mais comuns na origem de crises corporativas.

Fatores Internos	Fatores Externos
Estratégia mal definida ou inadequada	Forte competição
Gestão inadequada	Mudança na demanda do mercado
Falta de controles financeiros	Mudança tecnológica ("disruption")
Inércia e confusão organizacional	Mudança regulatória
Gestão de capital de giro ineficiente	Movimentos adversos em custos externos
Estrutura de custos fixos muito pesada	
Conflitos entre sócios ou gestores	
Projetos grandes e estimados incorretamente	
Aquisições cujo retorno é superestimado	
Políticas financeiras inapropriadas	

Vale ressaltar que essas são algumas das causas genéricas observadas que acabam por culminar em crises corporativas, levando uma empresa ao declínio. Contudo, trata-se claramente de uma visão simplificada dos motivos que envolvem uma crise, uma vez que, na maioria dos casos, não se identifica somente uma causa, mas uma combinação de fatores.

Uma distinção importante que deve ser feita é entre causas e sintomas da crise de uma empresa. Uma distorção muito comum é acreditar que uma empresa entrou em crise por falta de caixa, quando na realidade a insuficiência de caixa é somente um sintoma, uma consequência de algum outro fator, como por exemplo uma gestão ineficiente do capital de giro ou mesmo uma estrutura de capital inadequada (excesso de endividamento).

Um IBR deve, portanto, buscar entender não somente os sintomas ou a situação, mas as causas destes. Somente com base nessa compreensão será possível traçar recomendações consistentes que possam ajudar a empresa a corrigir seu caminho.

Revisando a performance histórica

Analisar a performance passada de uma companhia é essencial para entender a natureza da companhia, os principais *drivers* no segmento em que atua, como a companhia evoluiu ao longo do tempo e quais os desafios internos e externos que enfrenta. Observando o desempenho histórico é possível comparar o desempenho da receita e das margens da empresa com o andamento do mercado e de concorrentes no mesmo período, o que já vai indicar se várias empresas do setor apresentaram performance semelhante (ou ao menos na mesma direção) ou se a empresa objeto da análise apresentou resultados divergentes dos das empresas comparáveis.

No caso de várias empresas do setor terem apresentado resultados na mesma direção, a crise pode ter sido causada por fatores externos, como questões macroeconômicas, regulatórias ou de demanda de mercado. Já se a empresa apresentou um mau desempenho enquanto as concorrentes cresceram, os fatores provavelmente são internos.

Ao revisar a evolução de diversos indicadores operacionais e financeiros, é possível identificar diferentes sintomas da crise. Contudo, atenção deve ser dada ao fato de que um mesmo sintoma, identificado por meio de um mesmo indicador, pode ter causas diversas. Uma diminuição das vendas, por exemplo, pode ser decorrente de uma economia em retração (fator externo) ou da falta de investimento em marketing ou em inovação de produtos (fator interno).

Analisando a performance de vendas e volumes

Se a companhia apresentou desempenho em linha com o mercado, podem-se atribuir quaisquer reduções nas vendas a fatores externos. Caso a companhia tenha tido desempenho inferior, perdendo cota de mercado, ou *market share*, é preciso investigar melhor o motivo para isso ter acontecido.

Conhecer o *market share* da companhia ajuda a entender sua posição competitiva. Um *market share* estável ou em crescimento indica que a companhia possui alguma vantagem competitiva. Já uma redução na participação indica que a proposição de negócio está deixando a desejar.

Deve-se, assim, fazer questionamentos básicos para entender o andamento da empresa:

- Quais linhas de produtos ou serviços cresceram mais e quais cresceram menos ou até mesmo apresentaram crescimento negativo?
- Qual foi o comportamento dos volumes e preços médios? A empresa teve que reduzir preços para manter os volumes de venda? Ou perdeu volume porque os preços não estão competitivos?

- Quais os principais *drivers* de compra dos clientes? Trata-se de um segmento cujo produto ou serviço é pouco diferenciado e o cliente, portanto, está focado no preço? Ou é um segmento em que o cliente está disposto a pagar mais por uma qualidade mais alta do produto ou serviço?
- Qual a capacidade de investimentos em marketing de influenciar a decisão do cliente?
- Quão relevante é o papel da inovação? Estão surgindo produtos substitutivos ao da empresa?
- Como é a relação com os clientes? Existem contratos de longo prazo ou são compras *spot*? Quão difícil é para o cliente mudar de fornecedor?

Essas perguntas ajudarão a entender os principais *drivers* das vendas da companhia, permitindo dividir os efeitos da variação de seu faturamento em diferentes componentes.

Analisando as margens

É importante descobrir quais atividades da companhia são rentáveis e quais não são. A rentabilidade pode ser analisada em várias dimensões:

- Por produtos/linhas de produto
- Por localização
- Por canal de vendas
- Por tipo ou segmento de clientes

A análise da rentabilidade da empresa também passa necessariamente por uma análise da estrutura de custos fixos e variáveis do negócio:

- O setor de atuação comporta o repasse de aumentos no custo de matéria-prima aos clientes?
- Quais são as principais matérias-primas? A empresa é dependente de poucos fornecedores?

A pressão sobre a margem está vindo do preço de venda, de um aumento dos custos de matéria-prima ou de uma diminuição dos volumes de venda e, consequentemente, observa-se que a empresa tem uma visão distorcida sobre a margem de seus próprios produtos ou serviços devido a uma alocação inadequada de custos fixos aos diferentes produtos/serviços ou às diferentes linhas de negócio. Uma visão distorcida da margem por produto ou linha de negócio pode levar a administração a tomar decisões erradas em relação à futura condução do negócio, pois as razões que fundamentaram essas decisões foram mal embasadas.

Enfim, a análise da rentabilidade das diferentes linhas de negócio servirá de suporte à análise dos investimentos que estão sendo feitos e das prioridades que estão sendo dadas aos recursos.

Despesas gerais e administrativas

Em seguida devem ser analisadas as despesas de venda, gerais e administrativas (ou *overhead*). Essas são as despesas de um negócio que não estão necessariamente ligadas à produção, mas que dão suporte à operação.

Despesas de *overhead* incluem despesas com marketing, despesas legais, serviços de consultoria, despesas de departamentos como recursos humanos, financeiro etc.

Assim, deve-se observar o orçamento e o controle dessas despesas, as tendências de crescimento ou diminuição delas, as categorias em que são divididas e possíveis escopos para redução.

As análises internas também podem ser combinadas com *benchmarks* externos para determinar se os gastos com *overhead* da companhia estão dentro das médias de mercado ou se são um fator que está comprometendo a sua competitividade.

Custos financeiros

O comportamento dos custos financeiros de uma empresa nos fornece indicações valiosas sobre seu estado. Custos crescentes podem indicar uma dificuldade da companhia em gerar caixa, resultando em maiores montantes de financiamento e, consequentemente, maiores taxas de juros, uma vez que a companhia irá se utilizar das linhas de crédito disponíveis, alavancando-se e aumentando seu risco de inadimplência.

Adicionalmente, é importante entender se o montante dos juros e, portanto, o nível de alavancagem da empresa é compatível com a capacidade de geração de caixa operacional da companhia. Afinal, de nada adianta o custo da dívida ser baixo se a companhia ainda é incapaz de pagá-lo.

Custos extraordinários

Os chamados custos não recorrentes, ou custos pontuais, são bastante relevantes para a análise. Quando fazemos a análise dos resultados históricos, é necessário entender os custos que devem ser considerados recorrentes e, portanto, que devem ser projetados, e os que aconteceram somente uma vez e tendem a não se repetir.

Sendo assim, quando analisamos a estrutura de custos da empresa, devemos "normalizar" seus resultados (ou seja, depurá-los de custos e receitas não recorrentes) para entender de fato a sustentabilidade de suas operações.

Revisando o fluxo de caixa

Deve-se entender o fluxo de caixa da companhia em detalhe, em especial o de curto prazo, pois é o que irá garantir a sobrevivência da empresa em crise. Para isso, devem-se reconhecer os itens que compõem entradas e saídas, se há alguma anomalia aparente, se a empresa está deixando de honrar compromissos, se há uma priorização nos pagamentos que estão sendo feitos e se essa priorização faz sentido. Portanto, será necessário conhecer de maneira profunda cada elemento do fluxo, tanto histórico quanto projetado, em especial no curto prazo.

A falta de liquidez pode levar a empresa a oferecer fortes descontos a seus clientes em troca de uma redução dos prazos de pagamento, ou pode levá-la a descontar seus recebíveis junto a instituições financeiras. Pode levar fornecedores a exigirem pagamentos à vista, e pode deixar a empresa com níveis insuficientes de estoque, comprometendo vendas. Pode obrigar a empresa a atrasar investimentos necessários ou a deixar de pagar impostos ou cumprir compromissos com instituições financeiras, quebrando cláusulas contratuais e trazendo consequências mais graves.

Sendo assim, a análise do fluxo de caixa e o entendimento sobre as causas da crise e sobre os fatores críticos do negócio são aspectos fundamentais para identificar as medidas mais adequadas para lidar com a falta de liquidez. Ou seja, deve-se analisar se a produção comporta de fato um atraso nos investimentos e se há necessidade de priorizar os pagamentos a fornecedores, por exemplo, ou se em vez disso os fornecedores continuam a financiar a operação, e a liquidez à disposição deve ser utilizada para honrar compromissos financeiros para evitar uma quebra de *covenant* com a consequente execução de alguma garantia ou mesmo o vencimento antecipado de toda a dívida.

Revisão do balanço patrimonial

Uma revisão da evolução do balanço patrimonial da companhia ao longo de certo período nos fornece uma compreensão significativa sobre as mudanças ocorridas na saúde financeira de uma empresa. Mudanças nos números do balanço e dos indicadores (ou *ratios*) podem nos indicar as razões de uma companhia estar em estresse.

Uma revisão dos balanços nos permite entender os investimentos feitos no ativo imobilizado da companhia, ou seja, se os investimentos estão pelo menos compensando as depreciações ou se, em vez disso, há uma indicação de deterioração dos ativos.

A análise do capital de giro em relação às vendas e aos custos permite verificar se os prazos de pagamento a fornecedores foram reduzidos, se os prazos de recebimento dos clientes foram alongados e se os níveis de estoque parecem adequados.

O balanço ilustrará também se a empresa recorreu recentemente a um aumento excessivo da alavancagem financeira e se o caixa à disposição é suficiente para garantir pelo menos três meses das atividades normais da companhia.

Vale ressaltar que o intuito do IBR não é auditar o balanço; nesse caso, seus principais objetivos são:

- Procurar indícios de falta de liquidez, passivos de curto prazo, ativos líquidos e sinais de insolvência de balanço (ativos totais menores que passivos totais).
- Revisar e comentar cada componente significativo do balanço patrimonial, concentrando-se nos anos mais recentes.

Revisão das garantias aos credores

Um último aspecto a ser analisado em um IBR é a revisão das garantias dos credores. Caso o solicitante do IBR seja um credor, pode ser necessário avaliar a real perspectiva de ele recuperar seu investimento ou exposição na companhia. Caso não seja um credor, mas um potencial investidor na empresa, ele deve entender quais foram as garantias dadas aos credores, pois a execução dessas garantias pode vir a inviabilizar o negócio no qual está pretendendo investir.

Em uma revisão das garantias, devemos:

- Entender a relação entre o valor da dívida e o valor ou extensão da relativa garantia.
- Identificar quais ativos são utilizados como garantias e que papel esses ativos têm na operação.
- Estimar a real possibilidade de executar esses ativos e determinar o valor realizável deles, assim como possíveis custos para realizá-los.
- Avaliar a possibilidade de substituição de garantias ou até mesmo de liberação de garantias para permitir que a empresa busque recursos adicionais.

Diferentemente do que é intuitivo pensar em um primeiro momento, a liberação de parte de uma garantia por um credor pode ocorrer no seu próprio interesse, pois o valor recuperável para esse credor pode ser mais alto no cenário em que a garantia é liberada, para que a empresa capte recursos adicionais junto a um novo financiador, do que no cenário em que o credor executa a garantia e inviabiliza a continuidade das operações da empresa devedora.

Revisando os resultados projetados

A revisão das projeções da companhia é um dos componentes mais importantes de um IBR. Tipicamente, o destinatário do IBR tem interesse em entender:

- A sustentabilidade da empresa no curto prazo.
- A necessidade de recursos, via aporte de capital, por exemplo, para garantir o sucesso da execução do *turnaround* da empresa.
- A perspectiva financeira de médio prazo da companhia, ou seja, a capacidade da empresa de honrar seus compromissos financeiros ou de gerar um retorno para o investidor.
- As principais vulnerabilidades e oportunidades por trás das projeções econômicas e financeiras.

Frequentemente, deparamos com companhias que apresentam performance histórica abaixo do esperado, mas que elaboram projeções que indicam melhoras significativas. É o papel de um IBR revisar a razoabilidade de tais projeções, a capacidade da empresa de executar seu plano de ações corretivas e atingir os resultados projetados e, por fim, prover uma visão independente das fraquezas, ameaças e oportunidades por trás dessas projeções.

Para formar uma opinião acerca da razoabilidade das projeções, é necessário:

- Avaliar a precisão dos orçamentos e projeções feitos historicamente pela companhia e as razões que justificam um eventual descolamento entre as projeções feitas no passado e os resultados alcançados.
- Compreender as principais premissas à base das novas projeções.
- Entender se a empresa possui os recursos ou se já implementou as mudanças necessárias para a execução das ações anunciadas no plano.

- Verificar a consistência entre as premissas declaradas no plano e as premissas aplicadas no modelo, assim como a própria acurácia matemática da modelagem financeira.
- Identificar vulnerabilidades/oportunidades e fazer análises de sensibilidade.
- Realizar simulações de cenários alternativos que reflitam possíveis combinações dos *drivers* mais críticos e vulneráveis que possam afetar os resultados projetados da companhia.

Essas análises permitirão que se evidenciem os principais riscos conectados aos resultados projetados e que se conheça o impacto em termos de resultado e geração de caixa caso alguma – ou algumas – das premissas não se concretize conforme o esperado. Esse "mapa" dos riscos das projeções permitirá à administração e a outros *stakeholders* elaborar medidas preventivas ou alternativas para reagir rapidamente e com eficácia em caso de materialização dos riscos previstos.

4.9. Impacto do IBR sobre o *valuation*

A análise das causas da crise de uma empresa, conforme descrita anteriormente, permitirá compreender se ela teve problemas operacionais que levaram a uma crise financeira, se teve problemas financeiros que acabaram por ter um reflexo negativo nas operações, ou se houve uma combinação dessas duas situações.

Exemplo de uma crise corporativa gerada predominantemente por causas operacionais

Uma empresa que apresenta uma estrutura de custos altamente concentrada em custos fixos pode ter sofrido um forte declínio nas vendas (por fatores internos ou externos) e essa situação pode ter levado a companhia a recorrer a empréstimos excessivos e a custos altos. Essa decisão da administração pode ter sido guiada por uma visão ou expectativa de reversão da situação em certos prazos ou condições que posteriormente não se verificaram. Nesse caso, pode-se dizer que a crise da empresa teve origem em causas operacionais, mesmo que tenha posteriormente se alastrado para a área financeira.

Exemplo de uma crise corporativa gerada predominantemente por causas financeiras

A administração de uma empresa que apresentava ótimos resultados operacionais pode ter tomado a decisão de elevar expressivamente a sua alavancagem com o objetivo de fazer investimentos em inovação ou expansão, mas, antes que esses investimentos pudessem gerar o retorno esperado, houve um abrupto aumento das taxas de juros e a dívida acabou por se tornar insustentável e comprometer as operações. Nesse caso, pode-se dizer que a crise da empresa teve origem em causas financeiras, como por exemplo o aumento da taxa de juros ou uma mudança significativa nas taxas de câmbio (caso a empresa esteja exposta a uma moeda estrangeira), e os problemas da área financeira acabaram por contaminar a saúde das operações e do *core business* da companhia.

Na prática, o mais comum é verificar uma combinação dessas duas situações. Mas que impacto essas conclusões do IBR podem ter sobre o *valuation* de uma empresa em crise e sobre as análises de risco e retorno que podem estar sendo feitas por um potencial investidor na empresa?

As conclusões apontadas pelo IBR terão um impacto significativo no entendimento do investidor sobre as *causas* da crise, sobre as possíveis *soluções* para o(s) problema(s), sobre o grau de *risco* das premissas (e consequentemente do investimento) e sobre a capacidade do investimento de gerar *retorno* para o investidor por meio da geração de caixa operacional do negócio.

Uma empresa que está passando por uma crise financeira e/ou de liquidez em decorrência de um alto nível de endividamento, ou devido a conjunturas macroeconômicas transitórias, porém cuja estratégia parece fazer sentido e que apresenta um posicionamento relevante e ainda sólido no mercado em relação a seus clientes e concorrentes, pode representar uma oportunidade de investimento muito mais atrativa do que uma empresa cujos produtos estão obsoletos por falta de investimentos em inovação, que já perdeu participação no mercado e cuja marca já sofreu danos talvez irreparáveis em sua reputação.

Nesse contexto, as análises e conclusões contidas no IBR consistirão em peça fundamental para a elaboração do *valuation* pelos investidores ou outras partes interessadas, além de indicar as possíveis causas da crise (e portanto os possíveis remédios ou as medidas corretivas necessárias), as premissas mais frágeis das projeções (e que portanto deverão ser sensibilizadas) e a solidez da operação e da administração da empresa, que são elementos indispensáveis à geração futura de caixa operacional e à concretização dos retornos esperados pelo investidor.

4.10. Conclusão

Uma das principais funções de um IBR é estabelecer, seja para uma empresa, seja para outras partes interessadas (*stakeholders*), uma plataforma de informações, considerações e conclusões comum e ampla, atuando como um catalisador no processo de tomada de decisão.

O IBR assume particular relevância no mercado brasileiro, composto de grande quantidade de empresas familiares, até mesmo de grandes dimensões, que apresentam controles e processos de planejamento escassos, e outras que passaram por um processo de profissionalização, mas ainda assim cresceram com uma estrutura insuficiente de governança e controles internos.

As áreas cobertas pelas análises devem incluir principalmente previsões de receita e lucro, fluxo de caixa, capacidade gerencial e visão estratégica da equipe de gestão, ativos e passivos, desempenho histórico, viabilidade de longo prazo, serviço da dívida e necessidade de capital de giro.

Finalmente, é importante analisar o contexto estratégico. Examinar a concorrência e a dinâmica do mercado, juntamente com a legislação vigente e a atitude predominante dos credores no ambiente de negócios.

Uma visão clara e detalhada do desempenho financeiro e operacional da empresa fornece uma plataforma sólida a partir da qual identificam-se e abordam-se questões que possam estar causando problemas de liquidez ou limitando o potencial de crescimento – ou que estão causando preocupação aos credores.

Idealmente, o IBR deve ser utilizado como uma ferramenta quando a empresa começa a apresentar sinais de degeneração do seu modelo de negócio, como quedas no faturamento, performance inferior à do mercado ou aumento significativo do seu nível de endividamento. Se essa ferramenta for utilizada nesse estágio, haverá mais opções à disposição da empresa e das outras partes interessadas (principalmente credores e financiadores).

Além da análise da capacidade de uma empresa em crise de honrar suas dívidas, devido à sua abrangência e ao mesmo tempo profundidade, o IBR pode ser uma ferramenta valiosa na realização de um *valuation* mais acurado da empresa. Nesse contexto, o IBR pode fornecer a potenciais investidores maior segurança e embasamento mais sólido no processo de tomada de decisão sobre oportunidades de investimento em empresas em crise, enquanto evidencia as principais áreas de risco relacionadas aos resultados projetados e indica possíveis rotas para corrigir fragilidades e gerar valor.

Capítulo 5

A importância do *due diligence* no processo de investimento em *special situations*

Alexandre B. David

Advogado com atuação focada em reestruturação de empresas, direito bancário, financeiro, mercado de capitais, agronegócios e societário. Sócio-fundador do escritório David e Aniceto Advogados Associados. Bacharel em Direito pela Pontifícia Universidade Católica de São Paulo. Fundador e presidente da Associação Brasileira de Direito do Agronegócio (ABD-Agro). Membro da Comissão de Agronegócios da Ordem dos Advogados do Brasil, Seção São Paulo (OAB/SP).

5.1. Introdução

O processo de *due diligence* (auditoria) é essencial para todo e qualquer tipo de investimento, em maior ou menor extensão - em um investimento no formato de dívida, com o objetivo de conhecer as eventuais intempéries que o tomador dos recursos possa enfrentar para liquidar as suas obrigações ou relacionado às garantias concedidas, ou em um investimento de aquisição de ativos e/ou participações societárias, visando principalmente mapear riscos de sucessão ao adquirente.

Os investimentos em ativos (empresas, equipamentos e/ou operações) em estresse financeiro, ou ativos em *special situations*, tal como conhecidos no mercado, não poderiam, portanto, fugir à regra. Conhecer as características dos ativos (riscos e vantagens) e planejar estruturas mais adequadas para o investimento são imprescindíveis para o sucesso de uma transação desse tipo.

Trataremos neste capítulo dos mais relevantes aspectos de um processo de auditoria focado em investimentos em *special situations*, com destaque para as obrigações fiscais, trabalhistas e civis, além dos aspectos relacionados às licenças necessárias à operação do devedor.

5.2. O *due diligence* fiscal

Um processo de reestruturação que se pretenda bem-sucedido impõe que seja conhecida, no detalhe, a situação patrimonial em que se encontra o ativo investido, e isso envolve, obrigatoriamente, a posição do fisco entre os seus credores e das dívidas tributárias na composição do seu passivo.

A despeito de o fisco estar excluído dos procedimentos concursais, como a recuperação judicial e extrajudicial, e impedido de dispor/negociar livremente seus créditos, pensar em um processo de reestruturação em que não se tenha o devido conhecimento da situação fiscal da empresa, sem dúvida, é expor todo o investimento ao sério risco de fracassar.

Mais ou menos lentamente, com maior ou menor efetividade, o fato é que o fisco tem à sua disposição – e as usa, sim, sempre que possível – ferramentas legais que, de tão poderosas, podem levar, por asfixia, uma empresa à morte. São exemplos dessas ferramentas as figuras da penhora on-line, do protesto de certidões de dívida ativa, do arrolamento administrativo, da medida cautelar fiscal, da responsabilização dos administradores pelas dívidas da empresa, entre outras.

Todas essas medidas à disposição do fisco podem e, no mais das vezes, se não forem conhecidas e, tanto quanto possível, administradas, fazem com que, de fato, fracasse um processo de reestruturação. E é fácil comprovar a correção dessa afirmação: basta ter em mente o prejuízo que, em meio a um processo de reestruturação, um bloqueio on-line de todo o caixa disponível de uma empresa ou dos créditos existentes perante os seus clientes causaria ao processo de reestruturação.

Para não colocá-lo em risco, portanto, nenhum credor e nenhuma dívida devem ser excluídos do escopo de um processo de reestruturação, muito menos um credor legalmente poderoso, como é o fisco, e dívidas que, de tão privilegiadas, nem sequer se submetem aos procedimentos concursais previstos na legislação brasileira.

De forma sintética, uma *due diligence* fiscal tem como finalidade conhecer, no detalhe, a situação fiscal da empresa, dimensionando a sua exposição e identificando oportunidades voltadas à redução do passivo tributário e/ou à recuperação de eventuais tributos pagos indevidamente, de modo que, com isso, seja possível adotar medidas efetivas no sentido de proteger o processo de reestruturação de eventuais e indesejadas interferências do fisco.

O que for necessário, então, para que essa finalidade de proteção seja alcançada, fará parte do escopo de uma *due diligence* fiscal em meio a um processo de reestruturação que se pretenda bem-sucedido.

Sob a perspectiva de um investidor, principalmente interessado na aquisição de ativos em *special situations*, deve-se destacar que, como regra geral, haverá sucessão do crédito tributário pela pessoa natural ou jurídica de direito privado (sucessor) que adquirir de outra, por qualquer título, fundo de comércio ou estabelecimento comercial, industrial ou profissional, e continuar a respectiva exploração, sob a mesma ou outra razão social ou sob firma ou nome individual, respondendo: (a) integralmente, se o alienante (sucedido) cessar a exploração do comércio, indústria ou atividade; ou (b) subsidiariamente com o alienante (sucedido), se este prosseguir na exploração ou iniciar dentro de seis meses, a contar da data da alienação, nova atividade no mesmo ou em outro ramo de comércio, indústria ou profissão[10].

Se por um lado, como regra geral e no âmbito ordinário, está certo de que haverá, em alguma medida, sucessão por créditos tributários na hipótese de aquisição, por investidor, de ativos e/ou fundo de comércio detidos por empresas endividadas, o legislador, de outro lado, também ponderou a necessidade de criar exceções a essa regra, por exemplo, a expressa exceção à regra de sucessão descrita no artigo 60 combinado com o artigo 142 da Lei n. 11.101/2005, refletida também na legislação tributária sobre o tema[11].

Nesse contexto e na forma da legislação em vigor, o investidor que adquirir, por meio de alienação judicial, ativos e/ou fundo de comércio detidos por empresas endividadas dentro do contexto de um processo de falência ou recuperação judicial – na forma de unidades produtivas isoladas (UPI) – estará então resguardado da sucessão tributária.

Em decorrência da criação dessa exceção regulamentar, fundamentada na necessidade de se inaugurar uma vida próspera a um negócio cuja história pretérita é de endividamento (e de todas as consequências daí decorrentes), o mercado de investimentos em *special situations* passou, então, quase que como regra, a adotar o formato de alienação de UPI, no âmbito de um processo

---

10 Art. 133 do Código Tributário Nacional.

11 Parágrafo 1º do art. 133 do Código Tributário Nacional.

de recuperação judicial, como estrutura básica para esse tipo de transação e, portanto, evitando a sucessão de ordem tributária.

Sob essa perspectiva, e ainda que a possibilidade de não sucessão esteja hoje presente em nosso regulamento – sob o formato de UPI acima delineado –, é importante destacar a relevância da *due diligence* fiscal para o sucesso de uma transação em *special situation.*

Além das razões óbvias, como aferição do passivo fiscal relacionado ao ativo objeto da transação e a necessidade da estruturação da transação no formato de alienação de UPI, a *due diligence* fiscal também servirá como referência para que as partes envolvidas, devedor e investidor, consigam estruturar, de maneira sólida, o destacamento da UPI e conhecer a viabilidade econômica da parte remanescente, que ficará com o devedor originário e que, portanto, será responsável por pagar o passivo fiscal não sucedido pelo adquirente.

A despeito de não haver clara delimitação sobre qual é a extensão dos ativos apartados para a formação de uma UPI, a lógica nos permite concluir que, não ocorrendo transferência do débito tributário ao adquirente da UPI e partindo da premissa de que tal débito não se extingue em virtude da transação, a parte de ativos remanescente que permanecerá sob a titularidade do devedor deve ser, no mínimo, suficiente para fazer frente às obrigações do devedor de natureza extraconcursal (não sujeitas à recuperação judicial), inclusive o débito tributário.

A falta de delimitação legal somada ao princípio que, a nosso ver, parece ser o grande motivador da criação da exceção à regra de sucessão prevista na Lei n. 11.101/2005, qual seja o princípio da manutenção da empresa, da preservação dos empregos e da unidade geradora e pagadora de tributos, faz com que o magistrado, no âmbito do controle de legalidade prescrito em lei, utilize o seu conhecimento da situação do devedor como baliza para a definição daquilo que, sob a sua ótica, pode ser considerada uma transação de alienação de UPI e, portanto, livre de sucessão tributária, e daquilo que é, em verdade, um esvaziamento da atividade do devedor, que, ao cabo, resultaria na notória impossibilidade de satisfazer o crédito tributário não sucedido.

5.3. O *due diligence* trabalhista

O *due diligence* trabalhista deve ser direcionado à análise do passivo trabalhista da empresa, sendo que, posteriormente, outros aspectos podem ser abordados, como a sucessão empresarial.

O trabalho de *due diligence* trabalhista inclui, entre outros aspectos, a análise de documentos e dados disponibilizados, com o objetivo de verificação do cumprimento das obrigações trabalhistas, bem como de identificação de eventuais contingências, sejam efetivas ou meramente potenciais.

Além disso, o *due diligence* trabalhista poderá incluir escopo preventivo, ou seja, com foco na identificação de práticas incorretas, sua respectiva correção e orientação em relação às práticas futuras da empresa, impedindo que novas contingências se materializem e, portanto, tornem-se passivos.

Entre os mais diversos aspectos, o *due diligence* trabalhista envolve a avaliação de rotinas trabalhistas, tais como: (a) contratação de empregados, registro e atualização em CTPS; (b) terceirização das atividades-meio e contratação de trabalho temporário; (c) aplicação da convenção coletiva da categoria, bem como a correta aplicação aos profissionais integrantes das categorias diferenciadas; (d) análise das estabilidades (vítimas de acidentes do trabalho ou de doenças profissionais, gestantes, dirigentes sindicais e cipeiros); (e) contratação de aprendizes e estagiários; (f) análise do correto pagamento de salários, descontos e prêmios; (g) avaliação de controles de jornada e o respeito aos intervalos legais; (h) concessão e pagamento de férias e de 13º salário; (i) rotinas de dispensa – com ou sem justa causa, pedido de demissão pelo empregado – e pagamento de verbas rescisórias; (j) normas relativas à saúde e segurança do trabalho; e (k) recolhimentos ao FGTS.

A agressividade das medidas constritivas promovidas pela justiça laboral – que muitas vezes podem ultrapassar os limites da personalidade jurídica do devedor – somada ao considerável risco de sucessão empresarial torna o risco de sucessão um dos mais relevantes passivos a serem tratados num processo de investimento em *special situation*.

No contexto de uma recuperação judicial, conforme determina o artigo 54 da Lei n. 11.101/2005[12], cabe ao devedor efetuar o pagamento dos débitos trabalhistas no prazo máximo de um ano após a decisão que homologar o Plano de Recuperação Judicial aprovado em Assembleia Geral de Credores ou após o término do período de suspensão de que trata o artigo 6º, parágrafo 4º, da Lei n. 11.101/2005[13].

É importante destacar que, para fins de uma recuperação judicial: (a) o crédito trabalhista somente se torna líquido quando a sentença proferida pelo

12 Art. 54. O plano de recuperação judicial não poderá prever prazo superior a 1 (um) ano para pagamento dos créditos derivados da legislação do trabalho ou decorrentes de acidentes de trabalho vencidos até a data do pedido de recuperação judicial.

13 Atual entendimento do Tribunal de Justiça do Estado de São Paulo, conforme Enunciado I, elaborado pelo Exmo. Desembargador Paulo Roberto Grava Brazil e aprovada por unanimidade pelos integrantes do Grupo de Câmaras Reservadas ao Direito Empresarial presentes em sessão de 26 de novembro de 2018.

Juízo do Trabalho fixa devidamente o valor da condenação; e (b) a preferência dos créditos trabalhistas está limitada a 150 salários mínimos, sendo que eventual valor remanescente é considerado crédito quirografário.

Num primeiro momento, considerando o curto limite de tempo disponível para pagamento dos credores trabalhistas, deverá o investidor interessado fazer com que as suas projeções financeiras observem a necessidade de liquidação desse passivo dentro do período regulamentar.

Além da necessidade de estar atento às projeções financeiras para fins de liquidação dos créditos trabalhistas em tempo, tratemos também de dois outros aspectos bastante relevantes sob a perspectiva trabalhista em um potencial investimento em *special situation*: sucessão empresarial e transferência de empregados.

Tratando-se da sucessão trabalhista, conforme dispõem os artigos 10[14] e 448[15] da Consolidação das Leis Trabalhistas (CLT), sempre que houver modificações na estrutura jurídica da empresa - ou até mesmo na sua propriedade -, tais alterações não afetarão os direitos adquiridos por seus empregados. Isso significa que a responsabilidade do sucessor quanto aos créditos trabalhistas relativos ao período anterior à sucessão é integral.

Na visão do Direito do Trabalho, o sucessor assume todo o passivo trabalhista da empresa sucedida. Relativamente ao período posterior à sucessão, a responsabilidade pelas obrigações trabalhistas, por óbvio, é do sucessor, uma vez que, com a sucessão, tornou-se o "dono" do negócio.

Assim, como regra geral, a sucessão de empregadores opera efeitos com relação ao antigo titular do ativo (sucedido), isentando-o de qualquer responsabilidade (solidária ou subsidiária) pelos créditos trabalhistas relativos ao período anterior à transferência do ativo.

Não obstante seja possível estabelecer contratualmente o direito de regresso do sucessor quanto ao passivo trabalhista do sucedido, referida cláusula somente terá aplicabilidade entre as partes envolvidas na transação, não sendo oponível perante os detentores de crédito trabalhista.

Sobre a transferência de empregados quando da aquisição de uma empresa por outra, frequentemente surge dúvida quanto ao tratamento a ser dado aos contratos de trabalho vigentes, ou seja, se devem ser rescindidos ou se deve haver somente transferência de empregados.

---

14 Art. 10. Qualquer alteração na estrutura jurídica da empresa não afetará os direitos adquiridos por seus empregados.

15 Art. 448. A mudança na propriedade ou na estrutura jurídica da empresa não afetará os contratos de trabalho dos respectivos empregados.

O ordenamento jurídico vigente entende que não há pessoalidade quanto ao empregador, de modo que os contratos de trabalho continuam em vigor nas mesmas condições pactuadas anteriormente quando da transferência do controle de uma empresa do seu atual titular ao seu novo investidor. Assim, não há necessidade de rescisão dos contratos de trabalho vigentes, bastando para tanto a mera transferência de empregados. Haverá rescisão do contrato de trabalho, no entanto, se o empregado não continuar prestando serviços para a empresa sucessora. Nessa hipótese, a responsabilidade pelo pagamento das verbas rescisórias, a rigor, é do sucedido.

No âmbito de uma recuperação judicial e/ou falência, tal como já destacado na parte em que tratamos sobre o *due diligence* fiscal, criou o legislador regra que afasta a sucessão trabalhista daquele investidor que, no âmbito de um processo judicial, adquire as denominadas unidades produtivas isoladas (UPI), conforme destacado no artigo 60 combinado com o artigo 142, ambos da Lei n. 11.101/2005.

Em decorrência da criação dessa exceção regulamentar (combinada com a mesma regra excepcional no que se refere ao passivo tributário exposta anteriormente), o mercado de investimentos em *special situations* passou a adotar, quase como regra, o formato de alienação de UPI, no âmbito de um processo de recuperação judicial, como estrutura básica para esse tipo de transação, portanto, evitando também a sucessão de ordem trabalhista, seja de caráter pretérito (débitos trabalhistas não pagos, por exemplo, decorrentes de reclamações trabalhistas pendentes), presente e futuro (em vista da eventual transferência dos contratos de trabalho – que, em regra e como mencionado, não se resolvem com a transferência da empresa ao adquirente).

Tal como o *due diligence* fiscal, o *due diligence* trabalhista também servirá como referência para que as partes envolvidas, devedor e investidor, consigam estruturar, de maneira sólida, como ocorrerá o destacamento da UPI, se haverá ou não rescisão dos contratos de trabalho vigentes (medida que pode ao menos estancar o débito trabalhista pretérito, ainda que não materializado) e qual é a viabilidade econômica da parte remanescente, que ficará com o devedor originário e que, portanto, será responsável por pagar o passivo trabalhista não sucedido pelo adquirente.

5.4. O *due diligence* das obrigações civis

O *due diligence* das obrigações civis talvez seja um dos mais relevantes procedimentos de todo o processo de reestruturação e, por consequência, também importante termômetro para o investidor de transações consideradas em *special situation*.

É fruto dessa análise a identificação de pontos fracos e fortes de cada um dos credores da empresa e suas possíveis estratégias para acelerar o recebimento dos seus créditos.

Muitas vezes, é o resultado desse processo que definirá os caminhos a serem seguidos pela empresa num processo de *turnaround*.

Pelo lado de um investidor em *special situation*, o *due diligence* das obrigações civis é imprescindível para que o investidor obtenha uma precificação mais precisa do ativo objeto da transação, pois, em inúmeras vezes, seu valor não está diretamente atrelado a métricas de precificação próprias de uma transação idêntica, porém fora do contexto de *special situation*.

O *due diligence* das obrigações civis é, sem dúvida, uma das medidas mais essenciais para um devedor, pois, com o seu resultado, será possível definir qual estratégia adotar para viabilizar o seu *turnaround*. Já do lado do investidor, a ciência das características dos créditos contra a empresa devedora permitirá a ele moldar sua proposta da forma mais eficaz possível.

É possível dividir o *due diligence* em algumas áreas específicas de atenção, que passarão a ser tratadas a seguir.

Identificação sobre a sujeição das obrigações civis ou não a um eventual procedimento concursal

Nos termos da legislação brasileira em vigor, há determinados créditos que não se sujeitam, devido às suas características, a um procedimento concursal.

São créditos extraconcursais, por natureza, aqueles que são protegidos por garantias fiduciárias validamente constituídas, até o limite do valor da sua garantia. A garantia fiduciária, conforme conceituada pela legislação civil vigente, é aquela que desdobra a propriedade do bem e/ou direito em duas, e por meio da qual o devedor confere ao credor, em fidúcia (confiança), a propriedade resolúvel do bem/direito para que, caso ocorra algum inadimplemento, o credor a tome como sua[16]. Uma vez ocorrido o inadimplemento, o credor poderá consolidar a propriedade do bem e/ou direito como sua e liquidar a sua obrigação perante o devedor, desde que observados os procedimentos descritos em lei.

Assim, os créditos assegurados por garantias fiduciárias não se sujeitam aos procedimentos concursais, pois, em verdade, tratam de um procedimento que

16 Artigo 1.361 do Código Civil (garantia fiduciária de bens móveis), artigo 18 e seguintes (cessão fiduciária de direitos) e 22 e seguintes (alienação fiduciária sobre bem imóvel) da Lei n. 9.514, de 20 de novembro de 1997.

se refere especificamente à transferência de propriedade do devedor ao credor, liquidando-se, assim, a relação creditícia.

Determinadas operações de crédito comumente praticadas no mercado financeiro brasileiro utilizam as garantias fiduciárias como forma de assegurar a sua liquidação.

Outros créditos que não se sujeitam ao procedimento concursal são aqueles derivados de antecipação de obrigações futuras, tais como Adiantamentos de Contrato de Câmbio (ACC) ou Adiantamento de Contrato de Exportação (ACE). Por se tratar de uma mera antecipação de operação que, da mesma forma que a garantia fiduciária, trata da transferência de propriedade - no caso do ACC, de uma compra e venda de moeda estrangeira e, no caso do ACE, de uma transferência de propriedade de bem para exportação -, entendeu o legislador por não sujeitar esse tipo de operação aos procedimentos concursais.

Finalmente, seguindo a linha da discussão relacionada à propriedade de bens anteriormente detalhada, também não se sujeitam aos procedimentos concursais aqueles créditos derivados de obrigação de arrendamento mercantil, também conhecido como *leasing*, ou aqueles garantidos por reserva de domínio. A operação de *leasing* é uma operação de aluguel de um bem que pode vir a resultar em uma operação de venda e compra, caso exercida a opção de compra do bem arrendado. A reserva de domínio, por sua vez, é uma transferência da posse do bem, do credor ao devedor, que, contra a liquidação da obrigação, resulta em transferência de propriedade do mesmo bem ao devedor. Novamente, por se tratar de relações ligadas à propriedade de um determinado bem, não somente de uma relação creditícia, entendeu o legislador por excluí-las do procedimento concursal.

A identificação da existência ou não de garantias que outorguem privilégios sobre determinado bem da empresa e, portanto, no recebimento de seus créditos

A legislação brasileira também tratou de conceder privilégios aos credores detentores de garantias reais.

Antigamente, os credores que se cercavam de garantias reais (hipoteca e penhor) tinham sua ordem de recebimento situada após as autoridades fiscais. Isso fazia com que as instituições financeiras, por exemplo - talvez a maior indústria de credores que utilize o modelo de garantias reais como forma de assegurar o pagamento de seu crédito -, tivessem receio de conceder créditos a empresas que detivessem dívidas fiscais. Atualmente, considerando que os credores com garantias reais têm privilégio de recebimento em relação ao fisco[17], a situação sofreu mudanças.

O Direito brasileiro, quando trata dos direitos reais, adota postura bastante formalista. E não poderia ser diferente. A propriedade de um bem e/ou o privilégio outorgado por eventual devedor a um credor, em detrimento de todos os demais credores que o devedor possa ter, deve ser tratada de forma bastante formal.

A constituição de garantias reais deve obedecer à risca o procedimento previsto na legislação em vigor para ser observada e assegurada. O mesmo ocorre em relação às garantias fiduciárias, tratadas no item (a) acima, por também tratarem de propriedade.

A tabela na página ao lado indica os requisitos para a constituição das garantias mais comumente encontradas no Direito brasileiro, quais sejam: (i) hipoteca; (ii) penhor; (iii) alienação fiduciária de bens móveis; (iv) alienação fiduciária de bens imóveis; e (v) cessão fiduciária de direitos creditórios.

A inobservância dos requisitos acima identificados é capaz de descaracterizar um crédito que, supostamente, deteria garantia real e/ou fiduciária – excluindo-o, portanto, dos procedimentos concursais – e classificá-lo como um crédito quirografário, sujeito aos procedimentos concursais e com pouquíssimo privilégio no seu recebimento[18].

A análise das eventuais garantias existentes pode servir como base, inclusive, para a negociação com os credores em um processo de *turnaround* que não envolva o procedimento concursal – principalmente considerando-se as chances de recuperabilidade de um determinado crédito *vis-à-vis* a capacidade de pagamento do devedor – ou, ainda, a escolha de um ou outro procedimento concursal a ser adotado para o processo de *turnaround*. Por exemplo, um procedimento concursal seria possivelmente descartado caso a maioria das dívidas de um devedor fosse de natureza extraconcursal.

A análise legal de obrigações civis, suas condições e da oponibilidade perante procedimento judicial, concursal ou não, no Direito brasileiro

Afora as questões anteriormente indicadas, não podemos nos esquecer de mencionar que também são parte relevante do processo de avaliação alguns detalhes específicos das obrigações, inclusive a lei de regência, o objeto da garantia e até mesmo a natureza do bem eventualmente dado em garantia ao credor.

---

17 Vide artigo 83 da Lei n. 11.101, de 9 de fevereiro de 2005.

18 Vide artigo 83, inciso VI, da Lei n. 11.101, de 9 de fevereiro de 2005.

Tipo de garantia	Documentos necessários (regra geral, excetuando-se, portanto, os casos especiais previstos em lei)	Registros necessários	Características de eficácia	Base legal
Hipoteca	Escritura pública de constituição de hipoteca.	Cartório de Registro de Imóveis do local do imóvel objeto da garantia.	A hipoteca é eficaz perante terceiros pelo simples registro no Registro de Imóveis.	Arts. 1.473 a 1.505 do Código Civil.
Penhor	Instrumento particular assinado pelas partes.	1) Penhor comum sobre coisas móveis: Cartório de Títulos e Documentos; 2) Penhor rural: Cartório de Registro de Imóveis da circunscrição em que estiverem situadas as coisas empenhadas; 3) Penhor industrial e mercantil: Cartório de Registro de Imóveis da circunscrição onde estiverem situadas as coisas empenhadas; 4) Penhor de direitos e de títulos de crédito: Cartório de Títulos e Documentos da circunscrição onde estiverem as coisas empenhadas; 5) Penhor de veículos: Cartório de Títulos e Documentos do domicílio do devedor, e deve ser anotado no certificado de propriedade.	O penhor é eficaz perante terceiros a partir de seu registro no cartório ou órgão especial correspondente. No caso específico do penhor de direitos e de títulos de crédito, este tornar-se-á eficaz em relação ao devedor do respectivo título, uma vez que o devedor tenha sido devidamente notificado e dado sua ciência, por escrito, em documento público ou particular.	1) Penhor comum sobre coisas móveis: arts. 1.431 a 1.437 do Código Civil; 2) Penhor rural: arts. 1.438 a 1.446 do Código Civil; 3) Penhor industrial e mercantil: arts. 1.447 a 1.450 do Código Civil; 4) Penhor de direitos e de títulos de crédito: arts. 1.451 a 1.460 do Código Civil; 5) Penhor de veículos: arts. 1.461 a 1.466 do Código Civil.
Alienação fiduciária de bens móveis	Instrumento particular assinado pelas partes.	Cartório de Registro de Títulos e Documentos do domicílio do devedor, ou, em se tratando de veículos, na repartição competente para o licenciamento.	A alienação fiduciária de bens móveis é eficaz perante terceiros quando é feita a anotação no certificado de registro (art. 1.361, § 1º do Código Civil).	Arts. 1.361 a 1.368 do Código Civil e Lei n. 9.514/1997.
Alienação fiduciária de bens imóveis	Escritura pública ou Instrumento particular assinado pelas partes.	Cartório de Registro de Imóveis do local do imóvel.	A alienação fiduciária de bens imóveis é eficaz perante terceiros a partir de seu registro no Registro de Imóveis.	Arts. 1.368-A e 1.368-B do Código Civil e Lei n. 9.514/1997.
Cessão fiduciária de direitos creditórios	Instrumento particular assinado pelas partes.	Cartório de Registro de Títulos e Documentos do domicílio do devedor.	A cessão fiduciária de direitos creditórios só é eficaz perante terceiros após sua notificação a este, mas, por notificado se tem o devedor que, em escrito público ou particular, se declarou ciente da cessão feita.	Lei n. 9.514/1997, Lei n. 10.406/2002 e arts. 290, 1.361 e seguintes do Código Civil.

Tratemos, por exemplo, da lei de regência. Não é incomum depararmos com contratos cuja lei de regência é estrangeira. Ocorre que, não obstante seja possível o estabelecimento da legislação estrangeira em negócios bilaterais envolvendo uma das partes residentes no exterior[19], não é possível afastar da jurisdição brasileira determinadas questões, como, por exemplo, a excussão de garantias relacionadas a bens imóveis localizados no Brasil[20]. Considerada a justiça brasileira como competente, não há como afastar a legislação brasileira no que se refere à regência da obrigação, ainda que as partes tenham ajustado de forma diferente em contrato.

Outro aspecto relevante que precisa ser analisado refere-se à combinação da lei de regência com a formalização de eventual garantia ao credor. Como é de conhecimento de todos, a sindicalização de operações financeiras é uma realidade em países cujo desenvolvimento financeiro é mais perceptível, tais como Estados Unidos e países que compõem a União Europeia. Não obstante, as operações de sindicalização são operações ainda estranhas ao Direito brasileiro e que, possivelmente, jamais (ou com pequeníssima frequência) chegaram ao judiciário.

Em se tratando de operações de sindicalização, é comum que vários credores concedam seus financiamentos por meio de um agente sindicalizador, que, além de concentrar os repasses dos recursos, concentra a gestão do financiamento e das garantias, agindo com um *agent* (um ente que age em nome próprio, porém em favor de terceiros), tudo em pleno acordo com a legislação estrangeira. Aliás, é também comum que os agentes sindicalizadores não atuem, necessariamente, como cofinanciadores, mas como prestadores de serviço de estruturação financeira e *agent*, não detendo sequer uma parcela do crédito desembolsado.

Ocorre que o Direito brasileiro não reconhece a figura do *agent* – no Brasil, a figura do agente fiduciário é a que mais se assemelha ao papel do *agent*, porém com atuação adstrita a operações de securitização e/ou de debêntures. Dessa forma, ao analisar uma operação de sindicalização, é necessário compreender quem é o agente sindicalizador e para quem está sendo constituída a garantia.

Caso, por exemplo, o *agent* figure como mero prestador de serviços, sem deter participação como cofinanciador, é possível defender a inexistência da garantia formalizada, caso, por qualquer razão, devedor e credor acabem por submeter sua relação ao judiciário brasileiro, visto que a garantia fora constituída a alguém que não detém relação creditícia com o devedor.

---

19 Vide artigo 17 do Decreto-lei n. 4.657, de 4 de setembro de 1942 ("Lei de Introdução às normas do Direito Brasileiro").

20 Vide artigo 12, § 1º da Lei de Introdução às normas do Direito Brasileiro.

Finalmente, é importante ressaltar os casos em que, apesar de validamente constituída, a garantia é desconsiderada para fins de um concurso de credores.

É o caso das garantias fiduciárias constituídas sobre bens fungíveis e consumíveis. A rigor, considerando o que já foi explanado, os créditos que contenham garantia fiduciária estariam excluídos do procedimento concursal. Não obstante, é até hoje controversa a possibilidade de constituir garantias fiduciárias sobre bens fungíveis e consumíveis, dada a falta de "unicidade" do bem, o que lhe confere natureza fungível, e a possibilidade de seu perecimento, o que, por fim, resultaria na extinção da garantia.

A análise de garantias prestadas por terceiros

Como derradeiro, mas não menos relevante aspecto, faz parte também do *due diligence* de obrigações civis a análise dos impactos de eventuais garantias prestadas por terceiros a credores, assegurando as obrigações contraídas por devedores.

Em regra, as garantias prestadas por terceiros em nada são afetadas por um procedimento concursal referente apenas ao devedor. A legislação em vigor traz, inclusive, essa condição expressa em seu texto ao assegurar ao credor a possibilidade de exigir o seu crédito originário contra o terceiro que prestou garantia fidejussória em favor do devedor, independentemente de o devedor estar sujeito a procedimento concursal[21]. Para o legislador, a natureza das obrigações é distinta, ainda que uma seja acessória à outra. Dessa forma, fica então preservado o direito do credor contra o terceiro garantidor fidejussório do devedor sujeito ao concurso de credores.

Se, de um lado, admite-se a independência das garantias fidejussórias prestadas por terceiros em benefício de credores, de outro lado, é correto também afirmar que eventuais garantias reais e/ou fiduciárias prestadas por terceiros em favor de credores, ainda que garantindo dívidas de devedores sujeitos ao concurso de credores, em nada alteram a classificação do crédito daquele credor para fins de um procedimento concursal.

Por exemplo, um credor que recebe como única garantia um bem de terceiro em hipoteca, assegurando a dívida de um devedor que se sujeita a uma recuperação judicial, não se torna um credor com garantia real, mas um credor quirografário (ainda que beneficiado por hipoteca prestada por terceiro). Faz-se necessário avaliar individualmente a situação do credor e do devedor, sendo que, caso não haja garantia prestada diretamente pelo devedor ao credor, deverá o credor ser considerado, para fins do concurso de credores,

---

21 Vide artigo 49, §1º, da Lei n. 11.101, de 9 de fevereiro de 2005.

sem garantia. Tal credor estaria sujeito, portanto, à classe menos privilegiada, a dos credores quirografários.

A validade dos contratos essenciais e/ou estratégicos, suas condições e consequências

O due diligence de obrigações civis também tem o importante papel de identificar contratos essenciais e/ou estratégicos do devedor, de maneira que o investidor, conhecendo-os, possa decidir sobre o melhor formato de negócio a implementar.

A depender da indústria e do modelo operacional adotado pelo devedor, é possível que a continuidade do seu negócio dependa de determinados contratos ativos e/ou estratégicos e, portanto, também essenciais à satisfação do investimento de qualquer investidor em *special situation.*

A título de exemplo, citamos os contratos de arrendamento de propriedades rurais para uma indústria sucroalcooleira, um contrato de locação de ponto comercial para uma empresa varejista ou até mesmo um contrato de concessão para uma empresa que opere em setores regulados, como portos e aeroportos.

Nesse contexto, a auditoria legal deverá cobrir, entre outros aspectos relevantes, o prazo e as hipóteses de rescisão do contrato, a capacidade de o devedor permanecer adimplente ao contrato até que a transação ocorra e as condições comerciais do contrato.

A flexibilização de determinadas condições contratuais ajustadas entre as partes é constantemente debatida em sede de procedimentos concursais, principalmente no que se refere à validade da cláusula resolutiva expressa na hipótese de pedido de recuperação judicial por um dos contratantes e à restrição da cessão de direitos e obrigações do contrato sem a anuência prévia da contraparte.

No que se refere à cláusula resolutiva expressa na hipótese de pedido de recuperação judicial, diversas são as decisões relativizando-a[22] em decorrência

22 BRASIL. STJ. CONFLITO DE COMPETÊNCIA. RECUPERAÇÃO JUDICIAL. CONTRATO DE ARRENDAMENTO RURAL. AÇÃO DE RESOLUÇÃO CONTRATUAL CUMULADA COM DESPEJO E COBRANÇA. PRESERVAÇÃO DA EMPRESA. ART. 47 DA LEI N. 11.101/05. 1. O art. 24, § 2º, II, do decreto-lei 7.661/45 teve sua redação alterada com o advento da Lei nº 11.101/2005 (art. 6º, § 1º), acarretando redução das hipóteses que não se submetem aos efeitos da falência/recuperação. Assim, apenas as demandas relativas a quantias ilíquidas continuam tramitando no juízo em que estiverem sendo processadas, excluídas aquelas relativas à coisa certa, prestação ou abstenção de fato. 2. No caso, busca-se a restituição de coisa certa (despejo) e a cobrança de quantia líquida (aluguéis), cujo aferimento depende de simples cálculo aritmético. As medidas adotadas no âmbito da ação originária de despejo cumulada com rescisão contratual e cobrança poderão impedir o cumprimento do plano de recuperação judicial homologado e aprovado, acarretando, eventualmente, a convolação da recuperação judicial em falência. 3. O crédito extraconcursal encontra-se intimamente ligado ao "fato da falência", hipótese diversa da presente. Ainda que assim não fosse, caberia ao Juízo universal apurar se o crédito reclamado é ou não extraconcursal. 4. Ademais, a existência de contrato de compra e venda de Unidade Produtiva Isolada (Usina Santa Cruz), que estaria localizada em terras abrangidas pelo contrato de parceria agrícola, não afasta a competência do Juízo da Recuperação, se tal pactuação estiver prevista no Plano da

do princípio constante do artigo 47 da Lei 11.101/2005, o princípio da preservação da empresa[23]. Para aqueles que defendem referida relativização, a recuperação que objetiva preservar a sociedade empresária, estimular a atividade econômica para mantê-la operante e superar a crise econômica, necessita, para tanto, da manutenção dos contratos firmados pela empresa, notadamente, os firmados com os seus clientes, fornecedores e prestadores de serviços, entre outros.

Relativamente à cláusula restritiva de cessão sem a anuência da contraparte, a mesma lógica é adotada. Ainda que estejamos diante de uma condição livremente negociada entre as partes e respeitada a autonomia de vontades, vários magistrados vêm flexibilizando tal condição, baseados no princípio da preservação da empresa, e permitindo que os direitos e obrigações contratuais sejam cedidos, preservadas as condições comerciais, sem necessidade de anuência da contraparte (e, portanto, sem necessidade de aditivo contratual).

Observadas essas questões, que, a nosso ver, são cruciais para o sucesso de um investimento em *special situation*, o investidor, pautado no *due diligence* de obrigações civis, terá mais clareza na estruturação do negócio e, portanto, maior tranquilidade ao realizar as suas transações.

5.5. O *due diligence* das licenças necessárias à operação do devedor

Vale a pena também destacar o *due diligence* sobre licenças necessárias à operação do devedor como componente importante das análises a serem realizadas pelo investidor em *special situations*.

O Brasil é ainda um país bastante burocrático e que impõe aos seus empresários diversos obstáculos para a regularização de sua atividade.

Vários são os casos de operações paralisadas por falta de regularização ambiental ou demora na concessão de cadastros fiscais necessários a atividades básicas, como, por exemplo, a emissão de notas fiscais.

Recuperação Judicial, como registrou a recuperanda/suscitante na petição apresentada perante o Juízo universal. Cabe ao Juízo da Recuperação verificar a idoneidade e a licitude da pactuação. 5. Conflito de competência conhecido para declarar competente o Juízo de Direito da 8ª Vara Cível de São José do Rio Preto/SP. (CC 119.949/SP, Rel. Ministro Luis Felipe Salomão, Segunda Seção, julgado em 12/9/2012, DJe 17/10/2012).

23 Art. 47. A recuperação judicial tem por objetivo viabilizar a superação da situação de crise econômico-financeira do devedor, a fim de permitir a manutenção da fonte produtora, do emprego dos trabalhadores e dos interesses dos credores, promovendo, assim, a preservação da empresa, sua função social e o estímulo à atividade econômica.

Em um investimento em *special situation* esses obstáculos podem ser ainda mais complexos e, dada a sensibilidade pretérita do negócio, por vezes intransponíveis.

Nesse sentido, não tem sido incomum que as propostas de investimento em ativos em *special situation* contemplem, como condição precedente à realização da transação, a válida transferência de todas as autorizações necessárias para a regular atividade do ativo, ainda que sob o comando de novo proprietário.

Analisar as licenças necessárias à operação do ativo, a sua validade, suas condicionantes e os procedimentos para renovação é igualmente prioritário para o investidor interessado em um ativo em *special situation*.

Nossa experiência mostra que, desde que demonstrada a viabilidade da transação, ultrapassados obstáculos de pessoalidade bastante objetivos e endereçados os limites técnicos de maneira proativa, tanto o Judiciário como os órgãos administrativos competentes têm facultado ao investidor a transferência das licenças e autorizações de funcionamento do antigo empresário.

Mesmo os órgãos mais especializados, tais como as agências reguladoras, autoridades ambientais e fiscais, têm sido sensíveis à necessidade de manutenção da empresa e de sua atividade econômica, em plena observância ao princípio da preservação da empresa[24].

Ao investidor, ciente dos limites técnicos para desempenho de suas atividades como novo titular do ativo, cabe a cautela de condicionar o sucesso da transação à efetiva transferência das licenças e autorizações essenciais, à fiscalização sobre os pedidos a serem formulados pelo devedor (ex-proprietário do ativo) aos órgãos competentes, seja aos técnicos ou ao próprio Judiciário, e ao seu tempestivo enquadramento às disposições regulamentares, para que, então, lhe seja franqueada, em caráter definitivo, a permissão para regular desempenho de sua nova atividade.

---

24 Em recente transação relacionada ao Processo de Recuperação Judicial do Grupo Infinity Bioenergy (Processo nº 0151873-29.2009.8.26.0100, em trâmite perante a 2ª (Segunda) Vara de Falências e Recuperações Judiciais da capital do Estado de São Paulo), o grupo de investidores que adquiriu determinadas unidades produtivas isoladas obteve sucesso no pedido de transferência de licença de operação perante o Instituto do Meio Ambiente e Recursos Hídricos do Estado da Bahia (Inema-BA), autorização da Agência Nacional do Petróleo, Gás Natural e Biocombustíveis – ANP, para a produção e comercialização de etanol, e inscrição estadual perante a Secretaria da Fazenda do Estado da Bahia (Sefaz/BA).

Capítulo 6

O ponto de vista dos investidores em operações de *special situation*

Rafael Fritch

Experiência em crédito *distressed* e *high yield*. Trabalhou no JP Morgan como analista, foi vice-presidente no Bank of America, *portfolio manager* senior no Deutsche Bank/ Arrowgrass e CIO da JGP Crédito. É graduado em Economia pela Pontifícia Universidade Católica do Rio de Janeiro (PUC-RJ) e tem MBA com mérito pela London Business School. Atualmente é sócio e CIO na Canvas Capital.

6.1. Gerir carteira de crédito no Brasil é um bom negócio? A culpa é do *spread*?

Estamos entrando no Brasil em mais um período de esperança, incertezas e oportunidades - boas e ruins, como sempre. A recente alternância de poder, dentro de um contexto econômico frágil e busca de mudanças por grande parte da população brasileira, suscita mais uma vez diversos velhos debates, demandas e possibilidades. Diante desse cenário, apresentarei algumas das principais falácias e problemas de investimentos em situações especiais e *distressed* no Brasil, evitando criticar nosso maior vilão: nossa Lei de Recuperação de Empresas e Falência.

Desde sempre escuto que os juros praticados no Brasil são exorbitantes - da taxa básica de juros do governo, a Selic, ao *spread* bancário que de fato é praticado nas operações de crédito. Curiosamente, no momento em que escrevo este artigo, em abril de 2019, temos a taxa Selic mais baixa de que me lembro desde o pênalti perdido por Zico contra a França na Copa de 1986 – um dia de grande sofrimento para quem vos escreve.

Escutamos sempre que os bancos são os culpados e que devemos regular mais o setor e forçá-los a baixar os *spreads* na marreta. Registro aqui que não sou banqueiro nem tenho parentes donos de bancos, portanto não tenho agenda própria nem vou defendê-los neste trabalho. E, me debruçando desde já neste tema, percebo que um dos piores negócios que existem neste país é dar crédito. **Isso mesmo: conceder crédito neste país é horrível. Não acredita? Permita-me elaborar o tema.**

6.2. Principais gestoras globais têm crédito como parte relevante de seu negócio

No mundo, cada vez mais, gestoras de recursos fomentam os mercados de capitais – tanto investindo em crédito quanto em *equity*. Quando se analisam os maiores *players* desses mercados, percebe-se quão relevante é o crédito em suas operações. A KKR, famosa empresa de *private equity* (participação em capital de empresas privadas), hoje tem quase tantos ativos sob gestão em crédito quanto em *equity*. O mesmo pode ser dito das gigantes Blackstone, Blackrock, Cerberus e demais gestoras de recursos. O motivo é muito simples. Na média, empresas têm mais dívida que capital (*equity*). Para melhor entendimento, pense na compra de um apartamento médio em Nova York que custa US$ 1 milhão. Pede-se um empréstimo ao banco. O banco empresta cerca de 70% a 80% do valor do imóvel – entre U$ 700 mil e U$ 800 mil (seu crédito). O comprador cobre a diferença com dinheiro do seu bolso, os US$ 300 mil a US$ 200 mil, chamado agora de *equity* ou capital, ou patrimônio. *Equity* é o colchão para o credor, para que o ativo seja maior que a dívida. O mesmo acontece em relação a empresas. Empresas normalmente têm mais crédito/dívida que *equity*/colchão/patrimônio. Imaginemos essa situação em larga escala, incluindo as empresas: claramente o mercado de crédito deveria ser muito maior que de *equity* (ou capital).

6.3. Principais gestoras brasileiras não têm crédito como parte central de seu negócio

Voltemos agora para nosso mercado tupiniquim, em que também temos *players* grandes e sofisticados, como Pátria, Tarpon, 3G, Dynamo etc. Uma rápida análise nos mostra que crédito é parte ínfima de seus negócios. A Blackstone, por exemplo, comprou um pedaço do Pátria há alguns anos, e o crédito ainda é parte muito pequena de suas operações no Brasil. Essas empresas brasileiras têm em seus quadros as melhores e mais brilhantes cabeças de nosso mercado financeiro. E por que então não desenvolvem, investem ou têm operações relevantes em crédito?

6.4. Maior e mais celebrado fundo de crédito privado não lançou o segundo

Recordemos o ano de 2010. Dois dos mais bem-sucedidos bancos do mundo, com operações relevantes no Brasil, decidem juntos lançar o maior (ou um dos maiores) fundo de crédito *high grade* brasileiro. Os bancos alocaram profissionais de qualidade ímpar para gerir um fundo de mais de R$ 1 bilhão, o maior até então. Devido à qualidade dos times e das instituições, o fundo foi colocado com sucesso no mercado e começou sua operação em meados de 2011. Esse foi o primeiro e último fundo dessa modalidade que esses bancos colocaram no mercado juntos. As equipes de gestão que operavam esse produto já não se encontram mais nesses bancos. Deixo esse fato mais uma vez com você.

Apresentei duas questões e nenhuma resposta. Injusto. Permita-me mostrar de maneira sucinta como funciona a carteira de um fundo de investimento focado em crédito *high grade* (risco baixo de crédito, ou empresas com baixo índice de endividamento).

6.5. Breve comentário – a corrida atrás do CDI

Antes de analisar o fundo de investimento, é necessário um pequeno lembrete: a importância do CDI. CDI é a taxa de rendimento interbancária, o verdadeiro "cara". Você compra um CDB de um banco e rende CDI, você compra um título do governo LFT e rende próximo do CDI. CDI é o mínimo que um investidor no Brasil espera receber. Se um gestor de fundo entrega resultados abaixo do CDI, ele não é competente. Se entrega resultados acima, ele é o cara naquele momento. Se no ano seguinte não entrega, deixa de ser o cara e corre o risco de perder os recursos sob sua gestão.

6.6. De volta ao fundo

Diversidade: um fundo de investimento deveria ter uma carteira minimamente diversificada para evitar concentração de risco – isto é, se errar a mão em um investimento, não afetaria a performance do fundo como um todo. Vamos assumir, para este exercício, um fundo com 20 ativos. Isto é, 20 créditos, ou 20 operações e empresas.

Esse fundo compra créditos que rendem CDI + *spread*, e que esse *spread* seja de 2,0% na média (líquido de taxa de administração e performance). E o gestor é bom. Ele acerta 19 das 20 empresas em que investe ou empresta. Errar faz parte do jogo, é humano, portanto, nosso gestor erra apenas uma das 20 empresas que ele escolhe. Nesse caso, errar é escolher uma empresa que enfrenta dificuldades após o investimento e que não consegue pagar sua dívida. Aqui começa o problema dessa indústria no Brasil. A tabela a seguir apresenta os dados do retorno total do fundo após um ano *versus* o retorno total em um investimento que renda apenas CDI em um CDB de banco de primeira linha.

Fundo	**Crédito R$**	**CDI**	**Spread**	**Default**	**Resultado/ Caixa**	**Recuperação do crédito**	**Valor total**
Empresa 1	5	6,5%	2,0%	Não	5,43		5,43
Empresa 2	5	6,5%	2,0%	Não	5,43		5,43
Empresa 3	5	6,5%	2,0%	Não	5,43		5,43
Empresa 4	5	6,5%	2,0%	Não	5,43		5,43
Empresa 5	5	6,5%	2,0%	Não	5,43		5,43
Empresa 6	5	6,5%	2,0%	Não	5,43		5,43
Empresa 7	5	6,5%	2,0%	Não	5,43		5,43
Empresa 8	5	6,5%	2,0%	Não	5,43		5,43
Empresa 9	5	6,5%	2,0%	Não	5,43		5,43
Empresa 10	5	6,5%	2,0%	Não	5,43		5,43
Empresa 11	5	6,5%	2,0%	Não	5,43		5,43
Empresa 12	5	6,5%	2,0%	Não	5,43		5,43
Empresa 13	5	6,5%	2,0%	Não	5,43		5,43
Empresa 14	5	6,5%	2,0%	Não	5,43		5,43
Empresa 15	5	6,5%	2,0%	Não	5,43		5,43
Empresa 16	5	6,5%	2,0%	Não	5,43		5,43
Empresa 17	5	6,5%	2,0%	Não	5,43		5,43
Empresa 18	5	6,5%	2,0%	Não	5,43		5,43
Empresa 19	5	6,5%	2,0%	Não	5,43		5,43
Empresa 20	*5*	*6,5%*	*2,0%*	*Sim*	*0*	*20%*	*1,09*
Total	100						**104,16**

CDB	100	6,5%	0,0%	Não	106,50		**106,50**

Como se pode ver, o CDB ou título do governo com menos risco e maior liquidez renderia **2,2%** a mais que o fundo de crédito de nosso gestor habilidoso - **106,50 *versus* 104,14**. Você deve estar se perguntando: "Só 20% na recuperação do crédito na empresa que teve dificuldades e não pagou sua dívida? Esse gestor deve ser ruinzinho". Por incrível que pareça, 20% de recuperação de crédito em empresas em dificuldade é um resultado bem razoável, como mostraremos mais adiante, acredite em mim[25].

Portanto, fica aqui o primeiro problema da indústria de crédito no Brasil – a recuperação de crédito torna crédito um produto não muito interessante. Se você **acertar 95% das vezes**, vai, ainda assim, **perder** do título público.

Curiosamente, se tivermos a mesma equipe de gestão, desta vez nos Estados Unidos (por exemplo,) veremos um resultado bem diferente. Vamos lá, vejamos a seguir.

Fundo	**Crédito R$**	**FED**	**Spread**	**Default**	**Resultado/ Caixa**	**Recuperação do crédito**	**Valor total**
Empresa 1	5	2,5%	2,0%	Não	5,23		5,23
Empresa 2	5	2,5%	2,0%	Não	5,23		5,23
Empresa 3	5	2,5%	2,0%	Não	5,23		5,23
Empresa 4	5	2,5%	2,0%	Não	5,23		5,23
Empresa 5	5	2,5%	2,0%	Não	5,23		5,23
Empresa 6	5	2,5%	2,0%	Não	5,23		5,23
Empresa 7	5	2,5%	2,0%	Não	5,23		5,23
Empresa 8	5	2,5%	2,0%	Não	5,23		5,23
Empresa 9	5	2,5%	2,0%	Não	5,23		5,23
Empresa 10	5	2,5%	2,0%	Não	5,23		5,23
Empresa 11	5	2,5%	2,0%	Não	5,23		5,23
Empresa 12	5	2,5%	2,0%	Não	5,23		5,23
Empresa 13	5	2,5%	2,0%	Não	5,23		5,23
Empresa 14	5	2,5%	2,0%	Não	5,23		5,23
Empresa 15	5	2,5%	2,0%	Não	5,23		5,23
Empresa 16	5	2,5%	2,0%	Não	5,23		5,23
Empresa 18	5	2,5%	2,0%	Não	5,23		5,23
Empresa 19	5	2,5%	2,0%	Não	5,23		5,23
Empresa 20	*5*	2,5%	*2,0%*	*Sim*	*0*	*80%*	*4,18*
Total	100						**103,46**
CDB	100	2,5%	0,0%	Não	102,50		**102,50**

25 Conforme o último *Doing Business* de 2019 produzido pelo World Bank, a taxa de recuperação de crédito no Brasil subiu para 14% de recuperação, em um tempo médio de quatro anos para tal.

Nesse caso, percebemos que o fundo teve rendimento cerca de 1% a mais que o título público – isto é, rendimento superior. E, como vemos acima, apenas duas variáveis mudaram: a taxa básica do governo – ou títulos públicos, que nos Estados Unidos são historicamente inferiores aos do Brasil – e o nível de recuperação de crédito, em que na média recuperam-se 80% dos créditos vencidos em empresas com dificuldades ou em *bankruptcy* (quebradas). Segundo o *Doing Business* do World Bank, o nível preciso de recuperação americana é de 82%. O Japão, por exemplo, recupera 92%, e o Reino Unido, 85%. Considere um desconto pró-Brasil para a análise ficar mais próxima.

Aqui deparamos com o primeiro dilema dos investidores e dos gestores de crédito no Brasil. Como investir e ter expectativa de ganhos em linha com o nível de risco? Aqui vem a primeira falácia: subir o *spread*. Vejamos a seguir o que pensam os gestores.

Fundo	Crédito R$	CDI	Spread	Default	Resultado/ Caixa	Recuperação do crédito	Valor total
Empresa 1	5	6,5%	5,0%	Não	5,58		5,58
Empresa 2	5	6,5%	5,0%	Não	5,58		5,58
Empresa 3	5	6,5%	5,0%	Não	5,58		5,58
Empresa 4	5	6,5%	5,0%	Não	5,58		5,58
Empresa 5	5	6,5%	5,0%	Não	5,58		5,58
Empresa 6	5	6,5%	5,0%	Não	5,58		5,58
Empresa 7	5	6,5%	5,0%	Não	5,58		5,58
Empresa 8	5	6,5%	5,0%	Não	5,58		5,58
Empresa 9	5	6,5%	5,0%	Não	5,58		5,58
Empresa 10	5	6,5%	5,0%	Não	5,58		5,58
Empresa 11	5	6,5%	5,0%	Não	5,58		5,58
Empresa 12	5	6,5%	5,0%	Não	5,58		5,58
Empresa 13	5	6,5%	5,0%	Não	5,58		5,58
Empresa 14	5	6,5%	5,0%	Não	5,58		5,58
Empresa 15	5	6,5%	5,0%	Não	5,58		5,58
Empresa 16	5	6,5%	5,0%	Não	5,58		5,58
Empresa 17	5	6,5%	5,0%	Não	5,58		5,58
Empresa 18	5	6,5%	5,0%	Não	5,58		5,58
Empresa 19	5	6,5%	5,0%	Não	5,58		5,58
Empresa 20	*5*	6,5%	5,0%	*Sim*	*0*	*20%*	*1,12*
Total	100						**107,04**
CDB	100	6,5%	0,0%	Não	106,50		**106,50**

Gestores procuram empresas com *spreads* mais interessantes, neste caso, saltando de 2,0% para 5,0%, tornando, assim, a rentabilidade da carteira mais atrativa. Considerando que apenas uma empresa entra em dificuldade, conseguem obter 0,54% mais retorno do que seu competidor, o CDB ou título público. Parece atraente, correto? Sim, mas, na realidade, deveríamos esperar que empresas que pegam dinheiro emprestado com *spreads* mais altos deveriam ser mais arriscadas. E, por sua vez, se mais arriscadas, deveriam apresentar mais dificuldade de honrar suas dívidas. Para o benefício do exercício, vamos pensar que apenas uma empresa adicional entre em dificuldade e não consiga honrar suas obrigações e que, como consequência, uma reestruturação adicional seja necessária nessa carteira que performava um pouco melhor que seu *benchmark*. Vejamos o resultado a seguir, no Brasil.

Fundo	**Crédito R$**	**CDI**	**Spread**	**Default**	**Resultado/ Caixa**	**Recuperação do crédito**	**Valor total**
Empresa 1	5	6,5%	5,0%	Não	5,58		5,58
Empresa 2	5	6,5%	5,0%	Não	5,58		5,58
Empresa 3	5	6,5%	5,0%	Não	5,58		5,58
Empresa 4	5	6,5%	5,0%	Não	5,58		5,58
Empresa 5	5	6,5%	5,0%	Não	5,58		5,58
Empresa 6	5	6,5%	5,0%	Não	5,58		5,58
Empresa 7	5	6,5%	5,0%	Não	5,58		5,58
Empresa 8	5	6,5%	5,0%	Não	5,58		5,58
Empresa 9	5	6,5%	5,0%	Não	5,58		5,58
Empresa 10	5	6,5%	5,0%	Não	5,58		5,58
Empresa 11	5	6,5%	5,0%	Não	5,58		5,58
Empresa 12	5	6,5%	5,0%	Não	5,58		5,58
Empresa 13	5	6,5%	5,0%	Não	5,58		5,58
Empresa 14	5	6,5%	5,0%	Não	5,58		5,58
Empresa 15	5	6,5%	5,0%	Não	5,58		5,58
Empresa 16	5	6,5%	5,0%	Não	5,58		5,58
Empresa 17	5	6,5%	5,0%	Não	5,58		5,58
Empresa 18	5	6,5%	5,0%	Não	5,58		5,58
Empresa 19	5	6,5%	5,0%	*Sim*	*0*	*20%*	*1,12*
Empresa 20	*5*	6,5%	5,0%	*Sim*	*0*	*20%*	*1,12*
Total	100						**102,58**
CDB	100	6,5%	0,0%	Não	106,50		**106,50**

Como podemos observar, os números pioram. A diferença é ainda maior. Apesar de maior o *spread*, cerca de 1,5x mais alto que o *spread* anterior, dado o pífio nível de recuperação do crédito no Brasil, a rentabilidade fica bem aquém do CDB ou do título público.

Vejamos agora o mesmo exercício para os Estados Unidos.

Fundo	Crédito R$	FED	Spread	Default	Resultado/ Caixa	Recuperação do crédito	Valor total
Empresa 1	5	2,5%	5,0%	Não	5,38		5,38
Empresa 2	5	2,5%	5,0%	Não	5,38		5,38
Empresa 3	5	2,5%	5,0%	Não	5,38		5,38
Empresa 4	5	2,5%	5,0%	Não	5,38		5,38
Empresa 5	5	2,5%	5,0%	Não	5,38		5,38
Empresa 6	5	2,5%	5,0%	Não	5,38		5,38
Empresa 7	5	2,5%	5,0%	Não	5,38		5,38
Empresa 8	5	2,5%	5,0%	Não	5,38		5,38
Empresa 9	5	2,5%	5,0%	Não	5,38		5,38
Empresa 10	5	2,5%	5,0%	Não	5,38		5,38
Empresa 11	5	2,5%	5,0%	Não	5,38		5,38
Empresa 12	5	2,5%	5,0%	Não	5,38		5,38
Empresa 13	5	2,5%	5,0%	Não	5,38		5,38
Empresa 14	5	2,5%	5,0%	Não	5,38		5,38
Empresa 15	5	2,5%	5,0%	Não	5,38		5,38
Empresa 16	5	2,5%	5,0%	Não	5,38		5,38
Empresa 17	5	2,5%	5,0%	Não	5,38		5,38
Empresa 18	5	2,5%	5,0%	Não	5,38		5,38
Empresa 19	5	2,5%	5,0%	Não	*0*	*80%*	*4,30*
Empresa 20	*5*	2,5%	5,0%	*Sim*	*0*	*80%*	*4,30*
Total	100						**105,35**
CDB	100	2,5%	0,0%	Não	102,50		**102,50**

Curiosamente, percebemos que o fundo americano com empresas mais arriscadas, que pagam mais *spread*, mesmo aumentando o número de *defaults* ou com falta de pagamento por mais uma empresa, tem sua rentabilidade melhorada. Os fundos de *high grade*, de baixo risco, rendem pouco mais que CDBs ou títulos do governo americano, e fundos *high yield* rendem ainda mais que CDBs ou títulos do governo americano, ajustados por seu maior nível de risco. Perfeito.

Já no Brasil, fundos de *high grade*, de baixo risco, rendem menos que CDBs ou títulos do governo americano, e fundos *high yield* rendem ainda menos que CDBs ou títulos do governo americano, ajustados por seu maior nível de risco – mesmo ajustando ou aumentando os níveis de *spread*. Portanto, quando vemos discussões na mídia, elas se referem a políticas monetárias passadas etc., que o *spread* é nosso grande vilão, é claramente uma grande falácia. Nosso grande vilão é todo o arcabouço do processo de recuperação de crédito. Ele recupera pouco e demora demais.

A breve apresentação anterior, de números comparando Brasil e Estados Unidos, ficaria ainda mais assustadora e menos apetitosa, do ponto de vista do investidor, se colocássemos que no Brasil a recuperação de crédito, além de ser menor que nos Estados Unidos, demora muito mais e custa muito mais. O conceito de *time value of money* mataria ainda mais o apetite e o interesse por essa classe de ativo e fundo de investimento. Repito, não é o *spread* o vilão, mas sim o arcabouço de recuperação nesse crédito.

Adicionalmente, não colocamos aqui outros fatores corriqueiros, como os custos associados a recuperar crédito no Brasil *versus* os de outros países. A demora que ocorre no Brasil, além do custo do tempo, traz consigo novas disputas judiciais custosas. O devedor quase sempre alega que pagou mais do que deveria, juros abusivos e o famoso supertrunfo, a ação revisional, em que o credor tem de se defender na justiça e provar que o devedor deve o valor exato, fluxo de caixa passado, cálculo de juros, e, o mais absurdo, provar que é justo o valor que está sendo cobrado – de novo, algo que leva tempo e custa dinheiro e que no extremo pode resultar em uma diminuição do seu crédito ou até em uma pesada sucumbência. Não vou nem entrar no quesito sucumbência e execução de crédito, que certamente geraria mais um capítulo neste livro.

Tendo em vista a dificuldade de gerir carteiras de crédito – ilustrada matematicamente acima –, não é de espantar a falta dos *players* internacionais, extremamente capacitados na indústria de crédito, que não participam de nosso mercado local. Nem mesmo o fato de grupos e gestoras bem-sucedidas no Brasil não terem operações relevantes de crédito no Brasil.

Saindo do mundo de *high grade* e *high yield*, avancemos um degrau acima na escala de risco. Vamos caminhar para as situações em que os bancos não querem mais seguir na recuperação, que eles desejam ceder a terceiros e sair do risco. É nesse mundo que eu navego mais. Em um mundo de dificuldades, incertezas, subjetividade, passivos ocultos e muito mais. De que adianta saber quanto vale um ativo se você não tem certeza de quando vai botar a mão no ativo, ou quanto do ativo virá para você, com quem dividirá o ativo, e qual a avaliação de um juiz ao julgar uma recuperação judicial?

6.7. Falta de objetividade

O futebol evoluiu muito ao longo do tempo, e a chegada do árbitro de vídeo (VAR, na sigla em inglês) é mais um passo nessa evolução. Porém, as discussões continuam homéricas - e a maioria delas fundamenta-se em critérios subjetivos. Eu comparo um juiz de direito que vai decidir o que é ou não é um bem essencial de uma empresa ao bola-na-mão *versus* o mão-na-bola do futebol. Quando o juiz de direito tem que interpretar, o resultado é imprevisível. Pode-se acreditar que a decisão judicial, favorável ou não à empresa, teve caráter involuntário ou proposital; nunca saberemos. O quesito do bem essencial também é interpretativo.

Gosto sempre de começar com casos extremos. Vamos examinar a indústria aérea. Para começar o negócio e comprar um avião novo, o dono da empresa precisa de US$ 2 milhões. Ele propõe a um banco colocar US$ 500.000 do seu próprio bolso (todo o seu dinheiro) e pede à instituição um empréstimo de US$ 1.500.000 para cobrir o saldo. Em troca, oferece um bom *spread* e o avião como garantia - uma operação que parece fazer sentido. O empresário compra o avião e começa a operar. Um ano mais tarde, o mercado piora, o empresário perde dinheiro e não consegue honrar sua obrigação com o banco. Em seguida, dá entrada em uma recuperação judicial. O banco, por sua vez, receoso com o futuro, está relativamente tranquilo, pois tem o avião como garantia. Ao tentar executar o colateral, o empresário alega perante o Judiciário que o avião é um bem necessário. Sem o avião, a "recuperação judicial" não será possível. Sem avião não há operação, logo, o avião é um bem essencial ao negócio, lembrando que o negócio só foi possível graças ao empréstimo do banco. Examinemos a sequência de ponderações no caso do banco. Se recupera o avião, deveria recuperar 100% seu crédito. Caso haja decisão judicial determinando que o bem é essencial ao negócio, esse credor deverá obrigatoriamente entrar em acordo com o devedor, conforme um plano de recuperação judicial. Volto aos primeiros parágrafos deste trabalho. É uma árvore de decisão boa? Será que o banco cobrou suficiente *spread* para esse risco? Esse conceito de bem essencial faz sentido?

Indo além, você daria uma segunda chance a quem desorganizou seu plano de negócio e quase o fez perder sua garantia?

Para piorar, essa mesma empresa, em penúria e dificuldades, imediatamente passa a não pagar impostos e encargos trabalhistas. Essas novas dívidas, num país como o nosso, passarão a ser tratadas como supersênior, e, pior, sem uma pessoa designada pelo governo ou trabalhadores para lidar com a empresa. A chance de reorganizar esse passivo é quase sempre impossível.

Seguindo a lógica, você daria uma segunda chance a um empresário que, além de perder o rumo, ainda acrescenta dívidas que não serão pagas, muito menos renegociadas, e que podem acabar sendo subordinadas a dívidas já existentes? Sem chances, não?

Extrapolemos agora para grandes empresas industriais. Nunca um credor fiduciário de uma planta industrial, "essencial" para o devedor quebrado, conseguiu colocar sua mão no colateral. Quase sempre tem de esperar resoluções do Judiciário nacional, que, por sua vez, também precisa esperar pelo plano de recuperação judicial - que demora aproximadamente 180 dias, seguidos de extensões e alegações.

Faz sentido que o banco que ajudou a construir a planta de uma empresa, financiando-a, não consiga colocar a mão em seu colateral caso o plano de negócio não seja honrado?

A empresa agrícola que comprou fazendas financiadas por credores não paga a dívida, e o credor não pode pegar sua garantia porque é bem essencial? Faz sentido isso? Sem o crédito não existiria o bem essencial.

Que poder é esse que o dono da empresa detém? Quais são as origens disso? Por que temos que tentar salvar a empresa do acionista da empresa quebrada? Porque não podemos passar essa empresa para alguém que vai recuperar o maior valor e quiçá tocar melhor a empresa/ativo. Nos Estados Unidos, este é o caso - a empresa/ativos seguem, os donos saem.

6.8. Caso prático – indústria aérea

Para quem ainda não acredita que dar crédito no Brasil é complicado, voltemos aos aviões.

O que estas oito empresas, United Airlines, American Airlines, Delta Airlines, Continental Airlines, Varig, Vasp, BRA e Transbrasil, têm em comum? São empresas aéreas, correto. Mas não apenas isso. O que elas têm comum mais especificamente é que todas quebraram - as quatro primeiras nos Estados Unidos e as outras quatro no Brasil. Na verdade, algumas das americanas quebraram mais de uma vez. Isso mesmo, todas deixaram de honrar seus compromissos. A indústria aérea é uma das indústrias mais difíceis que existem. Oscilações no preço do petróleo afetam suas operações, assim como terrorismo e doenças em certos lugares em que são difíceis de prever, além de outras variáveis quase sempre jogando contra o plano de negociação. Mas o primeiro fato lamentável que eu apresento é que todas as empresas americanas seguem voando, e as brasileiras, não. Elas se reorganizaram, reestruturaram suas dívidas, trocaram de acionistas e seguiram suas vidas. Credores recuperaram boa parte de seus créditos, se não a sua totalidade. Os processos foram relativamente tranquilos e se resolveram em menos de dois anos, alguns, em menos de um ano. Casos de sucesso. Infelizmente, no Brasil a experiência foi um pouco diferente. Nenhuma dessas empresas brasileiras existe mais. Triste mesmo é saber que quem pousou em alguns aeroportos do Brasil recentemente conseguia visualizar aviões da Vasp, que quebrou em 2005 – lembrando que estamos em 2019.

Credores sem garantias não recuperaram nada na maioria dos casos – lembra-se dos 20% apresentados como recuperação de crédito de que falamos no início deste trabalho?

Parece uma história de horror, não? Todas as empresas aéreas que quebraram no Brasil pararam de operar e voar, e os credores não recuperaram quase nada. Já nos Estados Unidos, todas seguiram operando e voando, e seus credores recuperaram boa parte de seus débitos. De novo, de quem é a culpa? Quem é o grande vilão? Você ainda acha que é o *spread*?

A maior esperança do nosso mercado de crédito é o atual momento. Temos um novo governo no Brasil e um ministro da Fazenda que é PhD por Chicago, uma das faculdades mais reconhecidas por sua capacidade matemática e econômica. Acredito que, se ele olhar alguns números básicos, principalmente a recuperação do crédito baixa no país e o longo tempo para recuperar, irá se convencer de que há algo de podre no reino da Dinamarca, quero dizer, com recuperação de crédito no Brasil.

Tivemos ao longo de 2017 e 2018 diversos grupos de trabalho tentando aprimorar a Lei de Recuperação de Empresas e Falência. Acredito, no entanto – e não é nenhum demérito ao grupo, de forma alguma –, que os principais membros deveriam ser os principais alocadores, gestores e investidores em crédito no Brasil. No fim do dia, quem provê crédito é quem conhece bem os problemas. É quem decide conceder crédito ou não. E no Brasil, como já vimos, gestores e alocadores não gostam de conceder crédito. Eles sabem dos problemas. Então são exatamente essas pessoas que têm que ter suas preocupações ou problemas estudados, avaliados e, quem sabe, levados para uma alteração no arcabouço de recuperação de crédito e judiciário.

Lembro que a Lei de Alienação Fiduciária ajudou muitíssimo nosso mercado imobiliário. Criou um mecanismo extrajudicial que em teoria garantia a celeridade no processo de recuperação e colocou o ativo dado em garantia ao credor como prioridade máxima, aumentando assim sua recuperação. Não é nenhuma coincidência o fato de o mercado imobiliário e a concessão de crédito nesse setor terem aumentado radicalmente com essa mudança. Não tenho dúvida alguma de que se a Lei de Recuperação de Empresas e Falência seguisse nessa linha, dando celeridade ao processo e tornando o processo de recuperação de crédito menos subjetivo e mais objetivo, facilitaria a concessão de crédito. Tornaria nossa indústria mais atraente e, por consequência, atrairia mais *players* e mais recursos para nosso país.

Neste momento, uma nova lei ou procedimentos para cobrança e recuperação de crédito objetivas, e não subjetivas, facilitariam o entendimento dos riscos, tornando o produto mais atrativo. E com a reforma da Previdência, junto com a volta do grau de investimento do país, atrairia uma avalanche de crédito, fomentando nossos mercados e ajudando na recuperação da economia.

Porém, se não houver alteração no arcabouço, e persistir a aversão ao produto de crédito e sem crédito, não haverá recuperação da nossa economia. Que nosso ministro da Fazenda perceba isso o quanto antes. Estamos às ordens.

Capítulo 7

O papel do Judiciário e do administrador judicial no processo de venda de ativos ou empresas em recuperação judicial ou falência

Marcelo Barbosa Sacramone

Doutor e mestre em Direito Comercial pela USP. Mestrando em Direito Comparado na Cumberland Law School, Samford University, EUA. Bacharel em Direito pela Universidade de São Paulo. Juiz de Direito do Tribunal de Justiça de São Paulo, atualmente em exercício na 2ª Vara de Recuperações, Falências e Conflitos Arbitrais de São Paulo. Professor de Direito Empresarial da Pontifícia Universidade Católica de São Paulo. Professor nos cursos de pós-graduação da Escola Paulista da Magistratura (EPM), da Fundação Getúlio Vargas e da Faculdade Autônoma de Direito (Fadisp). Autor de livros e artigos jurídicos.

Fernanda Neves Piva

Doutoranda em Direito Comercial na Faculdade de Direito da Universidade de São Paulo e mestra em Direito Comercial pela Pontifícia Universidade Católica de São Paulo (2016). Professora de pós-graduação em Direito Empresarial do Ibmec – São Paulo. Advogada na área de recuperação de empresas e falência, em São Paulo.

7.1. Introdução

A suspensão da atividade empresarial afeta o interesse dos acionistas em receber os dividendos, dos empregados na manutenção dos seus empregos, da comunidade beneficiada com a circulação de recursos, dos consumidores pela maior concorrência e da nação, em virtude do desenvolvimento econômico nacional.

Para que fossem protegidos os interesses de todos os agentes envolvidos com a manutenção da atividade empresarial acometida por crise econômico-financeira, a preservação da empresa foi concebida como objetivo pela lei de insolvência brasileira.

No que se refere à recuperação judicial, em seu artigo 47, determinou que o instituto tinha "por objetivo viabilizar a superação da situação de crise econômico-financeira do devedor, a fim de permitir a manutenção da fonte produtora, do emprego dos trabalhadores e dos interesses dos credores, promovendo, assim, a preservação da empresa, sua função social e o estímulo à atividade econômica". Na falência, em seu artigo 75, *caput*, ao determinar que "a falência, ao promover o afastamento do devedor de suas atividades, visa a preservar e otimizar a utilização produtiva dos bens, ativos e recursos produtivos, inclusive os intangíveis da empresa".

Os dispositivos legais refletem a exposição do senador Ramez Tebet, em seu parecer acompanhado do substitutivo ao projeto que se converteria na Lei n. 11.101/05, ao esclarecer que, "em razão de sua função social, a empresa deve ser preservada sempre que possível, pois gera riqueza econômica e cria emprego e renda, contribuindo para o crescimento e o desenvolvimento social do país".

7.2. Recuperação judicial

Muito se questiona, desde a entrada em vigor da Lei n. 11.101/05 (LREF), sobre o papel do juiz na recuperação judicial de empresas. É bem verdade que o sistema retratado na legislação vigente representa, se comparado aos anteriores, uma significativa mudança quanto à legitimidade para avaliar e decidir sobre a viabilidade da proposta de pagamento e dos meios a serem utilizados pelo devedor para viabilizar seu reerguimento. O novo sistema privilegia, diferentemente do anterior, a vontade dos credores.

A mudança quanto ao papel dos credores, contudo, não retira a relevância da atuação do juiz, que, entre outras incumbências, realizará o essencial controle de legalidade dos atos praticados ao longo da recuperação judicial, dará a última palavra sobre a classificação e o valor dos créditos e resolverá relevantes questões incidentais que surgirem no curso da recuperação, como, por exemplo, quanto aos legitimados a votar em assembleia geral de credores.

Não por acaso, a aprovação do plano de recuperação judicial pela maioria dos credores não é suficiente à concessão da recuperação judicial, sendo necessária a posterior homologação do plano pelo juiz, após a análise de sua legalidade, para que a recuperação seja concedida (art. 58 da LREF).

Sobre as funções do administrador judicial na recuperação judicial, estão elas indicadas no artigo 22, I e II, da LREF, e compreendem as mais diversas atribuições, desde a verificação dos créditos e elaboração de relatórios mensais de atividades da recuperanda, até o fornecimento de informações solicitadas por credores e a fiscalização das atividades do devedor e do cumprimento do plano de recuperação judicial.

Como bem aponta Gabriel de Orleans e Bragança, em síntese, o grande papel do administrador judicial na recuperação judicial será o de garantir a transparência do processo, buscando reduzir a assimetria informacional naturalmente existente entre credores e recuperandas, por meio da obtenção de informações e de sua disponibilização no processo[26].

No que diz respeito à venda de ativos na recuperação judicial - meio de recuperação previsto no artigo 50 da LREF, e, na maioria das vezes, essencial à continuação da atividade empresarial -, deve-se analisar a atuação do juiz e do administrador judicial principalmente em duas diferentes situações legalmente previstas: a alienação de bens e direitos prevista no plano de recuperação judicial (art. 60 da LREF) e aquela realizada mediante autorização judicial (art. 66 da LREF).

7.2.1. A venda de bens conforme o artigo 66 da LREF

O artigo 66 trata da venda ou oneração de bens e direitos que compõem o ativo permanente do devedor, não prevista no plano de recuperação judicial, desde que reconhecida pelo juiz a *evidente utilidade* da alienação, após ouvido o comitê de credores[27].

A hipótese delineada no artigo 66 da LREF atribui ao juiz, como se infere da literalidade do dispositivo, uma função mais ampla do que o controle de

26 ORLEANS e BRAGANÇA, Gabriel José de. *Administrador judicial: transparência no processo de recuperação judicial.* São Paulo: Quartier Latin, 2017. p. 171.

27 Art. 66. Após a distribuição do pedido de recuperação judicial, o devedor não poderá alienar ou onerar bens ou direitos de seu ativo permanente, salvo evidente utilidade reconhecida pelo juiz, depois de ouvido o Comitê, com exceção daqueles previamente relacionados no plano de recuperação judicial.

legalidade que exercerá quanto ao plano de recuperação judicial que já tenha sido aprovado pelos credores. Nesse caso, caberá ao juiz aferir se a venda do bem é efetivamente útil à recuperação. Mas qual seria o conceito de *evidente utilidade*, ou, ainda, a quem deveria ser útil a alienação?

Para Eduardo Secchi Munhoz, a análise da utilidade pelo juiz deve levar em conta o "interesse público que preside o processo de recuperação", com vistas à manutenção da fonte produtiva, em consonância com o artigo 47 da LREF[28].

De fato, verificar-se-á a evidente utilidade nos casos em que a alienação ou oneração forem essenciais ao cumprimento do plano de recuperação ou em que a disposição seja imprescindível à manutenção da atividade empresarial até que o plano de recuperação judicial seja votado pelos credores.

Quanto à necessária prévia oitiva do comitê de credores, tal como prevista na lei, a prática demonstra serem raríssimas as recuperações judiciais em que o comitê é constituído, razão pela qual, em linha com o que determina o artigo 28 da LREF, o juiz deverá determinar a manifestação do administrador judicial antes de decidir a respeito da venda[29].

A participação do administrador judicial em eventual alienação ou oneração de bens realizada nos termos do artigo 66 da LREF é, sem dúvida, indispensável. Especialmente por não se tratar de transação sujeita à aprovação da maioria dos credores, tal como ocorre com aquelas previstas no plano de recuperação judicial, a análise do administrador nessas situações certamente traz maior transparência ao processo e diminui a assimetria informacional por vezes existente entre credores e devedor.

Ademais, é inegável a relevância do parecer a ser apresentado pelo administrador judicial nessas situações, inclusive para a formação do convencimento do magistrado quanto à *utilidade* da transação. Não raro o administrador judicial possui corpo técnico apto a avaliar aspetos econômico-financeiros do negócio sob avaliação, ou, ainda que não o possua, poderá contratar, mediante autorização do juízo, profissionais ou empresa especializada para auxiliá-lo caso entenda necessário (art. 22, I, "h", da LREF).

Com isso, o administrador judicial pode em muito contribuir para a conclusão judicial quanto à *evidente utilidade* daquela operação. A opinião do

28 Para Munhoz, "A pergunta que se põe é: utilidade para quem? A expressão deve ser interpretada em consonância com o interesse público que preside o processo de recuperação, ou seja, o juiz deverá autorizar a prática dos atos sempre que contribuam para a reorganização da empresa viável, mantendo-se a fonte produtiva importante para o desenvolvimento econômico do país (art. 47); deve, por outro lado, indeferi-la, quando verificar que tais atos não contribuirão para a recuperação da empresa, comprometendo o direito dos credores anteriores ao pedido" (MUNHOZ, Eduardo. In: SOUZA JR., Francisco Satiro e PITOMBO, Antônio Sérgio A. de Moraes (coord.). *Comentários à Lei de Recuperação de Empresas e Falência*. São Paulo: RT, 2005. p. 316).

29 Art. 28. Não havendo comitê de credores, caberá ao administrador judicial ou, na incompatibilidade deste, ao juiz exercer suas atribuições.

administrador judicial ou do comitê de credores (quando existente), porém, não vinculará o juízo, que poderá decidir de forma diversa[30], conforme sua convicção acerca da utilidade da transação proposta.

Outro relevante papel do administrador judicial relacionado à venda prevista no artigo 66 da LREF está compreendido no seu dever de fiscalização das atividades do devedor e corresponde ao de informar ao juízo caso alguma venda ou oneração de bens do ativo permanente seja realizada pela recuperanda sem a necessária prévia anuência prevista legalmente.

Não estabelece a lei a sanção a ser imposta ao devedor que aliena ou onera bens de seu ativo permanente sem a prévia autorização judicial, cabendo então ao juiz, no caso concreto, definir a consequência do descumprimento de tal previsão legal.

Diverge a doutrina sobre a decisão a ser tomada pelo juiz nesse caso.

Para Fábio Ulhoa Coelho, o descumprimento do disposto no artigo 66 da LREF deve acarretar a convolação da recuperação judicial em falência[31].

A alienação do bem sem autorização judicial, entretanto, gera afronta à lei imperativa e resulta na nulidade do negócio jurídico. Todavia, caso o plano de recuperação judicial já tenha sido aprovado sem nenhuma previsão de alienação de ativos, a venda sem autorização, além de acarretar a nulidade do ato, ensejará a convolação em falência, por quebra da "obrigação geral do plano de manter o desenvolvimento regular da atividade empresarial (art. 73, IV)"[32].

Outro importante ponto sobre o qual silencia a lei diz respeito à ausência de sucessão do adquirente na hipótese de a venda se realizar conforme o artigo 66 da LREF. Uma análise sistemática de outros dispositivos da Lei n. 11.101/05 (artigos 60, 141 e 142) sugere que a não sucessão apenas estaria assegurada na hipótese de vendas de filiais ou unidades produtivas isoladas previstas no plano de recuperação e consumadas por meio de uma das modalidades de alienação indicadas no artigo 142.

Pergunta-se, então: diante da ausência de previsão específica quanto à sucessão nas hipóteses de venda mediante autorização judicial e considerando uma análise sistemática da legislação vigente, poderia o juízo da recuperação

30 Nesse sentido, SACRAMONE, Marcelo Barbosa. *Comentários à Lei de Recuperação de Empresas e Falência*. São Paulo: Saraiva, 2018. p. 285.

31 COELHO, Fábio Ulhoa. *Comentários à Lei de Falências e de Recuperação de Empresas*. 11. ed. São Paulo: RT, 2016. p. 266. No mesmo sentido posicionou-se a 1ª Câmara Reservada de Direito Empresarial do TJSP, no julgamento do AI 0071641-34-2012.8.26.0000, em acórdão relatado pelo des. Manoel de Queiroz Pereira Calças: "[...] foi praticada grave infração à Lei nº 11.101/2005, com a venda do bem sem que se tenha observado o artigo 66, motivo pelo qual o decreto da quebra seria a consequência inexorável. Entretanto, no caso em comento, já se tem notícia da convolação em falência" (j. 5/6/2012).

32 Cf. SACRAMONE, Marcelo Barbosa. *Comentários à Lei de Recuperação de Empresas e Falência*. São Paulo: Saraiva, 2018. p. 286.

determinar que uma venda realizada de acordo com o artigo 66 da LREF ocorresse sem a transferência de obrigações do devedor ao adquirente?

A doutrina e a jurisprudência costumam se inclinar ao entendimento de que a ausência de sucessão apenas se aplicaria às hipóteses expressamente autorizadas pela lei, a saber, como já mencionado: alienações de filiais e unidades produtivas isoladas realizadas conforme o plano de recuperação judicial e seguindo as modalidades de venda judicial previstas no artigo 142 da LREF.

É inegável, porém, que garantir a ausência de sucessão também nas vendas autorizadas judicialmente em razão da evidente utilidade traria benefícios diversos à recuperação judicial como um todo, fomentando o interesse de investidores e viabilizando a disposição de ativos que não são essenciais à atividade do devedor e que podem lhe trazer liquidez com maior celeridade.

Atenta aos efeitos positivos que tal interpretação pode trazer, a doutrina sustenta a possibilidade de se garantir a ausência de sucessão na venda prevista no artigo 66 da LREF, sob o fundamento de que "se a alienação do estabelecimento, mesmo sem remanescerem outros ativos para a satisfação do passivo ou mesmo sem a anuência da totalidade dos credores, foi prevista como livre de ônus ou débitos, com mais razão e por gerar menos riscos de insatisfação das obrigações, a alienação ou oneração de outros ativos permanentes também deverá ser realizada sem responsabilidade do adquirente"[33].

Essa interpretação privilegia a preservação da empresa - objetivo maior da Lei n. 11.101/05, visto que confere maior segurança às partes envolvidas nas alienações de ativos efetivadas conforme o artigo 66 da LREF, incentivando, com isso, a realização desse tipo de operação. Com isso, traz-se mais rapidamente liquidez à recuperanda e contribui-se para a manutenção da fonte produtora.

Diante do silêncio da lei quanto à sucessão nesses casos, apenas a existência de precedentes favoráveis à ausência de sucessão em casos de vendas realizadas conforme o artigo 66 da LREF é que conferirá maior segurança jurídica àqueles interessados na compra de ativos estressados na recuperação judicial. Assim, é evidente ser crucial o papel do poder Judiciário para a evolução do processo de alienação de bens na recuperação judicial.

Não se pretende afastar o controle de legalidade a ser necessariamente realizado pelo juízo ou a análise da *evidente utilidade* da transação a ser realizada nos termos do artigo 66 da LREF, mas sim otimizar os resultados do processo de recuperação judicial em relação a todos os interessados.

---

33 Cf. SACRAMONE, Marcelo Barbosa. *Comentários à Lei de Recuperação de Empresas e Falência*. São Paulo: Saraiva, 2018. p. 287.

7.2.2. A venda de bens conforme o artigo 60 da LREF

A alienação de bens e direitos que compõem o ativo permanente do devedor, desde que reconhecida judicialmente a sua evidente utilidade para a recuperação judicial, não se confunde com a hipótese prevista no artigo 60 da LREF. Pelo dispositivo legal, poderá ocorrer a alienação de filiais ou unidades produtivas isoladas, desde que prevista no plano de recuperação judicial.

Dispõe o referido artigo 60:

> "Se o plano de recuperação judicial aprovado envolver alienação judicial de filiais ou de unidades produtivas isoladas do devedor, o juiz ordenará a sua realização, observado o disposto no art. 142 desta Lei.
> Parágrafo único. O objeto da alienação estará livre de qualquer ônus e não haverá sucessão do arrematante nas obrigações do devedor, inclusive as de natureza tributária, observado o disposto no § 1º do art. 141 desta Lei."

Entre as previsões usualmente contidas em planos de recuperação e atinentes à alienação de bens, ainda que aprovadas por credores, algumas costumam ser alvo de controle pelo poder Judiciário.

O primeiro exemplo nesse sentido são as cláusulas genéricas, que, de forma ampla e não detalhada, autorizam a alienação de ativos pelas recuperandas. Esse tipo de previsão é recorrentemente considerado ilegal pelo poder Judiciário[34], sob os corretos fundamentos de que (i) os credores devem estar plenamente informados dos meios de recuperação de que pretende se valer o devedor e (ii) eventuais vendas de bens que não estejam expressamente previstas no plano de recuperação judicial devem obedecer ao rito do artigo 66 da LREF.

Outra questão que é normalmente objeto de questionamentos e consequentemente submetida com frequência à análise pelo poder Judiciário diz respeito à obrigatoriedade de a alienação dos ativos prevista no plano de recuperação judicial se dar pelas formas previstas no artigo 142 da LREF (venda judicial), em razão do disposto no *caput* do artigo 60.

Embora inicialmente houvesse certa dúvida sobre a possibilidade de se realizar alienações de bens previstas em planos de recuperação de forma direta, já tendo os tribunais inclusive decidido pela necessária alienação pelas

---

34 Ver, a título de exemplo: TJSP, AI 2086061-97.2018.8.26.0000, 2ª Câmara Reservada de Direito Empresarial, rel. des. Grava Brazil, j. 10/9/2018, e AI 2096036-46.2018.8.26.00, 1ª Câmara Reservada de Direito Empresarial, rel. des. Cesar Ciampolini, j. 12/12/2018.

modalidades públicas de alienação[35], passou a haver maior aceitação, pelo poder Judiciário, das previsões de venda direta[36].

Trata-se de importante passo, que, sem dúvida, traz celeridade às transações e beneficia investidores, devedores e credores. Esse avanço, contudo, não vem acompanhado da garantia de ausência de sucessão do adquirente nas obrigações da recuperanda, prevalecendo nos tribunais e na doutrina o entendimento de que tal benefício está necessariamente atrelado à realização da venda por formas públicas, em razão do disposto nos arts. 60, 141 e 142 da LREF[37].

Sobre o tema, sugerindo uma interpretação ampliativa da regra de não sucessão prevista na LREF, posicionam-se Newton de Lucca e Renata Mota Maciel M. Dezem, que defendem a extensão da proteção ao adquirente também às hipóteses de venda direta (não judicial)[38].

A respeito do papel do administrador judicial nessa fase do procedimento, será o de assegurar que a assembleia geral de credores em que o plano será votado seja realizada em consonância com as disposições da LREF. Além disso, caberá a ele fiscalizar o cumprimento do plano de recuperação judicial, mantendo o juízo e os demais credores informados, inclusive no que diz respeito à concretização de eventual venda de ativos nele prevista (art. 22, II, "a"), e, se assim previr o plano, dos pagamentos a serem feitos com o produto da alienação.

Por fim, uma questão que merece reflexão concerne aos planos de recuperação judicial que promovem verdadeira liquidação da empresa, por meio da alienação da totalidade ou da quase totalidade de seus ativos. Estaria esse tipo de reestruturação em consonância com o princípio da preservação da empresa previsto na LREF? Poderia o Judiciário, ao exercer o controle de legalidade, estabelecer limites para a venda dos bens do devedor, a fim de garantir que haverá atividade remanescente? Ou caberia exclusivamente aos credores analisar a proposta de reestruturação?

A doutrina e a jurisprudência ainda não se pronunciaram significativamente

---

35 TJSP: AI 0253722-82.2011.8.26.0000, Câmara Reservada à Falência e Recuperação, rel. des. Pereira Calças, j. 22/11/2011, e AI 0151283-56.2012.8.26.0000, 1ª Câmara Reservada de Direito Empresarial, rel. des. Francisco Loureiro, j. 23/4/2013 e TJRJ, AI 0003048-40.2015.8.19.0000, 20ª Câmara Cível, rel. des. Marilia de Castro Neves Vieira, j. 29/4/2015.

36 TJSP, AI 0057674-82.2013.8.26.0000, 2ª Câmara Reservada de Direito Empresarial, rel. des. Araldo Telles, j. 30/9/2013, e TJRJ, AI 0063999-73.2010.8.19.0000, rel. des. Paulo Maurício Pereira, j. 6/7/2011 e AI 0014130-68.2015.8.19.0000, 2ª Câmara Cível, rel. des. Elisabete Fillizzola, j. 10/6/2015.

37 Nesse sentido: TJSP, AI 0057674-82.2013.8.26.0000, 2ª Câmara Reservada de Direito Empresarial, rel. des. Araldo Telles, j. 30/9/2013. O mesmo é sustentado por João Pedro Scalzilli, Luis Felipe Spinelli e Rodrigo Tellechea. *Recuperação de Empresas e Falência: teoria e prática na Lei 11.101/05*. 3. ed. São Paulo: Almedina, 2018. p. 495.

38 A venda de ativos na recuperação judicial e os reflexos no âmbito dos registros públicos. Disponível em: https://edisciplinas.usp.br/pluginfile.php/377495/mod_resource/content/1/avendadeativosnarecuperacaojudicialeosreflexosnoambitodosregistrospublicos.newtondelucca.renatammmdezem.julho.2015.versaofinal.pdf

sobre essa controvérsia. Parece, contudo, estar correto o entendimento de que deverá haver atividade remanescente na empresa recuperanda, sob pena de desvirtuamento e uso inapropriado do instituto da recuperação judicial.

7.3. Falência

Além de presente na recuperação judicial, em seu artigo 47 da Lei n. 11.101/05, a preservação da empresa foi elevada a princípio na falência, por seu artigo 75. Pelos seus termos, ainda que concebida como liquidação forçada dos ativos, a Lei n. 11.101/05 pretendeu que o procedimento falimentar assegurasse a maximização do valor dos ativos para a satisfação dos credores, bem como que houvesse a proteção dos interesses de todos os demais envolvidos com a manutenção da atividade empresarial.

Pela concepção adotada pela lei atual, a atividade empresarial poderá ser conservada mediante a aquisição do conjunto de bens por outro empresário. A aquisição do complexo produtivo por terceiro, com o afastamento do devedor originário, poderá assegurar melhor alocação dos diversos fatores de produção para o desenvolvimento da mesma atividade de forma mais eficiente ou utilização dos bens em finalidade diversa, caso a anterior seja economicamente inviável.

A preservação da atividade empresarial assegura a proteção dos interesses de todos os envolvidos com a atividade. A manutenção dos postos de trabalho pela aquisição dos ativos e o desenvolvimento da atividade sob a condução do arrematante asseguram a proteção dos trabalhadores e o direito destes ao emprego. A contínua disponibilização dos produtos e serviços atende aos interesses dos consumidores, com a preservação da concorrência entre os fornecedores. Atende também aos interesses nacionais, ao promover o desenvolvimento econômico e a circulação de riquezas[39].

Além dos interesses de terceiros, a alienação procuraria atender ao melhor interesse dos próprios credores e do devedor. A venda dos bens em seu maior conjunto produtivo pretenderia a maximização do valor do ativo, com a maior quantidade de recursos para a satisfação de todos os credores. Isso porque

39 Para MUNHOZ, "a lei falimentar, mais especificamente o direito da empresa em crise, deve buscar a solução que maximize o valor total disponível para ser dividido não apenas entre os credores, mas entre todos os outros titulares de interesse, como o próprio devedor, os investidores, trabalhadores, consumidores etc." (MUNHOZ, Eduardo Secchi. Pressupostos da recuperação judicial. In: Fábio Ulhoa Coelho (org.). *Tratado de direito comercial*. v. 7. São Paulo: Saraiva, 2015).
Para o autor, "parte-se do pressuposto de que o direito da empresa em crise constitui um importante instrumento de implementação de políticas públicas, constituindo um dos capítulos da política econômica" (MUNHOZ, Eduardo Secchi. Anotações sobre os limites do poder jurisdicional na apreciação do plano de recuperação judicial. *Revista de Direito Bancário e do Mercado de Capitais*, São Paulo, Revista dos Tribunais, ano 10, n. 36).

asseguraria a retribuição pela organização dos fatores de produção realizada pelo empresário falido para desempenhar a sua atividade, o aviamento empresarial, fundo de comércio ou *goodwill*, o qual consiste justamente na diferença entre o valor dos bens individualmente considerados e o seu valor como conjunto de ativos organizado pelo empresário para o desenvolvimento de uma determinada atividade.

Para que esses objetivos pudessem ser atendidos, determinou a lei o momento em que as vendas dos ativos deveriam ser realizadas e as formas preferenciais e modalidades ordinárias pelas quais poderiam ser feitas.

7.3.1. Momento de realização do ativo

Para que se possa assegurar a maximização do valor dos ativos e a possibilidade de arrematantes manterem a força produtiva dos bens adquiridos, os ativos devem ser liquidados imediatamente, tão logo ocorra sua arrecadação e avaliação.

Ao passo que o Decreto-Lei n. 7.661/45 determinava que a fase de liquidação apenas poderia ser iniciada após a verificação do passivo e a arrecadação de todos os ativos, em razão da possibilidade de pedido de concordata suspensiva pelo devedor (art. 178 do Dec.-Lei n. 7.661/45), a Lei n. 11.101/05 rompeu com essa sistemática. O procedimento do decreto-lei implicava a deterioração dos bens, com a possibilidade de liquidação apenas após longos anos de trâmite processual, o que resultava em diminuta satisfação dos credores, como regra geral.

Pela Lei n. 11.101/05, a liquidação dos ativos deve ser realizada imediatamente após a juntada do auto de arrecadação e da homologação do auto de avaliação dos bens, conforme artigo 139. Não se exige a homologação do quadro-geral de credores, com a apuração do passivo sujeito ao procedimento falimentar, pois a liquidação dos bens não implica pagamento dos credores. O bem deverá ser alienado para que sejam reduzidos os custos de manutenção e conservação, bem como para que se resguarde sua natureza produtiva. Os valores, por conta disso, permanecerão depositados até o momento em que se verifique a possibilidade, com a apuração do passivo, de realização dos rateios.

Por outro lado, nem mesmo a arrecadação de todos os demais ativos do devedor necessita ser aguardada. A menos que haja a ponderação pelo administrador judicial de que o bem, se vendido em conjunto com outros bens a serem ainda arrecadados, poderá resultar em maiores valores, deverá ser vendido imediatamente.

7.3.2. Formas preferenciais de alienação

De modo a se garantir a obtenção do maior valor pelo conjunto de ativos e a satisfação dos interesses dos demais envolvidos pela transferência da atividade produtiva ao arrematante do conjunto de bens, o artigo 140 da Lei n. 11.101/05 estabelece que a ordem de preferência para a liquidação dos bens inicia-se pelo maior conjunto de ativos possível e segue até a alienação dos bens separados, individualmente considerados.

Conforme o dispositivo legal, a liquidação falimentar deve ser realizada preferencialmente com a alienação da empresa, com a venda de seus estabelecimentos em bloco; com a alienação da empresa, com a venda de suas filiais ou unidades produtivas isoladamente; com a alienação em bloco dos bens que integram cada um dos estabelecimentos do devedor; ou, por fim, com a alienação dos bens individualmente considerados.

Como a alienação dos bens no maior conjunto possível asseguraria a conservação do aviamento empresarial, por meio da valoração da organização dos diversos fatores de produção realizada pelo falido para desempenho de sua atividade empresarial, essas formas preferenciais procurariam assegurar a maximização do valor dos ativos do devedor e, por consequência, a maior possibilidade de serem os credores satisfeitos.

O maior conjunto de bens, por outro lado, asseguraria a maior possibilidade de o empresário arrematante manter o desenvolvimento da atividade empresarial. Caso viável sua preservação, sua manutenção por outro empresário não apenas asseguraria maior eficiência na alocação dos diversos recursos escassos, como atenderia aos interesses dos demais envolvidos com o seu desenvolvimento, como os consumidores, a coletividade e o mercado como um todo.

A ordem preferencial estabelecida pelo artigo 140, entretanto, não deve ser esgotada necessariamente pelo administrador judicial. A celeridade almejada pela alienação dos bens impede que todas as formas preferenciais sejam tentadas, pois a morosidade do procedimento poderá comprometer seus objetivos, com a deterioração dos ativos. É papel do administrador judicial a verificação da modalidade mais conveniente, em atenção às demandas do mercado, para a liquidação dos bens e de forma que as alienações sejam frutíferas e céleres.

7.3.3. Preço vil na alienação de bens

Essa necessária celeridade, assegurada como imprescindível em todos os processos judiciais, é característica marcante no procedimento falimentar e exige interpretação diferenciada, inclusive sobre o que se deve entender por preço vil nas alienações.

No procedimento falimentar, nos termos do artigo 142 da Lei n. 11.101/05, os bens poderão ser vendidos por leilão, proposta fechada ou pregão, além de modalidades extraordinárias, desde que aprovadas pela assembleia geral de credores. Ao leilão, modalidade mais frequente de alienação, aplicam-se supletivamente as normas do Código de Processo Civil, que disciplina essa modalidade nos artigos 879 e seguintes.

Pela nova sistemática do Código de Processo Civil, não há mais, sequer nos procedimentos de execução individual, a necessidade de serem designadas diversas praças ou de os lances serem superiores ao valor da avaliação do bem.

No procedimento falimentar, a alienação dos bens arrecadados poderá ocorrer em praça única, em que será o vencedor aquele que oferecer o maior lance. Nada impede, contudo, diante das circunstâncias do bem e de um juízo de sua conveniência para a tentativa de obtenção do maior valor possível, que sejam fixadas praças sucessivas para a alienação do bem pelo juízo universal, bem como preços mínimos decrescentes para as sucessivas praças.

O bem será arrematado pelo pretendente que oferecer o maior lance, independentemente de ser inferior ao valor da avaliação do bem, nos termos do artigo 142, § 2º, da Lei n. 11.101/05, mas desde que superior ao mínimo fixado pelo juízo e que não seja vil. Ainda que a alienação por valor vil não tenha sido expressamente vedada pela legislação falimentar, o Código de Processo Civil, aplicável supletivamente, dispõe, em seu artigo 891, que não será aceito lance que ofereça preço vil. O dispositivo passa a ser complementar às disposições de liquidação dos bens na falência e à venda na recuperação, diante dos princípios da preservação e otimização da utilização produtiva dos bens.

O parágrafo único do artigo 891 do Código de Processo Civil disciplina o que é considerado vil. Esse é o valor determinado pelo juízo e constante do edital. Caso o valor não tenha sido fixado pelo juiz e constante do edital, subsidiariamente, será considerado vil o preço inferior a 50% do valor da avaliação.

A regra não estabelece valor mínimo obrigatório nem poderia ser aplicável ao procedimento falimentar caso o fizesse. Diante das peculiaridades do procedimento falimentar e de recuperação, medidas céleres para a liquidação dos ativos podem ser exigidas em razão da conservação dispendiosa dos bens, risco de perecimento ou deterioração das coisas, em razão de os ativos não serem relevantes para o desenvolvimento da atividade e necessitarem ser liquidados a fim de reverterem o produto para a manutenção da atividade principal com urgência, ou pela inexistência de interessados, notadamente diante do estigma ainda existente em face de bens de massa falida e que tem afugentado os interessados das aquisições.

Cabe ao juiz fixar o valor mínimo a ser constante do edital e conforme as circunstâncias do caso em exame. Apenas subsidiariamente, caso não tenha sido fixado o preço mínimo, o CPC estabelece regra subsidiária, que determina que o valor deve corresponder à metade da avaliação. Não há nenhum impedimento para que o magistrado possa, diante das circunstâncias do caso, fixar um parâmetro mínimo inferior a esse ou superior.

Nas falências, as circunstâncias de cada caso devem ser analisadas pelo administrador judicial e pelo juiz universal para a aferição do preço a ser considerado vil para cada ativo. Somente a partir dessa consideração, os objetivos pretendidos pela liquidação célere, como a maximização do valor dos ativos e a preservação da empresa, poderão ser efetivamente alcançados.

7.4. Conclusão

Para a consecução do objetivo legal de preservação da empresa, tanto na recuperação judicial quanto na falência, é imprescindível a atuação do magistrado e do administrador judicial nos procedimentos de alienação de bens.

Na recuperação judicial, e como forma de se implementar meio de recuperação para a satisfação dos credores submetidos ao plano ou de se reduzirem os custos do devedor, destacam-se a exigência de análise da evidente utilidade da alienação de bens pretendida e a verificação da presença dos requisitos legais para a alienação de filiais ou unidades produtivas isoladas, inclusive livre de sucessões para o arrematante.

Na falência, de forma ainda relevante, o administrador judicial e o juiz universal têm a função precípua de liquidar os bens com celeridade e em atenção às formas preferenciais de alienação. Somente a pronta liquidação evitará a deterioração dos bens arrecadados, e a preferência ao maior conjunto de bens a serem liquidados assegurará a maximização do valor dos ativos.

Somente por meio dessa atuação célere e do controle de legalidade sobre as alienações pelos magistrados, com a colaboração dos administradores judiciais, será possível aos processos de insolvência, assim, não apenas a maior satisfação dos credores submetidos aos procedimentos de insolvência para a satisfação dos respectivos créditos, como a preservação da empresa e dos interesses de todos os envolvidos com a manutenção do desenvolvimento da atividade empresarial.

Para a consecução desse objetivo legal, é imprescindível a atuação adequada de todos os agentes do processo de insolvência, mas, notadamente, dos magistrados e administradores judiciais.

Capítulo 8

Falência: uma perspectiva de negócio para investidores em *distressed assets*

Thomas Benes Felsberg

Sócio-fundador do Felsberg Advogados e referência mundial na área de falência e recuperação de empresas. Graduado em Direito pela Universidade de São Paulo e mestre na Columbia University (New York). É membro do International Insolvency Institute, do American College of Bankruptcy, ex-presidente e atual membro do conselho da TMA Brasil, membro do conselho jurídico da Federação das Indústrias do Estado de São Paulo – Fiesp – e presidente do Columbia Club do Brasil. Também é árbitro listado junto a importantes câmaras arbitrais no país e no exterior.

Fabiana Bruno Solano Pereira

Sócia da área de Reestruturação de Dívidas e Insolvência do Felsberg Advogados. Graduada em Direito pela Pontifícia Universidade Católica de São Paulo e com mestrado – LLM na Stanford University (Stanford, EUA). É atuante na representação de devedores, credores e investidores em reestruturações privadas de dívidas e processos de recuperação judicial, extrajudicial e falências. Participou dos casos mais relevantes de insolvência do país desde a entrada em vigor da Lei n. 11.101/05.

8.1. Introdução

Por definição, o investimento é a opção por um custo de oportunidade que deverá produzir retornos no futuro. O risco é elemento inerente à atividade econômica e é, inclusive, causa de taxas de retorno aos agentes econômicos que performam investimentos novos bem-sucedidos; em regra, os negócios mais lucrativos são os mais arriscados, já que o risco está associado a um pioneirismo que se insere na lógica de resultados da lei de oferta e demanda[40].

Se por esse prisma o risco deve servir de estímulo ao investimento, também é causa de refreamento dos agentes econômicos. A sociedade deve, então, encontrar um ponto de equilíbrio em que risco e segurança estejam articulados de tal modo que as atividades econômicas não fiquem engessadas por limitações excessivas, econômicas ou legais.

É da percepção dessa necessidade de conciliar risco e segurança que decorrem, entre outros, o instituto da personalidade jurídica e a separação de patrimônio que lhe é inerente, os mecanismos de proteção aos credores (como as garantias) e os meios jurídicos de satisfação ágil e eficiente de créditos.

Especificamente nos casos de insolvência, esse mesmo interesse social sobre a atividade econômica levou, nas últimas décadas, a um movimento no direito ocidental pela superação de enfoques unilateralmente direcionados nos conflitos entre credores e devedores em crise para favorecer caminhos que possibilitem, sem prejuízo dessas posições, a inserção nessa dinâmica dos interesses sociais supraindividuais que se encerram em processos dessa natureza. Como ensina José Antonio de Sousa Lameira[41], houve uma evolução no pensamento e na legislação ocidental no sentido de se passar de um regime de insolvência-liquidação para um paradigma de insolvência-saneamento, em que o norte será sempre a compatibilização dos interesses de devedores e credores, sem perder de vista a preservação da atividade econômica, que revela um interesse coletivo e que era pouco privilegiado nas sistemáticas falimentares até então vigentes[42].

---

40 O crédito, por exemplo, será tão mais lucrativo ao financiador quanto menor for a oferta ao tomador. Da mesma forma, o empresário que emprega seu capital numa atividade pioneira ou arriscada naturalmente enfrentará menor concorrência e terá maior poder de preço sobre o mercado.

41 LAMEIRA, José Antonio de Sousa. Insolvência, insolvabilidade e requisitos para a decretação da falência. In: LUCCA, Newton de; VASCONCELLOS, Miguel Pestana. *Falência, insolvência e recuperação de empresas* – estudos luso-brasileiros. São Paulo: Quartier Latin, 2015. p. 320.

42 Pode-se falar em uma composição triangular, com sociedade, credores e devedor ocupando, cada um, uma ponta do polígono cujas arestas se tensionam mutuamente em busca de uma solução de equilíbrio. Como leciona Daniel Cárnio Costa, enquanto no antigo paradigma falimentar "verificava-se [...] um movimento de dualismo pendular, referido por Fábio Konder Komparato, oscilando entre a proteção dos interesses do devedor e a proteção dos interesses dos credores [...] no final do século passado, com a ampla reforma implementada pelos Estados Unidos da América, desenvolveu-se um novo modelo, com inspiração diferente dos grandes modelos até então identificados, que não privilegiam a tutela do interesse dos credores nem dos devedores, mas baseava-se na divisão de ônus entre credores e devedor como fator preponderante para que se pudesse atingir a recuperação da empresa em função dos benefícios sociais e econômicos relevantes que daí advêm, inclusive, com a possibilidade de benefícios para credores e devedor no médio ou longo prazo".

Esse modelo irradiou sua influência para o Brasil, que ditou a Lei n. 11.101/2005, sob a luz das mesmas premissas e dos mesmos objetivos. Para viabilizar a eficácia desse novo vetor – o interesse na preservação da atividade econômica, calibrado pelos dos credores na maximização dos ativos e do devedor no célere deslinde da falência –, a legislação falimentar deveria, ao mesmo tempo, criar as oportunidades de alienação maximizada do ativo que combinassem a necessária segurança ao investidor, seja ele um credor enredado no processo falimentar ou um novo ator externo às relações falimentares. Era preciso, portanto, superar o paradigma falimentar exageradamente estanque cristalizado no Decreto-Lei n. 7.661/1945, que, a pretexto de garantir a segurança jurídica a credores e devedores – por meio, por exemplo, da fixação de procedimentos incontornáveis, como a necessária consolidação do quadro geral de credores antes da realização do ativo[43] –, transformou o procedimento falimentar num longo processo de putrefação de créditos e de perpetuação do estado de quebra. A percepção geral, que culminou na reforma da legislação falimentar, era a de que "a legislação falimentar [do Decreto-Lei] não mais atende [atendia] aos reclamos da sociedade, sendo necessária a edição de nova lei, mais ágil e moderna"[44].

Assim, a fim de levar a cabo essa necessária transformação, a Lei n. 11.101/2005 buscou compatibilizar *a par conditio creditorum* e a segurança jurídica dos credores e devedores com seus reais interesses – recuperação dos créditos, no caso dos primeiros, e superação do estado falimentar, no caso dos últimos – e com os anseios da sociedade na retomada da atividade econômica, ainda que o empresário falido tivesse de ser afastado da empresa. Era necessário, acima de tudo, fazer com que o processo falimentar, conquanto fosse o capítulo final da sociedade empresária ineficiente, não representasse o fim da atividade econômica em si. Em outras palavras, a falência deveria abrir uma nova oportunidade de investimentos e de giro econômico: antes de um processo em constante busca de finais, a falência deveria se converter em uma jornada por recomeços.

Como dito, se há interesses de toda ordem na continuidade da atividade empresária, para viabilizá-la é necessário distribuir ônus. A realização do ativo não poderia mais aguardar a conclusão do inquérito judicial, com a apuração de prática de possíveis atos qualificados como crimes falimentares. Era também preciso fazer o investimento em ativos de sociedades falidas atraente o suficiente para investidores normalmente focados em empresas saudáveis. Essa atração deveria decorrer, como exposto, a partir de uma ponderação equilibrada

43 Art. 114, *caput*, c.c. art. 63, XIX.

44 Exposição de motivos do ministro da Justiça Maurício Correa ao presidente da República por ocasião do encaminhamento da Lei n. 11.101/2005 para sanção.

entre os riscos e a segurança do investidor, aliada a procedimentos céleres que pudessem evitar a deterioração dos ativos, que não interessaria aos adquirentes e tanto menos ao devedor falido e seus credores.

Foram esses parâmetros que nortearam as principais inovações da Lei n. 11.101/2005, no que toca à realização de ativos em falência.

O presente artigo busca analisar o conteúdo dessas inovações legais, trazendo ainda as possibilidades e limitações que se abrem às partes, inclusive por meio da análise de alguns casos paradigmáticos. Por fim, serão abordados os avanços obtidos na prática e os desafios que ainda observamos pela frente.

8.2. A falência na Lei n. 11.101/05 – principais inovações

8.2.1. A falência enquanto medida eficiente para preservação e otimização de ativos produtivos da empresa

A Lei n. 11.101/05 trouxe uma grande mudança de paradigma no que tange à falência. Se o decreto anterior que a regulava apenas cuidava da eliminação da empresa falida do mercado, num processo custoso, lento e ineficiente para todas as partes envolvidas, hoje a lei traz logo no primeiro dispositivo dedicado à falência o princípio maior que a rege: a busca pela preservação e otimização da utilização produtiva dos bens, ativos e recursos da empresa[45]. Trata-se de extrair o maior valor do ativo produtivo, não apenas enquanto bem isolado, mas considerando toda a cadeia de valores que gira em torno da atividade empresarial, o que os norte-americanos chamam de *going concern.*

É um claro reconhecimento de que a empresa, ainda que falida, possui uma função social a ser preservada, com a possível manutenção de empregos e do estímulo à atividade econômica.

Nos dizeres de Approbato Machado, "[a lei] se volta a preservar a atividade empresarial, como fonte produtora de empregos (empregos, política econômica, geração de bens, produtos, serviços, tributos), 'contribuindo para o crescimento e desenvolvimento do País' (do Relatório do Senador Rames Tebet, na Comissão de Assuntos Econômicos do Senado Federal)"[46]. Nesse sentido, a Lei n. 11.101/2005

> não pode ser apequenada com o pensamento de ter sido criada para ser uma solução pontual

45 Artigo 75, *caput.*

46 MACHADO, Rubens Approbato. Alterações na nova Lei de Falência e de Recuperação das Empresas. *Revista do Advogado*, ano XXV, n. 83, p. 121-129, set. 2005.

> de uma empresa ou de um determinado setor e, menos ainda, de ter sido elaborada para satisfazer o interesse pantagruélico do Fisco. A Lei não tem caráter e nem objetivo arrecadatório e nem deve ser tida como um simples instrumento de concessão de benefício aos credores. A Lei tem por objetivo a recuperação de empresas recuperáveis e a eliminação das irrecuperáveis do mercado, sem subterfúgios jurídicos ou de mera legalidade formal, para "permitir a manutenção da fonte produtora, do emprego dos trabalhadores e dos interesses dos credores" (cf. art. 47 da Lei)[47].

Essa mudança de paradigma, como é intuitivo, somente teria êxito se sólidos incentivos fossem criados para estimular o interesse de investidores nesses ativos inseridos num cenário de crise.

Nessa toada, em linhas gerais o legislador tratou de otimizar o procedimento falimentar, criando as bases para isolar e eliminar do mercado a parte ineficiente que causou a falência da empresa, mas ao mesmo tempo manter o ativo o mais intacto possível, pronto para passá-lo a novas mãos aptas a geri-lo de forma eficiente. Ou seja, buscou medidas que estimulassem a entrada de novos personagens para explorar as riquezas do ativo produtivo, inclusive intangível (art. 75 da Lei n. 11.101/05), em atual estado de crise. Esse processo, tal qual idealizado, deveria ainda atender aos princípios da celeridade e da economia processual[48].

Para a consecução desses objetivos, em termos específicos o legislador inovou ao prever a não sucessão do adquirente dos ativos do falido nas dívidas existentes sobre eles e ao flexibilizar a forma de alienação do ativo no ambiente falimentar, a ser aprovada pela maioria absoluta de credores presentes em assembleia geral de credores. Nesse ponto, a Lei n. 11.101/05 confirma outra grande alteração quanto ao papel dos credores, que deixam de ser meros espectadores e passam a assumir o papel de protagonistas, participando de decisões fundamentais norteadoras do processo. Esse reposicionamento da figura do credor culminou, inclusive, na possibilidade de criação de um *comitê de credores*, que torna "mais sofisticada e efetiva a administração da falência e da recuperação judicial, pois [...][esse] órgão administrativo colegiado [...] passa a competir com o juiz, na fiscalização das atividades do administrador

---

47 MACHADO, Rubens Approbato. Alterações na nova Lei de Falência e de Recuperação das Empresas. *Revista do Advogado*, ano XXV, n. 83, p. 121-129, set. 2005.

48 Parágrafo único do art. 75.

judicial, e no zelo pelo 'bom andamento do processo e pelo cumprimento da lei' (art. 27, inc. I, *a* e *b*)"[49].

Essa otimização do processo falimentar passou ainda, como não poderia deixar de ser, pela aceleração do processo de realização do ativo, que hoje[50] passa a acontecer logo após a arrecadação dos bens[51] e independentemente da consolidação do quadro geral de credores. Nesse ponto, como alerta Fábio Ulhoa Coelho, as alterações legislativas vieram a calhar, pois "[c]omo a primeira fase [de consolidação do quadro geral de credores] se alastrava por anos, no momento da realização do ativo, os bens, se acaso conservados (a custo que a massa muitas vezes não podia suportar), já não tinham mais valor. Raramente se levantavam recursos para a satisfação dos credores"[52].

As inovações atendem às recomendações do *World Bank Principles for Effective Creditor Rights and Insolvency Systems*, de dezembro de 2005, que "ao tratar dos princípios a serem observados pelos sistemas jurídicos em matéria de insolvência, anota que, não sendo viável a empresa, o objetivo deve ser o de propiciar a rápida e eficiente liquidação, para maximizar a recuperação dos créditos"[53]. Ou seja, a Lei n. 11.101/05 "não apenas procura acelerar a venda dos bens da empresa falida, de modo que os credores possam ser melhor aquinhoados, mas também, como foi visto, inclui, no artigo 75, menção expressa à preservação de bens. Serão estes vendidos a terceiros, uma vez que o devedor foi afastado de suas atividades, conforme enuncia o dispositivo. A alienação, por referir-se preferencialmente ao conjunto de bens, equivalerá à transferência do próprio negócio, como algo distinto da sociedade empresária que o explorou"[54].

Ao mesmo tempo que otimizou o procedimento, o legislador garantiu a observância dos princípios fundamentais que regem a falência, enquanto processo de execução coletiva cujo objetivo maior é a satisfação ordenada dos interesses dos credores. São eles: a ordem de prioridade para pagamento dos credores[55] e o tratamento paritário entre credores, ou *par conditio creditorum*.

---

49 PENTEADO, Mauro Rodrigues. Disposições preliminares. In: SOUZA JUNIOR, Francisco Satiro de; PITOMBO, Antônio Sérgio A. de Moraes (coords.). *Comentários à lei de recuperação de empresas e falência.* Lei 11.101/2005 - artigo por artigo. 2. ed. São Paulo: Revista dos Tribunais, 2007. p. 69.

50 Antes, como já consignado, o artigo 114 do Decreto-Lei determinava que se decidissem sobre todos os créditos existentes contra a empresa falida, e que fosse consolidado o quadro geral de credores a fim de que se iniciasse a fase de realização do ativo, o que evidentemente tornava os processos de falência intermináveis.

51 Artigo 139.

52 COELHO, Fábio Ulhoa. Falência: principais alterações. *Revista do Advogado*, São Paulo, ano XXV, n. 83, p. 51-55, set. 2005.

53 TOLEDO, Paulo F. Campos Salles de. A preservação da empresa, mesmo na falência. In: DE LUCCA, Newton; DOMINGUES, Alessandra de Azevedo (coords.). *Direito recuperacional*: aspectos teóricos e práticos. São Paulo: Quartier Latin, 2009, p. 519.

54 TOLEDO, Paulo F. Campos Salles de. A preservação da empresa, mesmo na falência. In: DE LUCCA, Newton; DOMINGUES, Alessandra de Azevedo (coords.). *Direito recuperacional*: aspectos teóricos e práticos. São Paulo: Quartier Latin, 2009, p. 520.

55 Artigo 83 da Lei nº 11.101/05.

8.3. Não sucessão do arrematante

A não sucessão do adquirente da empresa ou dos ativos do falido nas suas dívidas foi um marco legislativo no país. A lei hoje determina que a alienação dos ativos do falido acarreta duas consequências: a sub-rogação de todos os credores no produto da venda, observada a ordem de preferência descrita no artigo 83 da lei; e a não sucessão do arrematante nas obrigações do devedor, estando ele livre de quaisquer ônus, inclusive os de natureza tributária e trabalhista. Ambas as regras - sub-rogação dos credores no produto da venda e não sucessão do investidor adquirente - estão umbilicalmente conectadas[56], já que permitem a consecução simultânea dos dois princípios maiores da falência: o atendimento à função social da empresa e a maximização do valor recuperado pelos credores. Nesse sentido, o artigo 141 assim dispõe:

> "Art. 141. Na alienação conjunta ou separada de ativos, inclusive da empresa ou de suas filiais, promovida sob qualquer das modalidades de que trata este artigo:
>
>> I - todos os credores, observada a ordem de preferência definida no art. 83 desta Lei, sub-rogam-se no produto da realização do ativo;
>> II - o objeto da alienação estará livre de qualquer ônus e não haverá sucessão do arrematante nas obrigações do devedor, inclusive as de natureza tributária, as derivadas da legislação do trabalho e as decorrentes de acidentes de trabalho.
>> § 1º O disposto no inciso II do *caput* deste artigo não se aplica quando o arrematante for:
>> I - sócio da sociedade falida, ou sociedade controlada pelo falido;
>> II - parente, em linha reta ou colateral até o 4º (quarto) grau, consanguíneo ou afim, do falido ou de sócio da sociedade falida; ou
>> III - identificado como agente do falido com o objetivo de fraudar a sucessão.
>> § 2º Empregados do devedor contratados pelo arrematante serão admitidos mediante novos contratos de trabalho e o arrematante não responde por obrigações decorrentes do contrato anterior".

56 *Recuperação de Empresas e Falência, Teoria e prática na Lei 11.101/2005,* João Pedro Scalzilli, Luis Felipe Spinelli, Rodrigo Tellechea. Ed. Almedina, 2016, p. 766.

Segundo Fábio Ulhoa Coelho, "uma das questões mais instigantes do direito falimentar diz respeito à sucessão do falido pelo adquirente da empresa. De um lado, quando a lei expressamente nega a sucessão, amplia as chances de interessados adquirirem o negócio da sociedade falida e, consequentemente, de os demais credores virem a ter seus créditos satisfeitos com os recursos advindos da aquisição. Se o adquirente da empresa anteriormente explorada pela falida tiver de honrar todas as dívidas desta, é evidente que menos empresários terão interesse no negócio. Aliás, é provável que a própria alienação da empresa se inviabilize"[57].

A verdade é que a não sucessão importou em verdadeira exceção à regra geral do Direito brasileiro que implica a sucessão do adquirente de empresa, enquanto estabelecimento ou conjunto de ativos que desenvolvem uma atividade econômica organizada, vigente em diversas leis esparsas no país.

O artigo 1.146 do Código Civil, por exemplo, dispõe que o adquirente de estabelecimento responde pelo pagamento dos débitos anteriores à transferência, desde que regularmente contabilizados, continuando o devedor primitivo solidariamente obrigado pelo prazo de um ano.

Já a Consolidação das Leis do Trabalho prevê, em seus artigos 10 e 448, a sucessão do empregador diante da alteração na estrutura jurídica da empresa. Ou seja, o princípio vigente sempre foi o da continuidade do contrato de trabalho em proteção ao trabalhador, transferindo o risco da atividade ao empregador.

Na esfera tributária, o Código Tributário Nacional também previa, em seu artigo 133, a sucessão do adquirente da empresa nas dívidas tributárias do alienante.

Com o nascimento da regra da não sucessão em alienações ocorridas no âmbito da lei falimentar, as leis esparsas ou foram excepcionadas, como no caso do Código Civil, ou foram posteriormente alteradas para se adequarem à nova intenção do legislador. Nesse sentido, o Código Tributário Nacional, alterado pela Lei Complementar n. 118/05, assim dispõe a respeito da não sucessão:

> "Art. 133. A pessoa natural ou jurídica de direito privado que adquirir de outra, por qualquer título, fundo de comércio ou estabelecimento comercial, industrial ou profissional, e continuar a respectiva exploração, sob a mesma ou outra razão social ou sob firma ou nome individual, responde pelos tributos, relativos ao fundo ou estabelecimento adquirido, devidos até a data do ato:

57 COELHO, Fábio Ulhoa. *Curso de Direito Comercial* - volume 3: direito de empresa. 13. ed. São Paulo: Saraiva, 2012. p. 373.

> I - integralmente, se o alienante cessar a exploração do comércio, indústria ou atividade;
> II - subsidiariamente com o alienante, se este prosseguir na exploração ou iniciar dentro de seis meses a contar da data da alienação, nova atividade no mesmo ou em outro ramo de comércio, indústria ou profissão.
> § 1º O disposto no *caput* deste artigo não se aplica na hipótese de alienação judicial:
> I – em processo de falência;
> II – de filial ou unidade produtiva isolada, em processo de recuperação judicial.
> § 2º Não se aplica o disposto no § 1º deste artigo quando o adquirente for:
> I – sócio da sociedade falida ou em recuperação judicial, ou sociedade controlada pelo devedor falido ou em recuperação judicial;
> II – parente, em linha reta ou colateral até o 4º (quarto) grau, consanguíneo ou afim, do devedor falido ou em recuperação judicial ou de qualquer de seus sócios; ou
> III – identificado como agente do falido ou do devedor em recuperação judicial com o objetivo de fraudar a sucessão tributária.
> § 3º Em processo da falência, o produto da alienação judicial de empresa, filial ou unidade produtiva isolada permanecerá em conta de depósito à disposição do juízo de falência pelo prazo de 1 (um) ano, contado da data de alienação, somente podendo ser utilizado para o pagamento de créditos extraconcursais ou de créditos que preferem ao tributário".

Quanto à legislação trabalhista, embora a Consolidação das Leis do Trabalho ainda preveja a regra da sucessão do adquirente de estabelecimento no passivo trabalhista, o Supremo Tribunal Federal, ao julgar a Ação Direta de Inconstitucionalidade 3.934-2-DF (Plenário, 27/5/2009, DJE nº 208, divulgado em 5/11/2009), de relatoria do ministro Ricardo Lewandowski, concluiu pela constitucionalidade dos dispositivos da Lei n. 11.101/05 que dispõem sobre a não sucessão do adquirente nos créditos trabalhistas do falido. Tal Ação Direta de Inconstitucionalidade possui efeito *erga omnes*, portanto, é vinculativa ao poder Judiciário.

De qualquer forma, o sentido da norma contida na Lei n. 11.101/05 é claro ao prever a ampla blindagem patrimonial do adquirente dos ativos do falido.

Não se pode deixar de constar, nesse aspecto, zona nebulosa que ainda paira sobre o tema na esfera ambiental. O Superior Tribunal de Justiça[58], em

58 REsp 1.339.046-SC, 2ª Turma, publicado no DJe em 7/11/2016.

2012, tangenciou a matéria em julgamento de recurso especial no qual o relator, ministro Herman Benjamin, asseverou que a

> "instituição do juízo universal não se caracteriza como elemento sumário de desaparecimento de obrigações preexistentes debatidas em demandas judiciais; sua principal consequência, para o que se mostra relevante nesses autos, é a organização do ativo empresarial e do passivo judicial (artigo 76, Lei 1101/05) e a estruturação do pagamento. Logo, a falência (e também a recuperação judicial) não leva à extinção automática da Ação Civil Pública, muito menos à de índole ambiental, na qual estão em jogo interesses e direitos intergeracionais. [...] Havendo mais de um causador do mesmo dano ambiental, todos respondem solidariamente pela reparação [...]".

Embora o referido acórdão não trate especificamente da não sucessão para o adquirente de ativos do falido, discorre sobre o "princípio da reparação integral do dano ambiental, do qual é corolário o princípio do poluidor-pagador, que impõe a responsabilização por todos os efeitos decorrentes da conduta lesiva, incluindo o prejuízo suportado pela sociedade, até que haja a fundamental e absoluta reparação, *in natura* inclusive, do bem lesado". Como decorrência lógica desse princípio, quer nos parecer que uma interpretação integrativa das normas ambientais e de insolvência leve à conclusão de que seria possível, no âmbito da falência, traçar uma régua no dever indenizatório ou na sanção pecuniária que recai sobre a empresa falida, isolando-os sobre o passivo materializado até a efetiva aquisição do ativo ao falido. No entanto, considerando a natureza intergeracional do dano ambiental, que pode persistir após a aquisição do bem, a conclusão lógica poderia ser a de que o adquirente do ativo permanece responsável pela reparação *in natura* do dano, se ainda existente. Isso porque, na dicção do mesmo acórdão, "não [se] exime o adquirente do imóvel e das instalações de cumprir a legislação ambiental, resultado da natureza *propter rem* de obrigação dessa natureza".

Apesar dessa particularidade, fato é que a não sucessão do adquirente de bens da empresa falida abriu uma avenida de oportunidades a investidores em ativos de empresas em crise, o que consequentemente maximizou o valor desses bens e direitos.

Vale ainda notar que a não sucessão apenas não será observada quando a arrematação tiver a conotação de fraudar a execução coletiva ou a ordem de prioridades de pagamento prevista no artigo 83 da Lei n. 11.101/2005[59]. Ou seja, quando o arrematante for sócio da sociedade falida, ou sociedade controlada pelo falido; ou parente, em linha reta ou colateral até o quarto grau, consanguíneo ou afim, do falido ou de sócio da sociedade falida; ou identificado como agente do falido com o objetivo de fraudar a sucessão. O intuito da lei é claro: a blindagem do ativo alienado no curso do procedimento falimentar não pode ser utilizada para o fim transverso de fraudar a execução coletiva. Nesse ponto, as hipóteses acima arroladas na lei, que excepcionam a nova regra da não sucessão do arrematante, devem coibir qualquer operação com fins fraudulentos, o que aliás é regra geral de direito civil aplicável a todos os negócios jurídicos.

8.4. Formas e modalidades de realização do ativo

A Lei n. 11.101/05 prevê quatro formas distintas de alienação dos ativos do falido, seguindo uma ordem de preferência: (1ª) alienação da empresa com a venda dos seus estabelecimentos em bloco; (2ª) alienação da empresa, com a venda de suas filiais ou unidades produtivas isoladas; (3ª) alienação em

59 "Art. 83. A classificação dos créditos na falência obedece à seguinte ordem:
I – os créditos derivados da legislação do trabalho, limitados a 150 (cento e cinquenta) salários-mínimos por credor, e os decorrentes de acidentes de trabalho;
II - créditos com garantia real até o limite do valor do bem gravado;
III – créditos tributários, independentemente da sua natureza e tempo de constituição, excetuadas as multas tributárias;
IV – créditos com privilégio especial, a saber:
a) os previstos no art. 964 da Lei nº 10.406, de 10 de janeiro de 2002;
b) os assim definidos em outras leis civis e comerciais, salvo disposição contrária desta Lei;
c) aqueles a cujos titulares a lei confira o direito de retenção sobre a coisa dada em garantia;
d) aqueles em favor dos microempreendedores individuais e das microempresas e empresas de pequeno porte de que trata a Lei Complementar nº 123, de 14 de dezembro de 2006 (incluído pela Lei Complementar nº 147, de 2014);
V – créditos com privilégio geral, a saber:
a) os previstos no art. 965 da Lei nº 10.406, de 10 de janeiro de 2002;
b) os previstos no parágrafo único do art. 67 desta Lei;
c) os assim definidos em outras leis civis e comerciais, salvo disposição contrária desta Lei;
VI – créditos quirografários, a saber:
a) aqueles não previstos nos demais incisos deste artigo;
b) os saldos dos créditos não cobertos pelo produto da alienação dos bens vinculados ao seu pagamento;
c) os saldos dos créditos derivados da legislação do trabalho que excederem o limite estabelecido no inciso I do *caput* deste artigo;
VII – as multas contratuais e as penas pecuniárias por infração das leis penais ou administrativas, inclusive as multas tributárias;
VIII – créditos subordinados, a saber:
a) os assim previstos em lei ou em contrato;
b) os créditos dos sócios e dos administradores sem vínculo empregatício."

bloco dos bens que integram cada um dos estabelecimentos do devedor; e (4ª) alienação dos bens individualmente considerados[60].

A opção do legislador é lógica. Reconhecendo que idealmente a melhor forma de salvar a empresa, enquanto unidade produtiva geradora de riquezas e benefícios sociais, é isolá-la do empresário malsucedido, procurou incentivar a venda de toda a estrutura em bloco, inclusive por meio da transferência de contratos específicos e do intangível. Troca-se a empresa de mãos, mas mantêm-se os empregos e a atividade produtiva. Na impossibilidade de isso ocorrer, mas ainda buscando preservar o valor da empresa enquanto unidade produtiva, a lei falimentar incentivou subsidiariamente a venda de uma parte produtiva destacada, ou de filiais.

Permitiu-se com isso que investidores adquirissem os elementos ativos da empresa, ou seja, os bens. A aquisição é da empresa no sentido objetivo, ou melhor, do estabelecimento comercial. "Desse modo, o adquirente, com esses bens, dará sequência à atividade empresarial antes exercida pela falida. Com isso, será preservado o negócio, daí podendo afirmar-se que, num sentido amplo, será preservada a empresa", como esclarece Paulo F. Campos Salles de Toledo[61].

Como observa Alexandre Husni, "a lei está a tratar não da alienação da sociedade - pessoa jurídica autônoma e independente dos sócios, mas, sim, da alienação da empresa vista como o exercício da atividade econômica organizada para a produção e circulação de bens e serviços, e, na sua impossibilidade, da alienação dos bens que compõem o estabelecimento"[62].

Ainda em busca de economia, celeridade e maximização do produto do ativo, a lei arrolou como terceira opção a venda de bens em bloco e, por fim, a venda de bens isolados, deixada por último na lista de preferências por representar o verdadeiro desmanche da empresa.

Importante inovação, já mencionada aqui, é o reconhecimento de que a realização do ativo terá início independentemente da formação do quadro geral de credores. Ou seja, quanto mais célere a realização do ativo, mais eficiente será a correção da situação de insolvência que o contamina e menores os reflexos às diversas partes afetadas.

Quanto às modalidades clássicas de realização do ativo, a lei prevê (i) leilão, por lances orais; (ii) propostas fechadas; e (iii) pregão. A escolha cabe ao juiz,

60 Art. 140.

61 TOLEDO, Paulo F. Campos Salles de. A preservação da empresa, mesmo na falência. In: DE LUCCA, Newton; DOMINGUES, Alessandra de Azevedo (coords.). *Direito recuperacional*: aspectos teóricos e práticos. São Paulo: Quartier Latin, 2009. p. 529.

62 Comentários aos artigos 139 a 153. In: DE LUCCA, Newton; SIMÃO FILHO, Adalberto (coord.). *Comentários à Nova Lei de Recuperação de Empresas e de Falências*. São Paulo: Quartier Latin, 2005.

que poderá autorizar modalidades diversas, se houver motivos justificados por parte do administrador judicial ou comitê de credores (artigo 144).

Das três modalidades, a do pregão foi a única novidade da lei, e consiste em procedimento híbrido, por meio do qual os potenciais interessados apresentam propostas fechadas. Após abertas, aqueles que apresentaram lances de, no mínimo, 90% (noventa por cento) do valor da maior proposta poderão participar do leilão por lances orais em dia e hora determinados. O leilão será aberto pelo valor da maior proposta, considerando-se tal valor como lance inicial. Qualquer modalidade de realização do ativo será precedida da publicação de edital com 15 dias de antecedência, em se tratando de bens móveis, e 30 dias na alienação de bens imóveis ou da empresa.

Além das modalidades enumeradas anteriormente, o legislador previu a possibilidade de o juiz homologar qualquer outra modalidade de realização do ativo, desde que justificada por requerimento do administrador judicial ou comitê de credores e aprovada pela maioria qualificada de dois terços dos credores presentes à assembleia de credores[63]. O voto dos credores será computado por créditos, e não por cabeça[64].

Trata-se da grande novidade implementada pelo legislador no quesito da realização do ativo, que deu margem a um maior leque de possibilidades aos investidores de ativos em crise. O antigo decreto-lei já previa a possibilidade de modalidade alternativa para a realização do ativo ser aprovada pelos credores[65]. No entanto, exigia-se a aprovação pela maioria qualificada de todos os créditos da massa, tarefa árdua de se alcançar na prática. Com a restrição da aprovação da alienação alternativa aos presentes na assembleia geral de credores, e desde que garantida a ampla publicidade do feito, deu-se real efetividade à medida e ainda se preservou o princípio da observância da vontade da maioria dos credores interessados no – ou afetados pelo – deslinde da falência.

Nesse sentido, como já dito, o legislador mais uma vez adotou uma sistemática que transfere aos credores a responsabilidade maior pela decisão a respeito da maximização da realização do ativo, reconhecendo serem eles os maiores interessados na solução da questão[66].

8.5. Formas alternativas de liquidação do ativo

Entre as modalidades alternativas de realização do ativo a serem aprovadas pelos credores, o artigo 145 sugere exemplificativamente a possibilidade de

63 Artigo 145.

64 Artigo 46.

65 Artigos 111, 113, 122 e 123 do Decreto-Lei n. 7.661/1945.

66 Artigo 35. O artigo 35 da lei determinou que credores reunidos em assembleia geral poderão deliberar sobre a adoção de outras modalidades de realização do ativo, na forma do art. 154 da lei.

constituição de sociedade de credores ou de empregados do próprio devedor, com a participação dos atuais sócios da falida ou de terceiros, caso necessário:

> "Art. 145. O juiz homologará qualquer outra modalidade de realização do ativo, desde que aprovada pela assembleia-geral de credores, inclusive com a constituição de sociedade de credores ou dos empregados do próprio devedor, com a participação, se necessária, dos atuais sócios ou de terceiros.
> § 1º Aplica-se à sociedade mencionada neste artigo o disposto no art. 141 desta Lei.
> § 2º No caso de constituição de sociedade formada por empregados do próprio devedor, estes poderão utilizar créditos derivados da legislação do trabalho para a aquisição ou arrendamento da empresa.
> § 3º Não sendo aprovada pela assembleia-geral a proposta alternativa para a realização do ativo, caberá ao juiz decidir a forma que será adotada, levando em conta a manifestação do administrador judicial e do Comitê".

Ou seja, abriu-se a possibilidade de credores ofertarem lances para aquisição da empresa ou de seus ativos, inclusive com seus créditos, por meio da constituição de uma sociedade entre eles. Claro está que para a consecução desse objetivo deverão ser respeitados os princípios máximos da obediência à ordem de prioridades de pagamento prevista na lei e da *pars conditio creditorum*, ou impossibilidade de pagamentos e tratamentos distintos de credores da mesma classe no procedimento falimentar.

Como bem nota Marcelo Barbosa Sacramone[67], o parágrafo 2º do artigo 145 estabelece uma diferenciação entre sociedade de credores e sociedade formada por empregados do próprio devedor, ao prever que estes últimos poderão utilizar seus créditos para aquisição ou arrendamento da empresa. Segundo o autor,

> "a explicação para que apenas os credores trabalhistas possam adquirir ou arrendar a empresa mediante a utilização de seus créditos ocorre em virtude do pagamento dos credores dissidentes. Isso porque, como os credores dissidentes deverão receber o mesmo valor que receberiam caso ocorresse a liquidação ordinária dos ativos, com uma sociedade

67SACRAMONE, Marcelo Barbosa. *Comentários à Lei de Recuperação de Empresas e Falência*. São Paulo: Saraiva Educação. p. 478.

> constituída por todos os credores trabalhistas, como classe preferencial entre credores concursais, não haveria a necessidade de pagamento dos demais credores, desde que o valor dos ativos não supere o valor de seus créditos e desde que todos os credores trabalhistas tenham se tornado sócios."

De fato, a hipótese acima parece ser a idealizada pelo legislador, com base no § 2º do artigo 145. Entretanto, deve-se ter cuidado com a leitura restritiva dessa norma, que daria margem à interpretação de que a opção de fazer lances com créditos concursais estaria restrita (i) aos credores trabalhistas e (ii) apenas para aquisição ou arrendamento da empresa, sem a possibilidade de estender tal opção à aquisição de bens em bloco ou mesmo individualmente. A interpretação sistemática da lei e de seus princípios nos leva à conclusão de que a norma deve ser compreendida de forma mais ampla. Credores de outras classes ou mesmo parte dos credores trabalhistas podem adotar soluções híbridas, desde que respeitadas a ordem legal de prioridades de pagamento e a *pars conditio creditorum*. A lei não veda expressamente que credores em geral formem uma sociedade e façam propostas para aquisição da empresa com seus créditos, desde que ofereçam como parte do lance valores suficientes para quitar os créditos daqueles que os precedam na ordem de prioridades.

Assim, por exemplo, credores quirografários podem se organizar de forma a constituir uma sociedade (termo que aliás deve ser entendido de forma extensiva a qualquer modalidade de associação, tais como condomínios, fundos de mercado e afins) e oferecer seus respectivos créditos como parte do lance, desde que também ofereçam valores ou participações suficientes para arcar com o pagamento integral dos créditos extraconcursais, trabalhistas, com garantia real até o limite do bem gravado, tributários e com privilégios como parte do preço. Não havendo proposta de maior valor equivalente, e seguindo a regra do jogo falimentar, credores abaixo da prioridade quirografária prevista no artigo 83 (multas contratuais e penas pecuniárias e créditos subordinados) não terão direito ao pagamento, ainda que parcial, do seu crédito.

Seguindo a mesma lógica, e como dito anteriormente, além da interpretação extensiva ao parágrafo 2º do artigo 145, o próprio conceito de estruturação da operação sob a forma de uma sociedade deve ser compreendido por uma ótica mais elástica, de modo que se transfira à iniciativa dos potenciais credores-investidores a definição de qual será a melhor forma ou veículo apto à consecução do objetivo comum.

Em iniciativas observadas em casos passados, algumas das quais serão objeto de análise mais adiante, credores apresentaram propostas sugerindo a constituição de condomínios, Fundos de Investimento em Direitos Creditórios (FIDCs) e estruturas afins de modo a propiciar o oferecimento de lances pelos ativos do falido e a administração desses bens de forma transparente, garantindo níveis de governança adequados tanto aos participantes da modalidade associativa quanto ao Judiciário, administrador judicial, Ministério Público, credores dissidentes e credores das demais classes. O intuito, novamente, é propiciar a transparência necessária a todas as partes envolvidas ou afetadas de alguma forma pela proposta aquisitiva.

Por fim, da mesma forma, não nos parece que o intuito do parágrafo 2º do artigo 145 tenha sido restringir a possibilidade de constituição de sociedade pelos empregados apenas para a aquisição da empresa. À vista dos princípios e objetivos visados pela lei, nada obsta a que haja a aquisição de filiais, bens em bloco ou bens individualmente considerados sob a mesma forma.

Questão interessante que passaremos a analisar adiante versa sobre o tratamento a ser dado aos credores dissidentes da mesma classe ou retardatários, quando não concordarem com a constituição da sociedade entre eles para aquisição dos ativos, à vista da *pars conditio creditorum,* que exige a adoção de tratamento paritário e isonômico entre eles.

8.6. O mercado de falência e alguns casos paradigmáticos

Boa parte das questões até então colocadas pôde ser observada em diversos casos práticos, alguns de sucesso, outros nem tanto, em razão de uma série de peculiaridades em cada um deles. Sem pretender adentrar as particularidades relacionadas ao sucesso ou insucesso dos casos selecionados, a seguir abordaremos as principais discussões jurídicas e modelos de realização do ativo que, além de atraentes aos investidores e credores, foram idealizados para permitir o encerramento da falência de forma mais célere.

8.7. Banco BVA S.A.[68]

A falência do Banco BVA S.A. foi decretada em setembro de 2014 e desde então já foram realizados os procedimentos competitivos para a venda de parte

68 A falência do Banco BVA está autuada sob o nº 1087670-65.2014.8.26.0100 e tramita perante a 1ª Vara de Falências e Recuperações Judiciais da Comarca de São Paulo – SP.

substancial dos seus ativos. Ainda está em curso o processo de alienação de bens, mas analisaremos brevemente o processo de venda de duas carteiras de crédito relevantes concretizado até o momento.

Numa iniciativa bem-sucedida e inovadora de fazer valer os princípios erigidos pela lei falimentar, o administrador judicial nomeado para o caso apresentou, em dezembro de 2015, proposta para a alienação ordinária de certos ativos da massa falida[69] que deveria ser objeto de deliberação e votação pelos credores em assembleia geral. A proposta tinha três premissas básicas: (i) maximização dos recursos auferidos na venda dos ativos da massa falida para pagamento aos credores; (ii) promoção de uma gestão eficiente e econômica dos grupos de ativos do banco falido, consistentes em móveis, imóveis e carteiras de créditos; e (iii) busca de uma alienação segregada, diante da falta de sinergia entre os diferentes ativos da massa falida. Aliás, precisamente em razão dessa ausência de sinergia, o administrador judicial propôs a realização de três processos de alienação paralelos: um para os imóveis, um para os móveis e outro para a carteira de créditos, cada qual seguindo passos distintos, mas todos com o único propósito de concluir a venda integral dos ativos da massa. No tocante à carteira de crédito, o administrador judicial propôs sua venda em bloco, visando a maximização de seu valor.

O procedimento alternativo para alienação das carteiras de crédito, que foi aprovado por mais de 90% dos credores presentes em assembleia e homologado pelo juiz, foi o seguinte: a massa falida sofreu, inicialmente, uma cisão parcial do seu patrimônio, de tal forma a segregar na parcela cindida a carteira de créditos a ser alienada. A parcela cindida foi, na sequência, vertida para uma nova sociedade, denominada Novaportfolio, cujo quadro societário era composto pelos mesmos acionistas do Banco BVA. Ato subsequente, as ações da Novaportfolio foram cedidas pelos acionistas do Banco BVA à massa falida, de forma que, ao final, o capital social da Novaportfolio passou a ser detido integralmente pela massa falida. Então, a totalidade das ações da Novaportfolio detidas pela massa falida foi objeto de leilão, nos termos do artigo 142, inciso I, da Lei n. 11.101/05.

69 Notadamente carteira de créditos de titularidade da massa falida, englobando (i) Cédulas de Crédito Bancário, nas suas modalidades de (a) Conta Garantida, (b) Cheque Empresa, (c) Cheque Especial, (d) Cédulas de Crédito Bancário Mútuo e (e) Cédulas de Crédito Bancário Consignado; (ii) Confissões de Dívida decorrentes de Cédulas de Crédito Bancário; (iii) Cédulas de Crédito Imobiliário; (iv) Operações de Desconto de Duplicatas; (iv) Operações de Câmbio (ACC); (v) Certificados de Depósito Bancário (CDB), nos quais a massa falida é credora; e (vi) recebíveis em aberto provenientes de operações realizadas no giro normal das atividades do Banco BVA antes da instauração dos regimes especiais, tais como venda de ações, financiamento imobiliário e venda de imóveis.

No primeiro leilão, o lance mínimo deveria ser equivalente ao valor da avaliação da carteira de créditos. No segundo leilão, a alienação dar-se-ia pelo maior valor oferecido, desde que maior que o piso de R$ 200 milhões, na forma do artigo 142, § 2º da Lei n. 11.101/05. Apenas depois da efetiva alienação da carteira de crédito, com o subsequente rateio do produto da alienação entre os credores, estes outorgariam quitação quanto ao pagamento de seu crédito[70].

Esse processo todo foi idealizado com vistas a conferir maior segurança jurídica aos investidores, reforçando as salvaguardas quanto à não sucessão do adquirente no produto da alienação da carteira de crédito, e evitando assim a possibilidade de contaminação do passivo do banco falido aos investidores.

Após transcorridos quase dois anos da realização dos atos preparatórios para alienação, entre os quais foi levada a cabo a avaliação da carteira de crédito composta por 480 Cédulas de Crédito Bancários (CCBs) por empresa de auditoria independente - que atribuiu ao ativo o valor de cerca de R$ 2,6 bilhões –, o juiz do feito, dr. Daniel Cárnio Costa, autorizou a venda imediata da carteira de crédito do BVA (englobando tanto as ações da sociedade Novaportfolio, que concentrou CCBs do BVA aptas à alienação e créditos que não integram o ativo dessa sociedade), bem como a reserva de 33,15% dos recursos da alienação da carteira, que foram objeto de pedido de restituição formulado por credores, ainda pendentes de julgamento. O leilão ocorreu cerca de três meses depois, e os ativos foram arrematados por R$ 211 milhões, equivalentes a 114,32% do valor de avaliação. Estiveram presentes e participaram do leilão dois investidores interessados, devidamente habilitados, que ofertaram 82 lances e elevaram o valor do ativo até a efetiva arrematação.

---

70 É interessante ainda mencionar que o administrador judicial, já na sua proposta inicial de realização do ativo, procurou também conciliar os interesses do Fundo Garantidor de Crédito (FGC). Nesse sentido, propôs com a concordância do referido fundo garantidor que, após o recebimento do montante do rateio a que fizesse jus na qualidade de credor quirografário da massa, o FGC revertesse aos credores do Banco BVA (depositantes e investidores) que tivessem créditos contra o Banco BVA garantidos pelo FGC o menor valor entre (i) o saldo da conta do depositante ou investidor apurado na data da intervenção, deduzido dos valores já recebidos do FGC e de eventuais valores recebidos por estes credores pelo rateio a ser efetivado após a realização dos ativos da massa falida nesse processo e (ii) R$ 200 mil, deduzidos os valores já pagos pelo FGC para o credor. Após o recebimento do montante do rateio, caso o valor do rateio atribuído ao FGC não seja suficiente para o pagamento integral do crédito do depositante ou investidor, o valor que for atribuído ao FGC no rateio a ser realizado será destinado, proporcionalmente, a esses credores, até o limite de R$ 200 mil. Os valores que o FGC revertesse aos depositantes e aos investidores (credores) do BVA seriam objeto de sub-rogação pelo FGC na mesma classe dos credores que receberiam tais recursos (credores quirografários). O FGC apenas receberia o rateio desses créditos após o pagamento de toda a classe.

Após referida alienação, promoveu-se um novo leilão de carteira de créditos do BVA, seguindo exatamente o mesmo procedimento preparatório anteriormente descrito. Mais uma vez, o leilão foi positivo, e os ativos foram arrematados pelo mesmo investidor que havia adquirido a carteira de créditos, desta vez pelo valor de avaliação do ativo – R$ 70.732.557,00. Não houve outro licitante. Nesta segunda leva, um credor relevante se opôs à venda da carteira de crédito, por pender sobre ela pedido de restituição em curso, mas a alienação foi concluída e permanece judicialmente hígida até o momento. O caso do Banco BVA representou uma evolução no processo de realização dos ativos dentro da falência, visto que as partes envolvidas convergiram para uma solução pragmática voltada a encerrar o procedimento de maneira eficiente e célere. A apresentação de um *roadmap* pelo administrador judicial pouco mais de um ano após a decretação da quebra, que trouxe a descrição do passo a passo a ser seguido para a venda dos bens e pagamento dos credores, facilitou a participação de todas as partes envolvidas: credores, Ministério Público, Judiciário e investidores convergiram seus esforços de modo a viabilizar a otimização do procedimento e a maximização do valor dos ativos. Minimizou-se também a litigiosidade, visto que boa parte das medidas já foram aprovadas pelos credores *a priori*. Conferiu-se, enfim, maior transparência ao processo de vendas em benefício de eventuais interessados, incentivando maior competitividade entre os licitantes.

8.8. Leite Nilza[71]

A dívida da Leite Nilza, falida em 2012, estava inicialmente estimada em cerca de R$ 500 milhões. Em termos de realização de ativo, seguiu-se a sistemática legal ordinária, com a opção pela realização do ativo por propostas fechadas, nos termos do artigo 142, II, da Lei n. 11.101/05, combinada com uma fase de lances orais dos licitantes, por ocasião da abertura das propostas[72].

Também se observou a preferência à alienação da empresa, com a venda de seus estabelecimentos em bloco, incluindo a matriz e suas filiais em lote único, nos termos do artigo 140, I, da Lei n. 11.101/05, para preservação das unidades de produção. Na ausência de proposta para aquisição de lote único, o juiz ordenou a realização do leilão para as unidades industriais separadamente,

71 A falência da Leite Nilza tramita perante a 4ª Vara Cível da Comarca de Ribeirão Preto – SP e está autuada sob o nº 0015025-78.2009.8.26.0506.

72 Tal opção, criada pelo juiz, não se identifica com a modalidade do pregão, que excluiria a participação dos proponentes que oferecessem menos que 90% do valor da proposta mais ofertada.

e ainda esclareceu que a marca Nilza poderia ser objeto de lance em lote único, em conjunto com as três unidades industriais ou de forma individual. A proposta vencedora seria a que "melhor remunera[sse] e/ou desonera[sse] a massa falida e consequentemente seus credores"[73].

Embora não tenha arrematado todas as plantas industriais da Leite Nilza em bloco, a vencedora do leilão, que já era arrendatária de um dos parques fabris, deu o maior lance por esse ativo, correspondente a cerca de 75% do valor da avaliação do conjunto de bens, e no início de 2015 o adquiriu em sua integralidade, mantendo-o empregado na produção de laticínios. A decisão que homologou a proposta assevera que a alienação em bloco da planta industrial implicaria "que a unidade produtiva será preservada, com geração de empregos e manutenção da atividade econômica". O produto da alienação foi vendido livre de qualquer sucessão, de modo que as hipotecas e demais gravames sobre a unidade foram baixados por ordem do juiz no auto de arrematação.

Já a marca Nilza, líder no mercado, e suas embalagens, haviam sido arrematadas no final de 2014 por empresa atuante no mesmo ramo de atividade pelo valor de R$ 7 milhões, correspondente a 134,6% do valor de avaliação, que correspondia a R$ 5,2 milhões. A produção de alimentos com a marca Nilza foi retomada, ou seja, evitou-se a perda socioeconômica desse importante ativo, que não poderia ser reproduzido por outros agentes do mercado.

Em síntese, fazendo uso das modalidades ordinárias de realização do ativo, logrou-se dar continuidade às atividades empresariais com a venda da marca e de unidade produtiva isolada. Segundo expectativa do administrador judicial daquela falência, outra planta fabril deverá ser arrematada em leilão próximo, com reativação das atividades.

A forma de realização do ativo efetivamente maximizou os valores dos ativos e permitiu o pagamento de boa parte dos credores extraconcursais e trabalhistas, que hoje ainda não receberam a totalidade de seus créditos. Vale notar que a regra da não sucessão do adquirente foi aplicada em sua integralidade. O tempo transcorrido até a venda dos ativos, que embora ainda tivesse sido lenta, também foi essencial para permitir a maximização do seu valor, inclusive da marca, que acabou se perpetuando no mercado. Esse cenário não seria realista durante a vigência do antigo decreto-lei, visto que nem sequer havia sido consolidado o quadro geral de credores quando da realização dos leilões.

---

73 Conforme constou de edital publicado no DJe em 24/9/2014.

8.9. Banco Santos[74]

Interessante alternativa para realização do ativo foi proposta no caso do Banco Santos, sem que ainda houvesse conclusão do tema.

O banco foi alvo de intervenção em novembro de 2004 e acabou por ter sua autofalência decretada em setembro de 2005[75].

Passados cerca de dez anos da decretação da quebra, diferentes investidores optaram por formular propostas concorrentes para a realização alternativa de ativos do banco falido, com base no artigo 145 da Lei n. 11.101/05. Grande parte dos ativos do banco falido consiste em pretensões creditórias veiculadas em demandas judiciais tanto em fase cognitiva quanto executória, além de outros bens e direitos ainda objeto de litígios com o acionista controlador do falido.

8.9.1. Proposta vencedora[76]

Um dos investidores, uma instituição financeira cuja proposta chegou a ser aprovada pela maioria qualificada dos credores em assembleia geral, propôs a seguinte estrutura de realização alternativa dos ativos da massa: os credores e controladores da massa falida celebrariam acordo pelo qual o conjunto de ativos da massa seria cedido aos credores quirografários a título de pagamento, na proporção dos seus respectivos créditos, e contra a quitação total de tais créditos perante a falida. Como parte desse acordo, os credores e os sócios controladores do banco falido encerrariam todos os litígios envolvendo parte dos bens[77], que passariam a pertencer à massa falida. Após o pagamento das restituições em dinheiro (artigo 86), dos créditos extraconcursais (artigo 84) e dos créditos preferenciais (artigo 83), os ativos remanescentes seriam vertidos a uma sociedade constituída sob a forma de condomínio civil, nos termos do artigo 1.314 do Código Civil, cujas cotas seriam distribuídas proporcionalmente aos credores quirografários, conforme seus créditos, e organizado de forma que se garantisse determinada ordem de preferência de pagamento em consonância com as regras da Lei n. 11.101/05. Nesse sentido, o condomínio civil seria regido por regras específicas sobre preferências, subordinações, determinação dos quinhões e rateio de valores, sendo os credores quirografários distribuídos

74 A falência do Banco Santos tramita perante a 2ª Vara de Falências e Recuperações Judiciais da Comarca de São Paulo, estando autuada sob o nº 0065208-49.2005.8.26.0100.

75 Auto nº 583.00.2005.065208-7, em trâmite perante a 2ª Vara de Recuperações Judiciais e Falências do Estado de São Paulo.

76 Os investidores competidores, na ocasião, apresentaram propostas similares, com algumas variações.

77 Imóveis localizados na rua Hungria e arredores; imóvel residencial do sócio controlador do falido; e obras de arte.

entre seniores, mezanino e subordinados. Em contrapartida ao acordo, os sócios controladores teriam direito de participar do condomínio civil (artigo 145), fazendo jus a certo percentual sobre o produto realizado de certos ativos predeterminados. Já os credores dissidentes ou que não comparecessem à assembleia teriam o mesmo tratamento que os demais credores quirografários, sendo arrastados pela regra da maioria, caso a proposta fosse aceita por mais de dois terços dos credores presentes.

A instituição financeira investidora ficaria responsável pela administração e gestão do condomínio e pagamento proporcional dos credores, à medida que os ativos fossem se materializando em pecúnia, e perceberia uma remuneração própria para tal fim. Seu objetivo, com isso, seria aumentar a eficiência da recuperação dos ativos, garantindo aos credores um tratamento paritário. Seria estabelecida uma forma de governança rígida para o condomínio, resguardando aos credores seus direitos de voto de acordo com a ordem de prioridade legal.

Tal estrutura, ao mesmo tempo que permitiria o pronto encerramento da falência com a dação e quitação imediatas dos ativos da massa falida aos credores quirografários, após o pagamento das prioridades legais, também seria apta a permitir liquidez imediata aos credores-cotistas, que poderiam negociar suas cotas proporcionais no mercado, se assim desejassem.

Como dito, conceitualmente, os bens e direitos seriam dados em pagamento aos credores respeitando as prioridades dos pedidos de restituição, dos créditos extraconcursais, e a ordem de pagamento prevista no artigo 83 da Lei n. 11.101/05, tudo em igualdade de condições com os credores da mesma classe.

8.9.2. Segundo colocado na escolha dos credores

Um outro investidor propôs a constituição de um Fundo de Investimento em Direitos Creditórios Não Padronizados (FIDC-NP), sob a forma de um condomínio fechado, que teria as cotas integralizadas pela massa falida com direitos decorrentes do produto a ser obtido com as ações judiciais contra devedores da massa e demais ativos. A proposta apresentada sofreu alterações e, em sua versão final, previu que determinados ativos, aqueles oriundos das ações de cobrança e execuções de titularidade da massa, seriam cedidos ao FIDC-NP de forma incondicionada, sendo que outros ativos permaneceriam sob titularidade da massa, e somente seriam transferidos ao FIDC-NP após o pagamento dos credores extraconcursais e privilegiados (pedidos de restituição, créditos trabalhistas, créditos tributários e créditos com privilégio geral). Ou seja, além da própria massa falida, apenas os credores quirografários e subordinados seriam detentores de cotas do FIDC-NP. Como na proposta anteriormente citada, as cotas seriam distribuídas segundo a ordem de pagamento prevista na Lei n. 11.101/05, quais sejam: (i) Seniores A, destinada exclusivamente à massa falida para pagamento de créditos extraconcursais e privilegiados dentro da falência; (ii) Seniores B, para credores quirografários; (iii) Cotas Subordinadas Mezanino para credores quirografários do antigo acionista controlador do banco, também contaminado pela falência; e (iv) Subordinadas Juniores, destinadas exclusivamente à massa falida para permitir o encerramento da falência. Não ficou claro na proposta se tais valores seriam posteriormente vertidos ao falido, de forma subordinada. O sócio controlador do banco falido daria em garantia à operação os ativos objeto de litígio com a massa e concordaria em pôr fim aos litígios. Caso em cinco anos ao menos 20% das cotas seniores não fossem quitadas, tais bens dados em garantia poderiam ser vendidos. Vale notar que o produto da venda de tais bens permaneceria na massa, sendo destinado, juntamente com o caixa disponível na conta-corrente da massa falida, ao pagamento dos créditos extraconcursais e preferenciais e à constituição de reserva para manutenção de estrutura de cobrança dos ativos. Uma vez constituído o FIDC-NP, as cotas seriam devolvidas à massa e posteriormente cedidas aos credores, que dariam quitação de seus créditos. Pelas informações públicas, a proposta também incluiu o pagamento dos credores dissidentes, da mesma forma que seriam pagos os credores que aprovaram o plano.

8.9.3. Terceiro investidor competidor

Um terceiro competidor também propôs a constituição de um condomínio civil ou FIDC-NP. Embora similar às demais propostas, tal investidor propôs o pagamento preferencial, com certos ativos, dos credores dissidentes do conclave, a ser realizado pela própria massa falida. Tais credores seriam pagos em pecúnia com deságio predeterminado sobre a venda de certos bens que permaneceriam na massa ou sobre a dação em pagamento de direitos sobre certas ações judiciais.

Quanto aos créditos tributários federais, tal proposta também contemplou a possibilidade de compensação entre débitos e créditos fiscais da massa, com base no artigo 156 do CTN e no artigo 122 da Lei n. 11.101/05.

8.9.4. Questões jurídicas debatidas

Algumas questões de Direito foram suscitadas ao longo do processo falimentar no tocante às propostas de realização alternativa do ativo. Embora algumas delas tenham sido superadas, e outras nem sequer tenham sido apreciadas pelo poder Judiciário, trata-se de discussões relevantes que demonstram os contornos que gera a flexibilidade adotada pelo legislador, na realização alternativa dos ativos, assim como os eventuais impasses que podem surgir com a adoção de soluções mais criativas por parte dos investidores em um ambiente falimentar controlado por regras, algumas das quais são consideradas inderrogáveis pela vontade das partes.

a. Inversão da ordem de preferências prevista no artigo 83 da Lei n. 11.101/05: fundamento de anulação da decisão assemblear

Após a apresentação das propostas e da realização da assembleia geral de credores que acabou por aprovar uma das alternativas de realização dos ativos do banco falido, o Ministério Público promoveu alerta aos credores, no que chamou de inversão da ordem de pagamento prevista no artigo 83 da Lei n. 11.101/05. Isso porque nas propostas concorrentes apresentadas por dois bancos investidores, quando da constituição do condomínio ou fundo específico para permitir a associação dos credores, foi previsto que os acionistas controladores do banco falido teriam direito a determinado percentual sobre o produto da venda dos bens, o que aparentemente feriria a ordem legal de prioridades. O Ministério Público ainda alertou que a participação dos acionistas majoritários no rateio posterior da venda dos bens poderia acarretar a sucessão dos credores no passivo do falido.

O fato é que, muito embora uma das propostas tivesse sido aprovada em assembleia geral por mais de dois terços dos credores presentes ao conclave, a deliberação soberana da assembleia não sobreviveu ao controle de legalidade efetuado pelo juiz da causa, em decisão que foi posteriormente ratificada pelo Tribunal de Justiça do Estado de São Paulo[78], com o indeferimento de pedido liminar formulado pelas partes interessadas em sede de recurso.

O juiz, dr. Paulo Furtado de Oliveira Filho, acolheu o argumento do Ministério Público relacionado à suposta inversão da ordem de prioridades de pagamento prevista no artigo 83 da Lei n. 11.101/05, visto que o sócio controlador do banco falido de fato participaria do condomínio civil e receberia percentual da realização dos ativos, além de ter o direito de voltar a usufruir

78 Agravo de Instrumento nº 2174423-46.2016.8.26.0000, rel. des. Carlos Alberto Garbi, 2ª Câmara Reservada de Direito Empresarial do Tribunal de Justiça do Estado de São Paulo, DJe de 14/9/2016.

de parte de seus bens. Vale recordar que parte desse acerto com os credores teve como contrapartida a concordância do acionista do falido em encerrar os litígios envolvendo alguns dos bens arrecadados pela massa falida.

De qualquer modo, e mesmo com essa contrapartida, o juiz decidiu que a deliberação aprovada pelos credores não poderia prevalecer em razão dos objetivos maiores do processo falimentar, que descreveu como "o afastamento do devedor de suas atividades empresariais, a manutenção do uso produtivo de seus ativos e o tratamento paritário dos credores".

Segundo ele, a ordem de prioridades prevista na Lei n. 11.101/05 deveria ser obedecida à risca, sob pena de afronta à *par conditio creditorum*, princípio de ordem pública inderrogável pela vontade das partes. Nesse ponto, citando Piero Pajardi, assim consignou:

> "A propósito da *par conditio creditorum*, Piero Pajardi faz a ressalva de que não se deve crer que o rigor do sistema falimentar se exaure nas relações entre os credores (entre eles mesmos), eis que, de fato, a importância da *par conditio* reside na previsão de tipo de contrapartida, em favor dos credores e contra o devedor, qual seja, a indisponibilidade do inteiro patrimônio do devedor – a "sanzione civile più rigorosa che si conosca" (*apud* Ligia Paula Pires Pinto Sica, *Direito Empresarial Atual*, Elsevier, 2014, p. 87)".

E concluiu a reflexão com a observação de que

> "[...] na classificação dos credores, o devedor falido ou os sócios da sociedade devedora falida só devem receber qualquer produto de alienação dos ativos da massa falida após a satisfação integral de todos os credores trabalhistas, fiscais, com garantia real, quirografários e subordinados. Inverter esta justa distribuição dos ativos da massa falida, contemplando o falido antes da satisfação integral de todos os credores quirografários, é, muito mais que violar uma regra do direito falimentar, mas o princípio de que a falência serve para a proteção do crédito e não do devedor".

O Tribunal de Justiça de São Paulo não chegou a julgar o mérito do recurso interposto pelas partes interessadas, visto que o banco investidor acabou por retirar a proposta que havia formulado nos autos.

Alguns defensores da proposta anulada pelo poder Judiciário argumentaram que, com a dação em pagamento e a sub-rogação nos direitos debatidos nas ações judiciais, os credores já estariam pagos. Os créditos perante a massa estariam assim satisfeitos e, portanto, extintos. A fase seguinte, de constituição de condomínio, já seria feita fora do ambiente falimentar e das amarras do procedimento inerentes à execução coletiva.

Embora tecnicamente adequada tal interpretação, não se pode ignorar que a proposta dos investidores, de constituição do condomínio para organizar os credores e realizar paulatinamente os direitos creditórios, era complexa e não se exauria com a simples dação em pagamento. Deveria, portanto, necessariamente seguir a ordem de prioridades do artigo 83 da Lei 11.101/05. Tanto que houve esforço dos investidores para garantir a ordem de prioridades por regras de pagamento estabelecidas para o condomínio. Nesse ponto, a contrapartida oferecida pelo falido – encerramento dos litígios pendentes relacionados a parte dos bens – e aceita pela maioria absoluta dos credores em assembleia não foi suficiente, no entender do juiz, para superar o princípio maior da *pars conditio creditorum* e a ordem de prioridades de distribuição previstas na lei. Na visão do poder Judiciário, tais princípios são de ordem pública e inderrogáveis pela vontade das partes, ainda que a proposta contasse com o apoio da maioria absoluta dos credores.

b. Impossibilidade de vincular credores dissidentes em condomínio – direito constitucional à livre associação

Questão relevante não apreciada pelo poder Judiciário versou sobre a possibilidade de obrigar os credores dissidentes ou ausentes na assembleia a aderirem aos termos da decisão tomada pela maioria absoluta dos credores quanto à realização alternativa do ativo do falido por meio da constituição de condomínio civil fechado. Em outras palavras, como tratar as hipóteses (obviamente mais coadunadas com a realidade) em que há credores dissidentes de uma mesma classe interessada em formar uma sociedade para assumir os ativos produtivos?

Nosso ordenamento jurídico prevê o princípio máximo e constitucional da livre associação. Há forte corrente jurisprudencial e doutrinária que reputa inconstitucional obrigar pessoas a se associarem, por ser medida contrária ao artigo 5º, XX, da Constituição Federal. Portanto, por essa ótica, ainda que a maioria dos credores opte por assumir e adjudicar os bens do falido, dever-se-á proporcionar aos credores dissidentes a oportunidade de receber em valores ou participações o equivalente ao que perceberiam no cenário de venda regular dos bens e ativos a terceiras partes. Trata-se novamente de permitir a flexibilidade do procedimento, respeitadas a ordem de preferência e a *pars conditio creditorum*.

Marcelo Barbosa Sacramone assim discorre sobre o tema:

> "No caso de sociedade de credores, sua constituição extrapola a mera modalidade extraordinária de realização do ativo. A aquisição de ativos da Massa Falida pela sociedade dos credores, em contrapartida aos créditos detidos pelos sócios em face da Massa Falida, ainda que possa ser estruturada para respeitar a *pars conditio creditorum* e preferência legal entre classes, não poderá exigir que os credores, contra sua vontade, sejam obrigados a se associarem. O contrato de sociedade exige, como condição de sua existência, como qualquer negócio jurídico, a declaração de vontade do futuro sócio. Somente por meio desta é que as obrigações decorrentes do contrato de sociedade poderão ser impostas ao sócio; obrigações que não se restringem à constituição da sociedade, mas que também são impostas em razão do dever colaborativo do sócio durante todo o desenvolvimento da atividade social[79].

Interessante é que o antigo decreto-lei era expresso em prever a constituição de sociedade entre os credores para assumir os bens da massa, mas assegurando o ressarcimento dos dissidentes. Mesmo não tendo a lei atual essa previsão, trata-se de possível decorrência lógica dos princípios norteadores do ordenamento jurídico, em geral, e do procedimento falimentar, em específico.

c. Impossibilidade de créditos tributários e fundos de pensão serem pagos por meio de dação em pagamento de direitos creditórios

Ainda no que tange à constituição de sociedade entre credores, para recebimento de ativos em dação em pagamento, no caso do Banco Santos outras limitações para tal realização alternativa do ativo decorreram de normas específicas do Código Tributário Nacional e de regulações emanadas da Comissão de Valores Mobiliários.

79 Comentários à Lei de Recuperação de Empresas e Falência. São Paulo: Saraiva Educação, 2018, p. 477.

Nesse sentido, o artigo 156 do CTN prevê de forma taxativa as formas de extinção do crédito tributário[80], dentre as quais não se inclui a dação em pagamento. Por essa razão, os créditos tributários contra a massa falida não foram, em nenhuma das propostas apresentadas, contemplados pela dação em pagamento e posterior constituição do FIDC-NP. Tais créditos seriam eventualmente pagos dentro da própria falência.

Já com relação aos fundos de pensão, o Conselho Monetário Nacional veda expressamente que detenham em suas carteiras cotas condominiais[81].

Por tal razão, os investidores tiveram que adequar suas propostas, de modo a optar por soluções híbridas que contemplassem formas de pagamento que assegurassem as distribuições entre credores seguindo a ordem legal de prioridades e o tratamento isonômico. Dessa forma, ainda que os fundos de pensão fossem quirografários, e portanto devessem receber tratamento isonômico perante os demais credores-cotistas do condomínio, foi necessário estabelecer um modo equivalente de pagamento que lhes assegurasse a justa compensação, em solução similar à que teria que ser dada aos credores dissidentes, segundo parte da doutrina e jurisprudência.

d. Inocorrência de sucessão dos credores organizados em condomínio nos passivos do falido

A preocupação fundamental dos credores, com relação à proposta de dação em pagamento dos ativos e constituição de condomínio entre eles, estava relacionada à segurança jurídica de tal modalidade de realização de ativos, que

---

80 Art. 156. Extinguem o crédito tributário:
I - o pagamento;
II - a compensação;
III - a transação;
IV - remissão;
V - a prescrição e a decadência;
VI - a conversão de depósito em renda;
VII - o pagamento antecipado e a homologação do lançamento nos termos do disposto no artigo 150 e seus §§ 1º e 4º;
VIII - a consignação em pagamento, nos termos do disposto no § 2º do artigo 164;
IX - a decisão administrativa irreformável, assim entendida a definitiva na órbita administrativa, que não mais possa ser objeto de ação anulatória;
X - a decisão judicial passada em julgado;
XI - a dação em pagamento em bens imóveis, na forma e condições estabelecidas em lei. (Incluído pela LCP nº 104, de 10.1.2001) (Vide Lei nº 13.259, de 2016).
Parágrafo único. A lei disporá quanto aos efeitos da extinção total ou parcial do crédito sobre a ulterior verificação da irregularidade da sua constituição, observado o disposto nos artigos 144 e 149.

81 Artigo 8º da Resolução CMN nº 3.922/10, a qual determina que fundos de pensão somente podem ter em seu patrimônio cotas de fundos de investimento em índices referenciados em ações, multimercados, participações ou imobiliários.

deveria ser apta a lhes garantir uma blindagem patrimonial quanto ao passivo do falido. A respeito do tema, os professores Erasmo Valladão Azevedo e Novaes França e Marcelo Vieira von Adamek, em parecer oferecido naqueles autos a pedido da instituição financeira investidora, assim concluíram:

> "Os credores assim aquinhoados com bens da massa falida em dação em pagamento [...] não são e jamais poderiam ser reputados também sucessores em dívidas, e isso por três boas e distintas razões: em primeiro lugar, porque parcela considerável da doutrina pátria, atenta à necessidade de proceder à interpretação sistemática e teleológica da lei, sustenta que a regra de afastamento da sucessão (LRF, art. 141, II) aplicar-se-ia igualmente às modalidades alternativas de realização do ativo (LRF, art. 145); em segundo lugar, porque no caso concreto, além da forma de realização extraordinária do ativo (LFR, art. 145), a dação é concomitantemente forma de pagamento dos credores (LRF, art. 149), os quais assim não podem ser considerados sucessores em dívidas apenas por terem tido os seus créditos satisfeitos (do contrário ter-se-ia que admitir, de forma harmonicamente absurda, que todo aquele que recebe rateio em dinheiro na falência também se torna sucessor em dívidas, por ter recebido em bem pecuniário da massa, o que, desnecessário dizer, seria um franco despautério); por fim, em terceiro lugar, e aqui reside a nosso ver o real fundamento jurídico, não há que se falar em sucessão em dívidas porque, em todo caso, da pura e simples aquisição de ativos (= hipótese de sucessão a título singular), como regra, não resulta o fenômeno da sucessão em dívidas, o que apenas pode se fazer presente (i) nos casos de sucessão universal, isto é, sucessão em patrimônios (= conjunto de relações jurídicas ativas e passivas dotadas de conteúdo econômico e imputadas a uma pessoa), admissível apenas nas hipóteses taxativamente previstas em lei (e que, para as pessoas jurídicas, só se dá

> em casos de fusão, incorporação e cisão e, para as pessoas naturais, em caso de morte ou ausência declarada judicialmente), ou (ii) quando a lei assim expressamente a preveja e, ainda assim, sempre para certos e determinados passivos abrangidos pela regra de imputação de responsabilidade por sucessão; fora daí, não há hipótese em que da aquisição de certos e determinados bens possam os sucessores tornarem-se responsáveis também por dívidas do sucedido – de modo que, diante de tudo isso, não temos dúvida em assentar que, no caso versado na consulta, é absolutamente descabido imaginar que os credores aquinhoados com bens em dação em pagamento para satisfação dos seus créditos possam ter qualquer tipo de responsabilidade por sucessão perante credores insatisfeitos.

De fato, como bem colocado pelos pareceristas, no caso específico da cessão de direitos creditórios pura e simplesmente, não parece ter guarida a alegação de que haveria risco relevante de sucessão. Como se viu, a sucessão do adquirente prevista em leis esparsas restringe-se à aquisição da empresa como um todo, ou por ocasião do trespasse. A alienação de direitos creditórios pura e simples de fato não parece ter o condão de gerar sucessão ao credor.

De mais a mais, ainda que assim não fosse, o artigo 141, § 1º, prevê que haverá sucessão no passivo do falido quando o arrematante do bem via processo competitivo for sócio da sociedade falida ou sociedade controlada pelo falido, ou parente, em linha reta ou colateral até o quarto grau, consanguíneo ou afim, do falido ou de sócio da sociedade falida. Chegou-se a questionar se o fato de o acionista controlador do banco falido participar do condomínio fechado, sendo detentor de quotas subordinadas, teria o condão de excepcionar a regra da não sucessão, por força da regra acima, o que contaminaria o ativo e os credores organizados em condomínio. Apesar de o tema não ter sido apreciado pelo Judiciário, não nos parece que essa hipótese estaria enquadrada na exceção legal do § 1º do artigo 141. Com efeito, o sentido da norma é evitar o conluio fraudulento entre o falido e terceiros com o intuito de burlar a ordem de pagamentos e a sucessão. Já a regra do artigo 145, que autoriza os credores a se organizarem em sociedade para aquisição dos ativos, prevê a possibilidade de participação do falido, se necessário, justamente para viabilizar a recuperação efetiva do ativo, utilizando-se da sua *expertise* no negócio. Assim, ainda que a lei vise a eliminação dos irrecuperáveis do mercado, reconheceu a possibilidade de ainda ser necessária a expertise da antiga gestão para a transferência de mãos do ativo. Ora, nesse cenário, em que a participação do falido na sociedade de credores é expressamente autorizada por lei e tem o intuito de viabilizar o efetivo aproveitamento do ativo em benefício dos credores, não teria sentido penalizar os próprios credores com a sucessão na dívida do falido. Novamente, a hipótese aqui tratada não é de fraude aos credores, mas justamente o contrário: permitir que o patrimônio do falido seja vertido a eles em condições mais favoráveis, que, se necessário, ainda terão que contar com a ajuda da antiga gestão para estruturar e tocar o negócio.

e. Par conditio creditorum: credores retardatários

No que tange ao princípio da *par conditio creditorum*, outro ponto discutido naqueles autos versou sobre a vinculação dos credores retardatários com e sem reserva de crédito à decisão da maioria dos credores de aceitarem a dação em pagamento dos ativos e posterior constituição do condomínio fechado entre eles. Isso porque tais credores, no momento da dação em pagamento dos direitos creditórios, não necessariamente estariam todos habilitados nos autos e constando do quadro geral de credores. A solução para tal controvérsia, no entanto, parece estar contida nos preceitos da própria Lei n. 11.101/05, a qual determina que os credores retardatários na falência perderão seu direito de rateio, a menos que requeiram a reserva de seu crédito[82], hipótese na qual será reservado a eles o crédito correspondente aos pedidos das respectivas reservas até o julgamento das impugnações. Nessa última hipótese, parece claro que os credores com reserva de crédito teriam direito à sua respectiva cota condominial, ao menos até a decisão final relativa ao seu direito de crédito. O mesmo direito não caberia aos credores retardatários sem reserva de crédito, que passariam a ter direito a qualquer distribuição somente a partir do momento em que seu crédito fosse reconhecido.

f. Extinção da falência e das obrigações do falido

Por fim, discutiu-se a possibilidade de extinção da falência e das obrigações do falido em razão da realização dos ativos por meio do pagamento dos credores preferenciais e dação em pagamento dos direitos creditórios aos credores quirografários. Ora, pela sistemática adotada na proposta do banco investidor, parece-nos que, uma vez operada a dação em pagamento dos

82 Artigo 10, §§ 3º e 4º.

direitos creditórios e demais bens e ativos aos credores, poder-se-ia extinguir a falência, nos termos dos artigos 154, 155 e 156 da Lei n. 11.101/05. Por tais regras, uma vez concluída a realização do ativo e a distribuição do produto entre os credores, o juiz terá que julgar as contas finais e o relatório final da falência apresentados pelo administrador judicial. Depois disso, o juiz estaria apto a encerrar a falência por sentença. Mais uma vez, seguindo a sistemática legal, o encerramento da falência seria até mesmo recomendável, por se tratar de medida em benefício de todas as partes interessadas no processo.

Quanto ao encerramento das obrigações do falido, ele pode ser viabilizado, entre outras formas, com o pagamento de mais de 50% dos créditos quirografários, pelo artigo 158, II, da Lei n. 11.101/05. No caso do Banco Santos, se a dação em pagamento confirmasse tal hipótese, nada obstaria ao encerramento das obrigações do falido de plano, o que inclusive permitiria a realização de outro objetivo da lei, que é conceder ao falido a possibilidade de um novo começo, ou *fresh start,* como proclamam os falencistas norte-americanos.

8.10. Conclusão

Como bem se viu, a Lei n. 11.101/05 trouxe uma série de inovações visando corrigir as ineficiências da falência no regime legal anterior. Antes o processo falimentar se alongava por vários anos, não raro por gerações, e implicava uma perda sistemática de valores e ativos, frustrando todas as partes envolvidas. Credores tinham seus recebimentos reduzidos a pó. O falido estava condenado sumariamente a arcar com o peso da falência por toda uma vida, sem ter chances reais de recomeçar uma atividade econômica. O Judiciário arcava com o custo e o ônus de carregar um processo extenso e complexo, que se arrastava por anos a fio. Os investidores interessados nos potenciais ativos em crise raramente conseguiam precificar o investimento, diante da insegurança quanto à possibilidade de serem atingidos pelo passivo do falido.

A Lei n. 11.101/05 procurou corrigir essas distorções. As normas atuais em geral cumpriram o seu papel. De fato, novas alternativas visando a preservação da empresa e otimização da utilização produtiva dos bens do falido foram criadas. O *going concern* da empresa tornou-se o bem maior a ser preservado, num reconhecimento de que a ele necessariamente estão associadas a maior recuperação de valores aos credores e a manutenção da atividade produtora, com a geração de empregos e o estímulo à atividade econômica, em cuidado à função social da empresa.

A prática demonstrou que já houve grande avanço nessa mudança de paradigmas, com a efetiva geração de riquezas às partes envolvidas.

No entanto, ainda há desafios pela frente. As inovações trazidas pela lei ainda precisam ser assimiladas pelas partes envolvidas no processo, muitas delas ainda impregnadas pelas vicissitudes do antigo sistema. Sem que haja essa mudança de atitudes e expectativas por parte dos personagens afetados pelo processo de falência, a norma não cumprirá sua função em toda a sua potencialidade. Faz-se necessária uma "mudança cultural e de postura dos atores envolvidos nos processos de falência, com vistas a adotar iniciativas que permitam justamente conferir a eficácia concreta ao espírito positivado na Lei 11.101/05"[83].

A expectativa de que isso ocorra num curto período, no entanto, é alta. O caminho bem-sucedido já trilhado por investidores, credores, administradores judiciais e juízes, nesse sentido, serve de exemplo e demonstra que soluções criativas e eficientes efetivamente podem reverter em um cenário em que todos ganham, ou perdem bem menos.

Há iniciativas em curso para treinamento das partes envolvidas no processo, inclusive de agentes da justiça, com vistas a conduzirem o processo em respeito e atenção aos princípios norteadores da falência.

Nos projetos de alteração da Lei n. 11.101/05, ainda, tem-se como ponto de consenso absoluto entre os propositores a necessidade de incluir um prazo determinado para realização dos ativos na falência, que grande parte concorda em limitar a 180 dias, contados da decretação da falência.

Nesse contexto, a busca por um alinhamento maior entre todos esses personagens é essencial.

83 Como asseverou o relatório do administrador judicial na falência do Banco BVA.

Capítulo 9

Paradigmas de gestão de crises e recuperação de empresas e casos de sucesso em *turnaround* no Brasil: Eluma e Iochpe-Maxion

Jorge W. Queiroz

Presidente do Conselho do Instituto Brasileiro de Gestão e Turnaround e Managing Partner da Alliance Partners. Reconhecido expert em Inteligência e Estratégia, Execução e Governança, possui anos de experiência em Gestão/ Liderança, Finanças/Jurídica, Reestruturação, M&A, Mercado de Capitais, Gestão de Risco. É um dos pioneiros no segmento de *turnaround* e *workout* no Brasil. Formado em Engenharia pela Marquette University com mestrado em Dinâmica de Sistemas pela Universidade de Bergen, Noruega. Fez cursos de pós-graduação em Economia na Fundação Getúlio Vargas (FGV), em Finanças no Massachusetts Institute of Technology e em Direito na Universidade de Bergen, onde participou também de cursos de doutorado em Economia, Ciências Políticas e Filosofia.

9.1. Introdução

A história do desenvolvimento econômico, social e político brasileiro é repleta de ricas experiências e percalços que seguramente poderiam ser mais bem utilizados na melhoria do bem-estar do povo, com redução das dramáticas desigualdades e da exclusão social. Temos ainda a tragédia dos totalmente excluídos, aqueles que não são vítimas do desemprego transitório, mas permanente, expulsos do mercado, e ainda de outros tantos jovens que nem sequer entrarão no mercado. O resultado de todas essas agruras é o caos social em que vivemos e que muitos fingem não reconhecer.

O que fazer todos parecem saber, mas não querem ou não têm compromisso ou competência para tal. Basta analisarmos as décadas de 1980 em diante. Na década de 1970 a carga tributária correspondia a 20% do PIB; hoje, mais de 40% de toda a riqueza produzida pelo país é transferida para o governo e não é convertida em investimentos produtivos com retorno social ou em melhoria e ampliação dos serviços públicos de qualidade.

Em estudo do Serviço Brasileiro de Apoio às Micro e Pequenas Empresas (Sebrae) foi constatado que o estado de São Paulo perde R$ 16 bilhões por ano com a morte de empresas; 60% fecham as portas até o quinto ano de sua criação – tudo isso agravado pelo fato de 70% das empresas brasileiras viverem na informalidade e 80% estarem inscritas na dívida ativa da União.

Urge que façamos uma correção de rumo, sob pena de nos colocarmos entre os primeiros integrantes da sociedade denominada 20:80 por Hans-Peter Martin em seu livro *A armadilha da globalização*, reféns do exponencial aumento da criminalidade e da exclusão social, sinais fortemente demonstrados no Brasil. O referido autor apresenta sólidos fundamentos de pesquisa ao afirmar que, neste século, serão necessários apenas 20% da força de trabalho para fazer girar a economia, colocando a alarmante interrogação quanto ao que farão os demais 80%.

É importante entendermos que só as empresas, e unicamente elas, aquelas que lograrem permanecer "vivas", geram riquezas e bem-estar social. Essas constatações, somadas a toda uma vida profissional dedicada à preservação de valor nas empresas no Brasil e no exterior, evitando o fechamento de umas, observando a ação tardia – ou falta de ação – de *stakeholders* levar à liquidação de outras, além das intrincadas questões envolvidas em um processo de recuperação, bem como a falta de compromisso dos poderes públicos na implementação de políticas governamentais eficazes para combater esse mal, mostram que há muito por fazer.

9.2. Fundamentos da preservação de empresas

Vivenciamos uma crise de percepção, pois o modelo atual estimula a intervenção; assim, necessitamos estimular a prevenção de crises, entender que somos todos parte de uma cadeia de relações inseparáveis. Nenhum organismo consegue viver isolado dos demais. Algumas constatações nos permitem visualizar melhor essa "lei universal".

É imperioso entender que estamos em uma nova era, em um ambiente de alta competitividade e complexidade, em que reestruturação e crise se tornaram palavras comuns no dia a dia das organizações. Gestão na adversidade e na turbulência constitui um novo paradigma na gestão de negócios. Apesar de não ser uma exclusividade das empresas brasileiras, o pesado fardo chamado "custo Brasil" torna esse desafio ainda maior para elas.

O revigoramento, a recuperação e a preservação da empresa exercem uma função crucial no desenvolvimento econômico e no bem-estar social de um país. Os Estados Unidos possuem eficientes leis voltadas à recuperação de empresas. Necessitamos implantar essa mesma consciência no Brasil e, acima de tudo, agir, se quisermos realmente reverter o dramático caos social que tomou conta de nosso país.

Ninguém está livre de turbulências em seus negócios. Não podemos matar uma empresa por ela estar com "febre" ou "pneumonia", pois estaremos produzindo um efeito devastador em toda a cadeia produtiva e em suas respectivas células sociais, agravando ainda mais a situação dos trabalhadores e de suas famílias, com grande repercussão na atividade econômica e diminuição das ocorrências de fatos geradores, que aumentam a receita das finanças públicas e, consequentemente, das verbas destinadas às inúmeras políticas públicas necessárias ao desenvolvimento social do Brasil.

No moderno princípio de interdependência não há espaço para a dicotomia vencedores e vencidos. Ou são todos vencedores ou todos vencidos. Num país desigual como o Brasil, a necessidade de que todos vençam é ainda maior, além de urgente. Assim como na guerra, a maioria das batalhas do dia a dia não é definitiva. A famosa história de Pirro, rei de Épiro em 281 a.C., traz grandes ensinamentos para as organizações, dirigentes e líderes empresariais e membros do Executivo, do Legislativo e do Judiciário.

Sendo a empresa o único núcleo real de desenvolvimento, devemos ter como objetivo central a sua preservação. Necessitamos entender que a partir de sua concepção a empresa se torna um ente vivo, estando acima dos interesses individuais de seus *stakeholders*, não podendo seus desígnios ser decididos por um único *stakeholder*, que na grande maioria das vezes é seu próprio fundador ou controlador.

As principais manchetes de nossos meios de comunicação dão corretamente grande enfoque à necessidade de entrada de novas empresas e investimentos externos no Brasil. Sem embargo, é importante dar maior ênfase ao gigantesco e precioso estoque de empresas atualmente em operação em seus diferentes Estados-membros – ao somatório desses valiosos ativos e às riquezas por ele geradas; maior destaque à necessidade de manter vivas as empresas ou células integrantes desse fabuloso estoque e de preservar o trabalho gerado, a renda e o bem-estar propiciados.

Nossos modelos de valorização e precificação de empresas são extremamente cartesianos e ultrapassados; subavaliam o valor de nossos ativos. É fundamental que o Brasil desperte, não apenas filosoficamente, para o papel vital que as empresas exercem em seu desenvolvimento econômico e bem-estar social, e que efetivamente lute para assegurar a existência dos meios que possibilitam a manutenção das empresas viáveis e a recuperação daquelas em dificuldades. Além disso, existe uma série de armadilhas que se fazem muito presentes no panorama brasileiro, tais como:

- Desrespeito aos princípios gerais da interdependência.
- Inobservância do equilíbrio entre racionalidade econômica e responsabilidade social.
- Corrupção.
- Ganância sem limites.
- Crimes político-empresariais-financeiros.
- Impunidade.
- Lenta e antiquada legislação processual.
- Ditadura fiscal – irracionalidade e voracidade arrecadatória dos governantes de todas as esferas.
- Excesso de burocracia.
- Transferência nefasta de riquezas do setor produtivo para o improdutivo.
- Legislação por conveniência.
- Promoção de necessidades induzidas; do consumismo exacerbado de produtos supérfluos.
- Miopia e ineficácia gerenciais.
- Ambiente judicial ineficiente para atuar com empresas em crise – a "nova" lei de recuperação e falências completa 14 anos e se encontra ainda com sérios problemas de eficácia.

O Brasil tem muitas leis boas, todavia, entre a eficácia jurídica e a eficácia social (concretude da norma) há um abismo enorme.

Com efeito, existem três princípios fundamentais internacionalmente aceitos que merecem destaque e devem ser observados quando se trata de recuperação de empresas, quais sejam:

1. Possuir mecanismos de intervenção preventiva que possam ser acionados no momento da detecção do problema empresarial, que possibilitem a tomada de ações de correção de rumo nos primeiros sinais de alerta ou de ameaça de crise, de forma célere, eficiente e imparcial, e evitar a grande destruição de valor que ocorre quando se intervém tardiamente no processo. A diligência na identificação e implementação do processo é fator primordial.
2. Impedir o desmembramento prematuro de um ativo da empresa em razão de ação de um ou mais credores.
3. Priorizar a continuidade da empresa economicamente viável, maximizando o valor de seus ativos, permitindo a sua reorganização.

Chama a atenção a forma errática como o Brasil tem atuado. O país detém a segunda mais elevada carga tributária do mundo. Não menos importante, é assolado por proibitivas taxas de juros que sufocam e desestimulam investimentos no setor produtivo; uma parcela cada vez menor dos recursos do sistema financeiro é destinada a estimular o fomento da atividade produtiva nacional.

Estudos comparados evidenciam que é melhor possuir tribunais bons e leis ruins do que leis boas e tribunais ruins, sendo poucos os países em que ambos são de boa qualidade. No Brasil não estamos no melhor dos mundos, pois temos tribunais em sua maioria ineficientes e leis com eficácia aquém do necessário para criar um ambiente institucional que proporcione eficiência e segurança jurídica a todos os interessados na recuperação de empresas.

A cultura centralizadora de origem romano-germânica; a formação histórica patrimonialista do Estado brasileiro; o corporativismo dos operadores judiciais e executivos; a pouca difusão de métodos alternativos de resolução de disputas como mediação, arbitragem e negociação; o estágio embrionário e ineficaz em que se encontram as disciplinas Direito Concursal e Direito da Recuperação de Empresas no ensino e na cultura jurídica brasileira; o pouco uso da análise econômica do Direito (*Law and Economics*) e de estudos comparados pelos operadores do direito que atuam nesse importante segmento são algumas das causas dos problemas que afetam as empresas que atravessam situação econômica difícil no Brasil.

Não existem beneficiários em empresas viáveis que encerram suas atividades, somente perdedores. Nesse contexto, temos de seguir os bons exemplos praticados principalmente nos Estados Unidos e na Europa.

9.3. Os fundamentos de preservação para as micro e pequenas empresas

As micro e pequenas empresas devem estar atentas a alguns princípios fundamentais de forma a garantir sua sobrevivência, quais sejam:

1. Observar os sinais de alerta, que podem se manifestar por meio de:
    - Excesso de inventário – matéria-prima, insumos, produtos e mercadorias acumuladas.
    - Grau de inadimplência (clientes e fornecedores).
    - Fluxo de caixa – se o faturamento cair sucessivamente, não significa que a empresa está em crise, mas ela deve ser ágil para se ajustar ao período de depressão nas vendas.
    - É importante lembrar que a venda só se consuma quando o dinheiro entra no caixa.
    - Antes de decretar o estado de crise, é vital não misturar as contas da pessoa física e do negócio – fato comumente encontrado na micro e pequena empresa –, caso contrário, não haverá como saber quanto o negócio fatura e qual é o custo.
2. Em períodos de incerteza econômica, o primeiro passo é adequar o negócio ao mercado atual – adaptar o porte da empresa, os produtos e serviços, o número de funcionários, os custos fixos e os preços.
3. Observar, entender e atender às expectativas dos clientes e consumidores, que em períodos de incerteza priorizam o preço e as condições de pagamento, desde que atendam à sua necessidade básica. No entanto, a redução de preço e adequação do produto ou serviço não podem significar riscos para o cliente ou consumidor. Troque a matéria-prima ou o fornecedor, por exemplo, mas sem que isso implique riscos para o cliente, o que seguramente sairá muito mais caro.
4. Gerenciar e planejar são atividades vitais para o sucesso das micro e pequenas empresas – empreender, trabalhando por conta própria, é uma missão árdua e requer preparo, treinamento e aperfeiçoamento

constante, dedicação, elevado nível de empenho, sem limite de horas, e muita disciplina. Os empreendedores que observam essas premissas são aqueles bem-sucedidos.

5. Administrar o fluxo de caixa: é primordial dedicar grande atenção prioritariamente à administração do fluxo de caixa, projetando as entradas e saídas diárias para os próximos 30 dias e semanalmente para os dois meses seguintes, incluindo todas as obrigações tributárias, investimentos e compras, comparando, acompanhando e adequando essas projeções permanentemente ao fluxo de caixa realizado.
6. Priorizar a liquidez e a reserva: fique longe de dívidas – contrariando o senso comum, momentos de incerteza econômica não são os mais adequados para grandes investimentos. É importante reformular o produto e inovar, desde que não se gaste muito e não se façam dívidas.
7. Agir, pois a cultura da crise é de sobrevivência; portanto, não fique parado, aja. Não adianta ficar esperando a crise passar, as reformas serem aprovadas e o juro cair. Sua empresa vai falir antes disso.

9.4. Paradigmas de recuperação de empresas

Todo dirigente, executivo, investidor dos diferentes segmentos de produção, de serviços e financeiro, em qualquer tipo de organização, pública ou privada, deve obrigatoriamente ter uma visão do todo, holística, mais abrangente e de longo prazo, que transcenda sua área ou segmento de atuação, para que suas decisões sejam tomadas não apenas com conhecimento técnico e de forma cartesiana, mas com conhecimento, sabedoria e real dimensão dos ganhos que podem ser auferidos (ou perdas que podem ser evitadas) a curto, médio e longo prazos na reinvenção, renovação e *turnaround* das organizações, esteja ele na posição de devedor ou credor. Infelizmente, muitos executivos não entendem os geradores de valor (*value drivers*), ou entendem, mas perdem o foco ou a dimensão real das diferentes variáveis.

É fato bastante comum nas organizações, ainda nos tempos de hoje, altos executivos não defenderem suas convicções quando defrontados com situações de recuperação de créditos ou recebíveis, ou seja, em períodos de turbulência; preferem ficar na zona de neutralidade – simplesmente adotam a postura que seu superior ou acionista deseja observar. Tais profissionais, bem remunerados e inseguros, que por diferentes razões atuam dessa forma, preferem não colocar seu emprego em risco, em vez de conscientemente sustentar suas conclusões no sentido de preservar a continuidade de uma determinada empresa viável e otimizar os resultados de sua própria organização, e permitem que a empresa naufrague.

Esses profissionais inseguros não sobreviveriam muito tempo em companhias como a Schlumberger. O saudoso e visionário Jean Riboud, que esteve à frente da Schlumberger - uma das mais bem-sucedidas, valiosas, entusiasmantes e admiradas empresas do planeta - durante 20 anos, grupo no qual tive a satisfação de trabalhar, disse em seu breve pronunciamento na festa do quinquagésimo aniversário da empresa, em 30 de setembro de 1977: "Devo dizer que a coisa mais importante que aprendi de Marcel Schlumberger[84] foi ter uma mente independente - pensar por conta própria; analisar por conta própria; não seguir a moda; não pensar como todo mundo; não viver em função de prêmios e condecorações; não me tornar parte do *establishment*"[85]. É importante lembrar que esses ensinamentos se deram no início dos anos 1950, e são ainda bastante atuais.

Como bem disse o lendário Jack Welch: "Todas as empresas do mundo terão de se reestruturar". O Brasil ainda se encontra no anacrônico estágio em que as empresas em dificuldade são estigmatizadas, discriminadas, tratadas como portadoras de uma doença contagiosa. Necessita com urgência avançar para o estágio em que se encontram os países mais adiantados, entendendo que, no mundo atual, turbulência e adversidade fazem parte do dia a dia das empresas e que a reabilitação (ou *turnaround*) delas deve ser encarada com naturalidade.

9.5. Técnicas e ferramentas

O processo de reabilitação envolve uma multiplicidade de fatores, agentes e interlocutores, o que faz do *turnaround* uma verdadeira arte, amparada por diferentes conhecimentos técnicos. Não existem fórmulas mágicas ou verdades absolutas. Cada caso tem um DNA único.

---

84 Marcel foi presidente da Schlumberger até sua morte, em 1953, e Jean Riboud foi seu assistente a partir de 1950. Marcel, engenheiro, e seu irmão Conrad, seis anos mais velho, geofísico e cientista, foram persuadidos por seu pai, Paul Schlumberger, bem-sucedido e visionário empresário industrial, dono de uma verdadeira fé na ciência, a unir seus talentos e formar uma sociedade com ele para desenvolver a teoria de Conrad sobre a medição do subsolo da Terra, firmando entre si acordo de que os recursos colocados por ele seriam sua contribuição para o desenvolvimento de um trabalho primeiramente científico e secundariamente financeiro. Naquele 12 de novembro de 1919, começou a se formar o que mais tarde viria a ser a Schlumberger. São princípios que fazem parte do DNA da empresa até os dias de hoje, regras básicas que a transformaram em um sólido colosso empresarial.

85 AULETTA, Ken. *The art of corporate success* – the story of Schlumberger. Putnam, 1984. p. 68.

Aspectos gerenciais

Além das ferramentas e do know-how, existem alguns requisitos essenciais que devem ser atendidos:

- Reconhecer que existem problemas.
- Lembrar que tempo é um componente crucial.
- Deixar de lado o orgulho e saber quando pedir ajuda.
- Escolher a ajuda certa – não há espaço para erros.
- Lembrar que a transparência gera um clima de harmonia e de boa vontade, contribuindo no processo de formação de aliados e apoiadores.
- Estudar onde as partes se encaixam no todo.
- Saber que não existem fórmulas mágicas.
- Não deixar que o tempo resolva, ou esperar por medidas do governo, ajustes cambiais – não foram poucas as empresas que adotaram essa linha e naufragaram.
- Aceitar que não foi falta de sorte, nem culpa dos credores ou do governo ou quaisquer outros. Essa é a realidade e o ambiente em que nascemos e vivemos. Os motivos ou culpas não são os aspectos mais importantes – quatro coisas são importantes em momentos de dificuldade: saber o que fazer, ter um plano, determinação e, acima de tudo, agir.
- Aceitar que a empresa pode necessitar de um redirecionamento, condicionando-a e adequando-a ao mercado conforme suas possibilidades e limitações.
- Aceitar que é preciso ser flexível e estar preparado para ceder.
- O especialista deve atuar como um conciliador, como um árbitro.
- Cooperar com os credores, em uma relação aberta e honesta.
- Estabelecer canais diretos de comunicação.
- Adotar uma postura conciliadora, não de confronto.
- Elaborar um plano honesto de recuperação – em um horizonte de cinco anos, com apoio de especialistas respeitados pelo mercado.
- A firma especializada em gestão do *turnaround* que esteja apoiando a empresa em dificuldade não pode aceitar um plano inexequível.

- Elaborar uma proposta que reconheça a realidade econômica da empresa e que possa ser sustentada. Uma proposta irracional pode representar o fim da negociação e da boa vontade dos credores.
- Optar prioritariamente pela recuperação não judicial, o que só é possível quando se age mais cedo, em tempo hábil.
- Deixar o ego e o orgulho de lado quando os credores exigirem o ingresso de um especialista em *turnaround*. Resistência, conflitos ou boicote na tentativa de minar os trabalhos e a credibilidade do especialista podem selar o destino da empresa.
- A empresa sempre quer o melhor, mas, dependendo do estado de sua saúde econômico-financeira, não pode descartar o pior cenário.
- *Turnaround* e recuperação da empresa não dependem apenas do desejo e das boas intenções de seus administradores ou controladores. Dependem de inúmeros *stakeholders*. Não existem regras fixas. Tanto uma empresa viável pode fechar como uma empresa em extrema dificuldade pode se recuperar.
- Aceitar que, apesar das melhores intenções e esforços, pode ser melhor encerrar o negócio ou mesmo ter que enfrentar uma dissolução judicial.
- Aceitar que foram erros de gestão os causadores dos problemas e que os únicos responsáveis são seus dirigentes.

Aspectos financeiros

Via de regra, não há processo de *turnaround* em que as finanças não exerçam um papel central. A solução passa obrigatoriamente pela busca das ferramentas financeiras adequadas ou possíveis. Nos Estados Unidos há uma diversidade de ferramentas, instituições financeiras, empresas de Leveraged Buyout (LBO) e de Management Buyout (MBO), fundos de investimento, investidores e empresas de M&A especializadas em *turnaround* que reduzem sobremaneira as imperfeições do mercado, assegurando, na maioria das vezes, o sucesso da reabilitação da empresa.

No segmento financeiro, os bancos, em particular, em virtude da conjuntura atual, se acomodaram na confortável posição de doadores de recursos para o governo e têm sido altamente favorecidos, apresentando lucros fabulosos. As regras atuais e as elevadíssimas taxas de juros não têm gerado nenhum estímulo ao direcionamento de recursos para o fomento do desenvolvimento e investimento do setor produtivo. Os produtos oferecidos pelas instituições financeiras às empresas e consumidores, tais como capital de giro, cheque especial, cartão de crédito, financiamento e tarifas, nos colocam entre os países com a maior taxa de juros e tarifas bancárias do planeta.

O *spread* bancário não será reduzido sem mudanças profundas nos mecanismos existentes. A concentração bancária no Brasil aumentou ainda mais nos últimos anos – a maioria dos países desenvolvidos tem um elevado índice de concentração bancária, mas todos são mercados absolutamente competitivos. O mercado bancário dos Estados Unidos, por exemplo, apesar de ter mais de 14 mil instituições financeiras, é altamente concentrado (regionalmente) em pouquíssimos bancos. O consumidor pode escolher livremente entre as poucas instituições, e a luta pelo cliente é sangrenta.

Os ganhos do setor financeiro são tão significativos que grandes grupos nacionais, historicamente contumazes críticos do proibitivo custo do dinheiro no Brasil, acabaram constituindo seus próprios bancos. O paraíso em que vive o setor, com a facilidade de lucrar com o endividamento oficial, reduziu a capacidade de análise de risco (análise de crédito, estudo de viabilidade etc.) das instituições financeiras. É imprescindível corrigir essa crônica anomalia com mecanismos que levem o setor financeiro a exercer seu papel na economia, voltando a precisar saber analisar riscos e avaliar projetos para poder lucrar.

Sentido jurídico, econômico e social

O sentido desse novo paradigma é assegurar que o trabalho e o capital aplicados em empreendimentos economicamente viáveis continuem no mercado, estimulando o desenvolvimento econômico, a justiça, o bem-estar e a paz social. A renovação e a recuperação das empresas se traduzem em muitas vantagens e impõem igualmente desafios a serem vencidos. Evidências empíricas demonstram que, no médio e longo prazos, na grande maioria das vezes, a recuperação da empresa resulta na otimização dos benefícios ou em menores perdas econômico-sociais do que com sua dissolução.

As perdas com a redução do valor da dívida são geralmente inferiores aos ganhos de eficiência derivados da diminuição das falhas de mercado. Os maiores desafios da atual conjuntura de recuperação de empresas incluem a necessidade de superar os problemas de coordenação entre credores e entre credores e devedores; de restabelecer a confiabilidade dos parceiros da empresa e assegurar fontes de crédito para sua recuperação; de prover segurança e garantias para que os credores privilegiem a recuperação da empresa. Impõe-se, igualmente, que seja introduzido um amplo programa de reaparelhamento do poder Judiciário, de forma a permitir que esses objetivos sejam alcançados.

O ensinamento mais importante que podemos assimilar é o de que uma cultura centrada em um maior envolvimento, acompanhamento e comunicação preventiva permanente torna possível a identificação das prováveis ameaças antes que elas se materializem e a tomada das respectivas ações em tempo hábil. Permite que a eventual necessidade de recuperação da empresa seja feita na esfera não judicial, que é a mais eficaz, menos onerosa e mais rápida de todas as alternativas.

9.6. O atual estágio da atividade de recuperação de empresas no Brasil

Vivemos há 14 anos sob a égide da "nova" lei de recuperação judicial, extrajudicial e de falências, Lei n. 11.101/2005 (LREF). Apesar de haver sido inspirada no modelo norte-americano, ainda padece muito de falta de eficácia, conforme idealizada no espírito que alicerçou sua criação. Sua ineficácia se deve a pelo menos dois grandes problemas: a trava bancária e a trava fiscal, além de toda a procrastinação jurídica que atravanca o deslinde dos casos e dos elevados custos advocatícios e judiciais.

A insegurança que ainda persiste nos processos de recuperação judicial impede a utilização dos instrumentos financeiros amplamente utilizados nos Estados Unidos, que exercem papel vital no sucesso das operações de *turnaround*.

Por igual razão, a figura do comitê de credores ficou apenas no papel, e bastante distinta da forma disposta na legislação americana, em que o comitê de credores exerce papel crucial - fui o primeiro, único e último membro do comitê de credores criado pela LREF (caso da falência do Banco Santos); um desembargador da câmara especial de recuperação e falência do TJSP chegou a externar em uma das sessões que o comitê de credores não tinha utilidade.

Outro aspecto central que prejudica muito o processo de recuperação judicial diz respeito à disparidade entre o papel exercido pelo juiz do caso no Brasil e nos Estados Unidos: no Brasil o administrador judicial é nomeado pelo juiz, que na prática centraliza todo o poder sobre a recuperação, enquanto nos Estados Unidos é eleito pelos credores e lidera o processo de recuperação com a participação ativa dos credores, tendo o juiz um papel de supervisão e moderação do processo. Lamentavelmente, toda essa ineficácia gera uma destruição de valor astronômica para todas as partes envolvidas.

Na grande maioria dos casos, a identificação das dificuldades da empresa, o reconhecimento, a aceitação e ações a serem tomadas são decididos tardiamente, muitas vezes, tarde demais. Nas empresas de pequeno e médio portes, e até em grandes empresas, a administração, geralmente conduzida pelos fundadores, proprietários e sócios, só aciona o alarme quando a empresa já se encontra insolvente, momento em que saem em busca de ajuda. Geralmente cometem, em seguida, um segundo erro, que é o de contratar o serviço ou profissional inadequado, o que torna o quadro ainda mais crítico.

Os métodos de gestão de risco utilizados por credores e fornecedores são geralmente voltados para o passado, para o que já ocorreu. Por isso, com frequência são surpreendidos quando a má notícia chega. A história nos mostra que o fato de a empresa ter tido uma trajetória de sucesso não assegura que irá continuar gerando bons resultados, da mesma forma que uma empresa que atravessou períodos difíceis pode ter um desempenho futuro surpreendente. Um crescimento acelerado geralmente deixa os credores animados a ampliar suas linhas de crédito, fazendo fila na empresa, sem analisar se ela é sustentável, quando deveriam obrigatoriamente realizar uma análise mais criteriosa do risco.

Esses agentes não atuam de forma proativa e construtiva em tempo hábil. Diferentemente do que muitos pensam, situações críticas não ocorrem da noite para o dia. Apesar de aparecerem como uma surpresa, suas causas fundamentais se encontram presentes durante um longo período que antecedeu sua oficialização.

São marcantes o funcionamento e a eficácia das instituições, dos governantes, do poder Judiciário e do poder Legislativo dos Estados Unidos no exercício de suas obrigações constituídas. Medidas enérgicas e eficazes são tomadas prontamente e de forma exemplar, colocando na cadeia os responsáveis pelos rombos e preservando a empresa e o trabalho, além de aperfeiçoarem a legislação de forma a coibir a reincidência dessas irregularidades.

Nítida é a distinção feita entre o dirigente e controladores e a empresa na legislação, que os trata como dois entes separados – primeiro, os dirigentes são afastados da empresa, respondendo por suas eventuais irregularidades; e em segundo lugar, temos a empresa, que continua suas atividades, dentro de um processo organizado de reestruturação.

9.7. O *turnaround* no Brasil

Apesar da grande demanda por serviços de reabilitação e revitalização de empresas no Brasil, por parte de todos os segmentos empresariais e instituições financeiras, o *turnaround* no Brasil carece ainda de empresas com a experiência adequada para atuar na área – por diferentes motivos, que incluem o desconhecimento desse ramo de atividade pelos controladores, acionistas e investidores; governança inexistente ou ineficaz; cultura gerencial predominante entre os empresários, de achar que resolvem sozinhos; ego; orgulho profissional; gestão por instinto ou experiência; optar por cometimento de fraudes/crimes financeiros e outros.

9.8. O ciclo de vida das empresas

Todo negócio tem seu próprio ciclo de vida. Os *stakeholders* devem procurar entender em que estágio a empresa se encontra e qual a melhor abordagem a ser adotada em cada situação. O ciclo de vida da empresa possui quatro estágios distintos: (i) o inicial, (ii) o de crescimento, (iii) o de maturidade e (iv) o de declínio.

A fase de maturidade é a mais perigosa, pois é o estágio em que os administradores se acomodam com a confortável situação de sucesso, vivendo das glórias do passado. Na mesma linha, os credores se entusiasmam, fazem fila para conceder todo tipo de crédito e produto disponível, igualmente com base em seu sucesso passado.

Esse é o estágio em que a cultura da empresa e sua filosofia e estilo gerencial fazem a diferença. Jean Riboud estava sempre vigilante quanto à observância dos valores e cultura da Schlumberger, quanto à atitude de seu time; uma de suas preocupações era de que a empresa perdesse o vigor e se tornasse complacente. Dizia: "Qualquer empresa, qualquer sociedade possui uma força intrínseca para o conservadorismo. A natureza de toda a humanidade é conservadora. Se você quer inovar, mudar a empresa ou a sociedade, isso requer pessoas determinadas a fazer o que não é esperado. A visão básica que tenho, e que estou tentando fazer na Schlumberger, não é diferente do que penso que deva ser feito na sociedade francesa ou americana. Não meça apenas os lucros de uma divisão – meça também seu responsável, e seu entusiasmo por mudança".[86]

Assim, se quiserem permanecer na liderança, seus profissionais necessitam estar engajados, motivados, ser energizantes e energizadores. Muitas empresas esquecem como adquirir conhecimento. Olham para trás e não para a frente, aonde querem chegar. Perdem a visão do longo prazo.

9.9. O processo de prevenção de crises

A mortalidade das empresas no Brasil tem crescido aceleradamente ao longo dos anos. O ambiente de negócios é cada vez mais hostil e demanda dirigentes

86 AULETTA, Ken. Op. cit., p. 66.

e administradores com formação e habilidades gerenciais adequadas, de forma a frear esse processo de destruição de empresas e trabalho. Não adianta ficar esperando a crise passar, as reformas serem aprovadas e os juros caírem. A empresa morrerá antes.

É importante notar que situações críticas não surgem da noite para o dia; suas causas fundamentais se apresentam durante um longo período e por diferentes motivos passam despercebidas.

As primeiras medidas a serem adotadas por empresários em posições difíceis para evitar o agravamento da situação da empresa são: priorizar a transparência e a verdade, sair do escritório, engajar os reais funcionários, ouvir (não falar); assumir a frente do processo, colocar a mão na massa, olhar para fora (mercado, clientes e concorrentes), para a frente (futuro) e para dentro (identificar onde o valor é criado ou destruído); coragem para ouvir e buscar a verdade de forma aberta e honesta; criar senso de urgência, antes que os problemas se tornem realmente urgentes; agir preventivamente. Esse tipo de situação requer uma combinação da capacidade intelectual para entender o processo de deterioração e a necessidade de mudança.

Os problemas devem ser reconhecidos, primeiro, em nível estratégico, pois é aí que eles geralmente iniciam. O empresário deve fazer uma série de indagações: as ações estão consistentes com a estratégia? Os planos finais estão alinhados com a estratégia? Como estão os concorrentes e que movimentos estão fazendo? Há empresas ingressando no mercado? Quais são minhas vantagens competitivas estratégicas? Como devo atuar em um segmento canibalizado e com elevada informalidade? Possuo alguma dependência estratégica de clientes ou fornecedores? Possuo uma equipe altamente capacitada e motivada?

As causas mais comuns encontradas são a falta de capacidade gerencial; o excesso de alavancagem – subcapitalização ou endividamento excessivo; falta de um sistema adequado de informações; controles internos precários; incapacidade de reação.

Existem sinais claros que permitem a um *stakeholder* entender a situação da empresa em um determinado momento, aqueles sinais de alerta que pedem que o credor ou fornecedor vá ver mais de perto a situação, antes que se agrave: (i) queda de desempenho – resultados, vendas, margens; (ii) incerteza quanto à necessidade de caixa de curto prazo; (iii) excesso de alavancagem; (iv) crescimento muito acelerado; (v) necessidade urgente de capital; (vi) tipo e momento de mudança na gestão; (vii) preocupação de clientes e fornecedores; (viii) falta de informações sobre a empresa.

Existem também os sinais de ameaça iminente, que pedem uma ação emergencial: (i) aguda e contínua queda nas vendas e resultados; (ii) deterioração do capital de giro; (iii) quebra de contratos com clientes e agentes financeiros; (iv) redução de linhas de crédito; (v) perfil das instituições financeiras com quem a empresa está trabalhando; (vi) crise de caixa; (vii) taxas de juros acima do mercado; (viii) abandono por clientes e fornecedores; (ix) nível de títulos protestados; (x) falta de transparência e manipulação contábil.

Uma vez detectado o problema, qualquer que seja sua dimensão, os credores devem agir prontamente, adotando uma abordagem multi e interdisciplinar ("*turnaround expert*", jurídico-fiscal, finanças corporativas, auditoria), podendo inclusive indicar um administrador interino, para realizar um diagnóstico e a análise de viabilidade do negócio, ter acesso a informações confiáveis, implementar as medidas de controle de caixa, elaborar um plano emergencial e tomar as medidas necessárias para evitar o agravamento da situação, analisando inclusive o cenário de liquidação.

Aos credores interessa certificar a viabilidade do planejamento estratégico e sua execução, avaliar o programa de reestruturação do passivo juntamente com as respectivas garantias, definir e acompanhar a implementação do plano de recuperação e respectivos resultados e concluir o projeto de reabilitação, recuperando o máximo de créditos em aberto. O devedor deve adotar uma postura aberta e flexível, priorizando a negociação, dando total transparência aos dados financeiros e operacionais, e buscar ajuda externa - lembrando que a gestão interina dá maior credibilidade e minimiza os impasses.

A governança da empresa, de seu lado, deve igualmente agir com firmeza e agilidade, introduzindo um novo executivo-chefe, visto que, em geral, o executivo atual está apegado ao modelo antigo. Dependendo da gravidade da situação, às vezes a única alternativa é a liquidação da empresa.

9.10. O processo de recuperação

A reabilitação de uma empresa em dificuldade passa por diferentes estágios até reverter a queda de desempenho e chegar ao estágio de desenvolvimento e crescimento. Conforme mencionado anteriormente, a atividade de *turnaround* pode começar em diferentes fases de seu processo de declínio. Quanto maior sua gravidade, mais detalhado e intenso o processo. O processo completo de *turnaround* envolve seis estágios:

- Mudança de comando
- Diagnóstico

- Fase emergencial - UTI
- Plano de recuperação
- Execução
- Controle e acompanhamento

Mudança de comando

Na maioria dos casos, torna-se necessário efetuar a mudança no comando da empresa, seja pela necessidade de um profissional com perfil gerencial voltado para solução de situações difíceis e complexas, seja devido a problemas de perda de credibilidade perante a governança da empresa e seus *stakeholders*.

O novo executivo-chefe pode vir de dentro da própria empresa, o que, dependendo do caso, pode representar vantagem ou desvantagem. Geralmente, o problema em optar por um executivo da empresa é que ele pode ter feito parte dos erros cometidos no passado pela empresa. A prática mais adotada em casos de *turnaround* é colocar alguém de fora da empresa, sem vínculos com seu passado, uma vez que o *turnaround* expert possui o perfil mais adequado e pode tomar decisões difíceis de forma mais objetiva.

Diagnóstico

O próximo passo é focado no diagnóstico da situação, na avaliação da viabilidade da empresa e elaboração de um plano emergencial. O responsável pela recuperação, também conhecido como "doutor de empresas", deve entender a situação e identificar as causas, a natureza e a magnitude do problema. Não se pode tomar nenhuma medida sem essa primeira análise, da mesma forma que não se pode operar um paciente sem um diagnóstico prévio. Deve-se ter em mente que se trata de uma UTI empresarial - nada adianta ter um plano extraordinário se o paciente morrer. Em casos emergenciais, a prioridade é dar sobrevida à empresa, enquanto ela se revigora, fortalece seus órgãos vitais e sua saúde vai retornando à normalidade. Assim, o diagnóstico compreende:

- Análise e definição do plano de ação emergencial, de forma a permitir o início imediato da fase crítica. Em seguida, elabora-se uma análise mais detalhada, simultaneamente à implementação das ações iniciais.
- Análise do negócio, do mercado em que atua, mix de produtos, operações, custos, processos, aspectos financeiros, fluxo de caixa,

canais de distribuição, análise de novas oportunidades e definição de rotas de correção.

- Avaliação financeira do negócio e revisão dos balanços e projeções financeiras.
- Avaliação dos passivos e ativos de toda natureza, inclusive os ocultos.
- Diagnóstico jurídico fiscal.

Fase emergencial

Muitas vezes os *stakeholders* necessitam fazer uma intervenção cirúrgica na empresa a fim de evitar seu colapso e solicitam que o processo de *turnaround* seja iniciado com a máxima urgência. Nesses casos, o diagnóstico é realizado simultaneamente às ações emergenciais. Esse é, possivelmente, o estágio mais crítico da recuperação da empresa, pois envolve entrar no centro do furacão, gerenciar a crise, assegurar a sobrevivência da empresa até que esteja fora do perigo mais iminente. O fator crítico nessa fase é o tempo – é imprescindível saber o que fazer e fazê-lo com a maior celeridade possível. Agilidade, objetividade e credibilidade são palavras-chave. É preciso:

- Estancar a sangria de caixa.
- Manter a empresa em operação, criando uma sobrevida para ela.
- Buscar o capital de giro necessário para que a empresa continue produzindo.
- Adotar um rígido controle do caixa, priorizando assegurar a liquidez da empresa.
- Identificar os ativos desnecessários.
- Reorganizar e fortalecer a equipe.
- Motivar a equipe.
- Abrir um canal direto de comunicação com os *stakeholders*.

Plano de recuperação

Uma vez entendidos os problemas e definidas as soluções adequadas para a recuperação da empresa, é desenvolvido o plano de recuperação de curto, médio e longo prazos, que inclui: plano de reposicionamento estratégico de mercado; plano econômico-financeiro; fortalecimento das funções gerenciais críticas; plano de recuperação de ativos; agressivo plano de redução de custos;

plano de reestruturação de dívidas e outros passivos; plano de capitalização; alianças estratégicas; estratégia legal e fiscal; estratégia de comunicação com os *stakeholders*, equipe interna e opinião pública.

Execução

A fase de implementação envolve o restabelecimento de linhas de crédito e manutenção da liquidez de curto prazo; *cash management*[87]; reestruturação financeira; reestruturação operacional; reestruturação tecnológica e de processos; reestruturação comercial; reestruturação administrativa; ajuste na estrutura de custos e mix de produtos; reposicionamento estratégico de mercado.

Controle e acompanhamento

Todo processo de recuperação de empresas demanda um rígido controle e um acompanhamento permanente:

- Relatórios gerenciais e financeiros.
- Revisão periódica de metas.
- Eventuais renegociações.
- Acompanhamento jurídico permanente .

9.11. A função do especialista em *turnaround*

O especialista em *turnaround* pode atuar tanto na recuperação da empresa propriamente dita, conforme detalhado anteriormente, como no aconselhamento a diferentes *stakeholders* (credores, fornecedores, acionistas, trabalhadores), tanto em casos não judiciais como nas recuperações judiciais. Nesses casos, sua função consiste em:

- Analisar e comentar o plano de recuperação elaborado pelo devedor.
- Acompanhar a implementação do plano de recuperação.
- Analisar os relatórios de acompanhamento.
- Analisar o estudo de liquidação.
- Assessoramento nas negociações.

87 Gestão estratégica do fluxo de caixa.

Uma análise empírica dos diversos casos de recuperação no Brasil e no exterior nos permite tirar algumas conclusões importantes. Via de regra, a otimização dos resultados de uma recuperação empresarial, e até mesmo seu sucesso, depende do desejo e comprometimento de seus *stakeholders*, principalmente dos bancos, uma vez que praticamente todo processo de *turnaround* depende de novos recursos para sua viabilização.

Em uma segunda escala, outros três fatores são críticos para o sucesso da recuperação da empresa: (i) uma equipe experiente especializada em gestão de *turnaround*; (ii) atratividade do negócio e mercado de atuação da empresa; (iii) empresa economicamente viável. Outra constatação importante é que a vida de uma empresa na UTI é altamente extenuante, com pressão e problemas surgindo de todas as direções, alta voltagem, sete dias por semana, e longas horas de trabalho, além de todos os custos envolvidos.

A mais importante das conclusões é: administre bem sua empresa, esteja sempre atento aos sinais de alerta, aja preventivamente e rápido para evitar a UTI, pois pode ser o fim da linha. Ao especialista em *turnaround*, vale lembrar os principais mandamentos do "médico de empresas": seja sempre ético, firme e flexível ao mesmo tempo, e aja com muita cautela. Seja absolutamente inflexível quanto a seus princípios. Lembre-se também de que existem armadilhas em determinadas missões. Cuidado para não virar o almoço.

9.12. O caso Eluma – a execução de uma missão impossível

Com o objetivo de mostrar os detalhes envolvidos em um intricado processo de recuperação, apresento a seguir um caso que conduzi diretamente – o caso Eluma.

Merece destaque um aspecto importante que concluí com minha experiência e com o qual muitos especialistas em *turnaround* normalmente devem se defrontar. Comentei com meus contatos profissionais mais próximos sobre o convite que recebi dos principais credores/bancos para conduzir a operação de salvamento da Eluma. As reações foram unânimes: "Não aceite! Está quebrada! Não tem solução! Vai destruir sua carreira!". Penso ser importante receber o feedback do mercado, no entanto, cabe ao especialista a decisão solitária de aceitar ou não o desafio, consubstanciada em criteriosa análise. Conforme aqui descrito, analisei, concluí que era um caso de alto grau de dificuldade, porém viável se eu me dispusesse a assumi-lo. Decidi, então, aceitar o convite.

Com a remoção das barreiras protecionistas brasileiras a partir de 1990, a Eluma ficou exposta à precipitação da concorrência e ao frio da recessão que se instalou então. Entre dezembro de 1989 e junho de 1994 sua participação de mercado encolheu de 29% para 19%, o volume de vendas sofreu queda de 60% e as margens se achataram, com preços de produtos finais afundando em média 45%, enquanto os preços das matérias-primas haviam cedido somente 35% ou menos. A tabela a seguir resume a evolução da crise da Eluma.

Evolução da crise da Eluma

	1989	1990	1991	1992	1993
Receita bruta	289	225	144	196	185
Receita líquida	241	191	122	167	160
Margem bruta	20%	13%	(2%)	(2%)	(4%)
Lucro líquido	10	(8)	(15)	(32)	(33)
PL	114	96	73	44	10
(em US$ milhões)					

Fonte: Projeto de Reestruturação - Concurso de Casos Mário Henrique Simonsen, 1996.

Em junho de 1994, o patrimônio líquido da Eluma havia caído para US$ 5 milhões, o endividamento de US$ 120 milhões já era praticamente o dobro em relação ao de dezembro de 1989. A Eluma e suas empresas ligadas estavam com perdas acumuladas de US$ 100 milhões. A geração de caixa era negativa, o parque industrial e o volume de negócios eram precários. Naquele momento, o consenso no mercado para o futuro da Eluma - e até entre os próprios empregados - era de insolvência, falência e liquidação. Essa constatação pôde ser verificada nos diversos estudos realizados em âmbito nacional pelos bancos credores e *underwriters*, fundos de pensão e o BNDES, e, no âmbito internacional, pela Europa Metalli e pela International Finance Corporation.

Conflitos de interesse na empresa

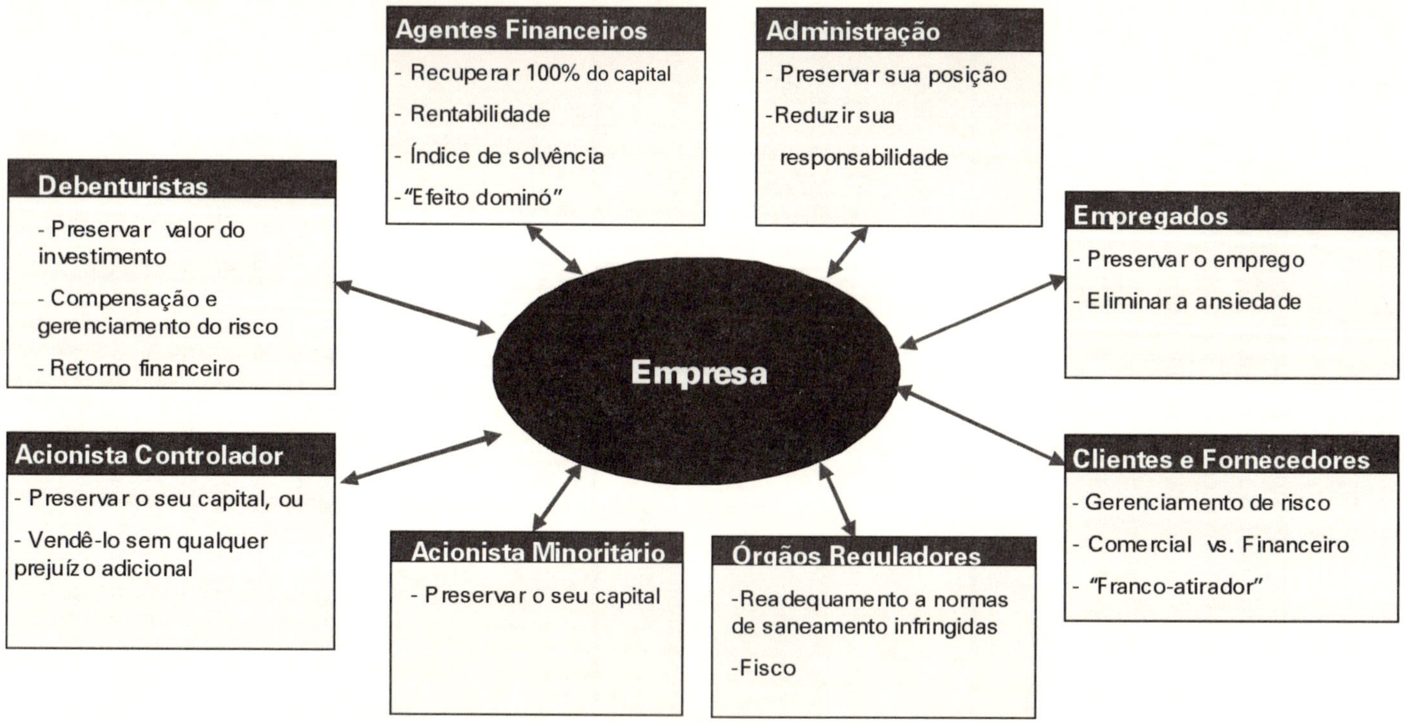

O quadro financeiro anteriormente citado referente a junho de 1994 e a disponibilidade de um caixa de US$ 1 milhão projetavam uma autonomia de vida de no máximo 45 dias para a empresa. Além das finanças, fiz uma *due diligence* das operações industriais, comerciais e organizacionais. A diagnose desvendou operações industriais com 70% de capacidade inutilizada. Os maquinários e a instrumentação eram de total obsolescência. A estrutura de custos estava acima da média da indústria. A falta de linhas de crédito condicionava a Eluma à aquisição de insumos e matérias-primas por meio de caríssimos atravessadores. A Companhia Ambiental do Estado de São Paulo (Cetesb) ameaçava fechar as fábricas, por inobservância aos padrões de tratamento de efluentes. As atividades comerciais estavam desarranjadas, servindo ao segmento de descartados pelo mercado sob condições financeiras e de produção insustentáveis. Desde dezembro de 1989, a Eluma acumulara US$ 186 milhões em vendas perdidas. As condições psíquico-sociais da equipe refletiam a espera pelo pior. Os sistemas gerenciais, inadequados ao suporte à decisão, atendiam somente às mínimas necessidades legais. Os administradores que restaram a bordo naturalmente não estavam capacitados para liderar uma mudança de curso bem-sucedida.

A Eluma era considerada um naufrágio irrecuperável para todos os que seguiram o caso na época.

Para estancar a sangria de caixa e ingressar em um ciclo de geração positiva de recursos de forma a garantir a continuidade das operações, era imperiosa uma total revisão nos seus custos e despesas operacionais, de forma a adequá-los às novas condições determinadas pelos seus mercados de atuação, bem como uma reformulação das estratégias de marketing e vendas. Complementarmente, persistia a questão de que medidas tomar para o equacionamento da herança da recente intempérie, qual seja, o grande endividamento. Esses três objetivos demandariam tempo e recursos para serem implementados.

Enquanto prosseguia em minha análise, era vital estancar a crise e o fluxo negativo de caixa, assumindo e centralizando a liderança e o controle da gestão. A gestão do caixa foi profissionalizada, a reconciliação bancária passou a ser diária, o processo de cobrança foi formalizado com portfólio terceirizado a bancos, o controle de crédito foi estabelecido com base na capacidade de pagamento, e políticas comerciais e de execução financeira foram separadas.

Uma vez efetuada a diagnose e encaminhadas as ações emergenciais, era agora necessário convencer os bancos credores a financiar um plano de curto prazo. Este previa US$ 10 milhões em cartas de crédito para importação de matérias-primas; US$ 3 milhões para a manutenção corretiva, para a reorganização emergencial dos processos produtivos e para a contratação de parceria tecnológica visando ampla reestruturação industrial; US$ 500 mil para a reestruturação dos processos administrativos; e US$ 500 mil para adequação às normas da Cetesb. A argumentação lógica que reverteu a atitude dos bancos credores de "peça-me qualquer coisa, mas não crédito" foi a conscientização de que era "ruim com crédito emergencial, mas pior sem ele". Mostrei que a descapitalização era quase total e que a morte estava próxima. Não havia tempo nem condições de, naquele momento, obter influxos dos mercados de capitais ou de associação a parceiros-investidores estratégicos. O plano e a linha de crédito de US$ 14 milhões requerida reativariam as máquinas de maneira sustentável. Esse ato daria forte "bênção" ao *turnaround* e enviaria ao mercado um sinal da confiança na operação de resgate da Eluma e na recuperação do comércio de semielaborados de cobre.

As ações de curto prazo impediram a Eluma de afundar. Ao mesmo tempo, elas estabilizaram a empresa, renovando sua estrutura interna, o marketing operacional e estratégico, realizando a contratação de uma diretoria capacitada, permitiram a motivação e o engajamento do quadro de funcionários, a transformação dos processos e dos sistemas operacionais e a reestruturação do capital acionário.

As ações emergenciais e a aprovação do plano pelos credores resultaram, por exemplo, na obtenção de limites preferenciais de crédito bancário e de US$ 50 milhões e prazos de até 180 dias para as cartas de crédito. Outro significativo reflexo das primeiras providências foi observado no preço da ação da Eluma na Bovespa, outrora submerso a US$ 5 e sem liquidez, que subiu para US$ 75 no primeiro mês do *turnaround* corporativo.

Muito além das análises operacionais e financeiras, a chave do sucesso que haveria de se concretizar se baseava na cultura que caracterizaria a empresa a partir do *turnaround*. Os dois elementos culturais fundamentais por mim introduzidos foram uma transparente e meritocrática orientação a resultados – *hands on* – e a priorização da qualidade, da produtividade e da competitividade – *world class*. Foi incutindo essa mentalidade que o *turnaround* prosseguiu, com a execução do plano de curto prazo, obtendo capital de giro, retomando economias de escala, renovando a diretoria, enxugando os processos industriais e administrativos e recuperando a imagem e a credibilidade.

Os esforços da fase sucessiva do *turnaround* deram continuidade à execução, energia e expertise da gestão especializada na recuperação e na competitividade, agora no médio prazo, envolvendo também estratégia da empresa para fortalecer a estrutura de capital e a presença no mercado. Esses esforços na Eluma se desenvolveram em toda a empresa, nas áreas administrativa e organizacional, comercial, institucional e de relações públicas, de sistemas, industrial e tecnológica, financeira e de estrutura de capital.

A reestruturação administrativa e organizacional teve como base minha própria liderança, havendo assumido o comando da ressurreição da Eluma a partir de sólidas referências e da confiança do mercado, assim como em razão da bem-sucedida reestruturação que acabara de realizar no grupo Iochpe-Maxion. Reforçava essa confiança com sólidas abordagens e contínuas realizações. A horizontalização hierárquica e a formação de uma diretoria profissionalizada foram cruciais para otimizar a gestão e permitir que me dedicasse a atividades de maior valor agregado, como o desenvolvimento estratégico e dos sistemas de gestão e governança corporativa. A nova diretoria também se consolidou e engajou os trabalhadores por meio de envolventes programas de treinamento, de comunicação com a diretoria e de planos de melhorias nos incentivos remuneratórios e nos benefícios sociais. Os funcionários ficaram motivados, a delegação de poderes foi ampliada e o organograma ajustado, com uma redução média de pessoal de 38%.

A reestruturação comercial visou reverter um quadro de depressão relativo à concorrência. A equipe de vendas foi fortalecida, treinada e incentivada com novas políticas, processos e sistemas integrados com as áreas técnica e de desenvolvimento de produtos, de expedição e recebimento e de crédito e cobrança. Foi também desenvolvido um sistema de e-commerce. Um programa de visitas foi dirigido a clientes-chaves com minha direta participação e da diretoria. Junto com um melhor domínio da formação dos custos e análise das margens de contribuição de produto e de cliente, a área comercial pôde otimizar o mix de produtos, reconquistando credibilidade e eficácia. Ações de cunho estratégico também visaram o desenvolvimento de inteligência de mercado, de parcerias de longo prazo, o reposicionamento e o desenvolvimento dos mercados de atuação e dos canais de vendas no Brasil e no exterior.

Dediquei especial atenção à área institucional e de comunicação estratégica. Meu objetivo era vender a imagem e a estratégia da nova Eluma e gerar parcerias estratégicas. Com efeito, foram mais de 150 reuniões no Brasil e no exterior com funcionários, imprensa, investidores e instituições financeiras nacionais e estrangeiras, a Associação dos Analistas e Profissionais do Mercado de Capitais (Apimec), a associação industrial da classe e o sindicato.

O projeto de reforma dos sistemas de informação da Eluma propôs uma total reformulação da informática preexistente. Entre as principais proposições destacaram-se a criação da área de informática e a contratação de um "*master-integrator*" e a total reformulação e integração da arquitetura de software aplicativo, de hardware e de rede. Foram identificados os principais sistemas a serem implantados, tais como: de gestão de caixa e de investimentos; de controle orçamentário; de custos de manufatura; *decision support system* em tempo real; *executive information systems* com informações estratégicas; de PCP de planejamento e controle de produção; de metais e suprimentos; de vendas; de recursos humanos; e jurídico.

Na área industrial e tecnológica os resultados foram vitais. Foi construída uma profícua parceria com a Europa Metalli. Essa associação determinou a transferência de tecnologia industrial de produtos e processos e representações comerciais recíprocas. O consequente trabalho com a inovação de produtos de maior valor agregado e margem de contribuição - como os laminados e extrudados - e a melhoria da qualidade, agora padrão ISO 9000, foram acompanhados pela redução de custos de US$ 15 milhões ao ano e por um aumento expressivo na produção e na produtividade. A produção aumentou 100%, atingindo 40 mil toneladas ao ano, e a produtividade subiu de 17 para 40 toneladas/pessoa/ano, mais próxima à referência internacional, de 55 toneladas/pessoa/ano.

O trabalho de reestruturação industrial agradou bastante aos aficionados da engenharia de produção. Segue aqui uma pequena amostra das soluções implementadas: o fortalecimento e a reorganização da equipe; a concentração das linhas de produção pela especialização das fábricas; a otimização de utilização dos equipamentos mais eficientes; a total reengenharia dos processos produtivos e a roteirização dos ciclos de produção; a expressiva redução de "*lead times*" de processos; a melhoria dos rendimentos metálicos - fundição e conformação mecânica e redução no consumo de energia; a revitalização do apoio operacional: manutenção preditiva, preventiva e corretiva, instalações, prédios, equipamentos e ferramentaria; a análise para optar pela execução *in-house* ou terceirizada; o desenvolvimento das atividades de planejamento e controle de produção; e a revisão da alimentação, transporte, assistência médica e segurança na fábrica.

O projeto de reestruturação acima descrito valia US$ 44 milhões - o que nos leva ao tema da reestruturação da dívida, juntamente com a reorganização da estrutura de capital e o processo de transferência do controle acionário da empresa, que se desenvolveu no período de um ano e meio, compreendido entre julho de 1994 e dezembro de 1995, tendo a Eluma logrado eliminar o seu endividamento oneroso, restringindo o seu passivo bancário a obrigações de longo prazo contraídas junto à International Finance Corporation (IFC) do Banco Mundial e ao BNDES, em bases altamente favoráveis.

No âmbito do equacionamento dessa dívida bancária, a Eluma teve o seu controle acionário transferido para um conjunto de quatro fundos de pensão. Para assimilar o grau de malabarismo negocial e de ajustes de rota com a conjuntura econômica, vale a pena retratar três eventos significativos do *financing* da Eluma: a renegociação de uma significativa dívida junto à IFC (que durou até junho de 1995), o primeiro aumento de capital (junho de 1995) e, por fim, o segundo aumento de capital e emissão de debêntures (dezembro de 1995).

Em julho de 1994, foram iniciados os entendimentos visando a reestruturação das dívidas da Eluma junto à IFC, e o processo de negociação foi concluído em julho de 1995. A dívida se referia a US$ 15 milhões em financiamento para a aquisição de máquinas e equipamentos adquiridos em 1990 com valor de reposição, após internação de US$ 30 milhões, não instalados até junho de 1994 e imprescindíveis ao projeto de reestruturação da empresa. O valor residual da dívida era de US$ 11 milhões com US$ 5 milhões amarrados em ativos avaliados em US$ 15 milhões. O acordo com a IFC reverteu a dação em pagamentos dos ativos; remissão das multas e outros adicionais por inadimplência de US$ 4 milhões; refinanciou principal e juros, vencidos e a vencer, de US$ 14 milhões; atualizou o valor da dívida em junho de 1995 para US$ 18 milhões com vencimento para o ano 2000 e pagamento de juros anuais a 8,3%.

Em fins de 1994, com a nova equipe de dirigentes formada e o projeto de reestruturação já em implementação, principalmente suas partes não intensivas em capital, foi iniciado trabalho junto ao mercado de capitais nacional. Era preciso encontrar investidores que se interessassem em prover os recursos necessários à execução do projeto de reestruturação, por meio da aquisição de uma participação relevante no capital da Eluma.

Para me auxiliar nessa empreitada, contatei o Banco Fator, que, em conjunto com os bancos Cindam, Patrimônio, BB Investimentos e Geral do Comércio, viabilizou em junho de 1995 uma operação pública de aumento de capital por meio de emissão de ações e bônus de subscrição. No processo negocial, com vistas à viabilização do aumento de capital, ficou claro que o mercado aceitava discutir uma participação na empresa, porém tal decisão ficava inequivocamente condicionada a uma transferência do controle acionário da empresa.

Conscientizado das condições impostas pelo mercado de capitais nacional, que eram coincidentes com as apresentadas pela IFC e sugeridas pelos bancos credores, articulei a seguinte argumentação com a família controladora:

- O projeto de reestruturação anteriormente descrito demandava recursos iniciais de US$ 30 milhões.
- A empresa, os acionistas controladores e os credores não tinham recursos ou interesse em financiar o projeto.

- Sem o projeto, os números da empresa, mesmo contemplando cenários de premissas extremamente otimistas, apontavam para a inviabilidade dela, pois em 31 de dezembro de 1994 a dívida bancária líquida era de US$ 81 milhões, os juros anuais de 18,0% custavam US$ 14,6 milhões, o déficit anual era de US$ 10,1 milhões e o valor da empresa nessa data era de US$ 57,8 milhões negativos.

As tabelas a seguir resumem a evolução da representação do capital social nessa primeira etapa.

Evolução do capital social da Eluma – 1ª etapa *do turnaround*

Milhões ações	Capital 30/11/94	Aumento capital	Após aumento	Conversão bônus	Após conversão
Ordinárias	103.9	335.8	439.7	74.1	513.8
Preferenciais	215.1	664.2	897.3	148.2	1.027.5
Total	319.0	1.000.0	1.319.0	222.3	1.541.3

Fonte: Projeto de Reestruturação – Concurso de Casos Mario Henrique Simonsen, 1996.

Estrutura do capital da Eluma em 30/12/1994

Acionistas	Ordinárias	%	Preferenciais	%	Total	%
Grupo Campello	81,9	78,8	39,4	18.3	121,3	38,0
Noranda	10,6	10,2	51,4	23.9	62,0	19,4
Haverton Trader	6,4	6,2	29,7	13.8	36,1	11,3
Outros	5,0	4,8	94,7	44.0	99,6	31,2
Total	103,9	100,0	215,1	100.0	319,0	100,0

Fonte: Projeto de Reestruturação – Concurso de Casos Mario Henrique Simonsen, 1996.

Estrutura de capital depois do primeiro aumento

Acionistas	Ordinárias	%	Preferenciais	%	Total	%
Fundo de pensão (Previ, Petros, Valia, Telos)	235,7	53,6	330,2	37,5	565,9	42,9
Família Campello	160,1	36,4	39,1	4,4	199,2	15,1
Noranda	10,6	2,4	51,4	5,9	62,0	4,7
Outros	33,4	7,6	458,6	52,2	492,0	37,3
Total	439,7	100,0	879,3	100,0	1.319,0	100,0

Fonte: Projeto de Reestruturação - Concurso de Casos Mario Henrique Simonsen, 1996

O segundo aumento de capital se originou de uma contração nos mercados de metais não ferrosos, em meados de 1995. O cenário econômico não tinha previsão de melhorar antes da segunda metade de 1996. O volume de vendas mensal da Eluma despencou 33%. A dívida bancária onerava o desempenho financeiro com um custo de mais de US$ 20 milhões, com os juros estratosféricos de 30% ao ano. Três meses de negociação resultaram no equacionamento das dívidas de US$ 80 milhões e um *write-off* de 22,5% para os bancos.

Essa operação, todavia, exigiu um aumento de capital de US$ 55 milhões, que foi executado com o auxílio dos consultores Paulo Pavarini e Henrique Matoso - consultores associados à *syndication* do BB DTVM, BNDESPar com a participação dos bancos Bradesco, Bozzano Simonsen, Cindam e Fator. Essa transação está ilustrada na tabela seguinte.

Melhoria financeira da Eluma

Ações (milhões)	Capital 30/11/95	Aumento de capital	Capital após o aumento	Debêntures convertidas	Capital após conversão de debêntures	
Ordinárias	440	509	949	154	1.103	
Preferenciais	879	1.019	1.898	309	2.207	
Total	1.319	1.528	2.847	463	3.310	

Fonte: Projeto de Reestruturação - Concurso de Casos Mario Henrique Simonsen, 1996.

Os resultados alcançados nos dois anos e meio de *turnaround* corporativo da Eluma, ou seja, em dezembro de 1996, foram um lucro líquido de US$ 23 milhões, patrimônio líquido de US$ 135 milhões e endividamento de US$ 46 milhões, substancialmente melhores que os números registrados em junho de 1994, de US$ 100,5 milhões de prejuízos acumulados, patrimônio líquido de US$ 5 milhões e endividamento de US$ 120 milhões.

A crise da Eluma se caracterizou, externamente, por uma mudança estrutural na demanda, por movimentos adversos nos preços das commodities e por uma concorrência acirrada, e, internamente, por uma gestão equivocada da empresa, pela ausência de controles financeiros, por má gestão do capital de giro, por altos custos estruturais, por falta de foco nos negócios, por um marketing operacional e estratégico inexistente, por franzinas políticas financeiras e por confusão e inércia organizacionais.

Pela bem-sucedida execução desse *turnaround*, considerada no mercado como "missão impossível", a Eluma e o autor deste capítulo receberam, respectivamente, os prêmios de empresa e de empresário do ano de 1996. O fato gerou reconhecimento especial da International Finance Corporation (IFC) e do Bradesco (Lázaro de Mello Brandão – presidente do Conselho).

9.13. O caso Iochpe-Maxion

Eu poderia descrever uma série de casos práticos de *turnaround*, mas um caso emblemático que merece destaque e que vale a pena resumir é o da reestruturação do conglomerado industrial e financeiro Iochpe-Maxion, que antecedeu a reestruturação da Eluma.

Tal qual ocorreu em relação à Eluma, o caso Iochpe-Maxion também deixou apreensivos meus contatos profissionais mais próximos. "Cuidado! O grupo está insolvente! Pode não haver fluidez na comunicação com os controladores. Esse caso pode acabar com a sua carreira!" Procedi da mesma forma que no caso da Eluma. Aceitei, fui lá e fiz.

Na verdade, esse é um "*crossroad*" pelo qual passei em todos os casos de recuperação que aceitei conduzir. Entendo ser um aspecto de altíssima relevância, envolvendo intangíveis que podem representar grande risco para o especialista em *turnaround*. Deve ser analisado criteriosamente e de forma alguma subestimado.

Trata-se de empresa de capital aberto com operações, naquela época, no Brasil, nos Estados Unidos e na Argentina, com nove unidades fabris e 7 mil funcionários, com vendas de US$ 1,5 bilhão/ano. Esse caso foi marcado primordialmente pela recuperação da credibilidade do grupo empresarial junto ao sistema financeiro, com base em um sólido e bem concebido plano, respaldada por minha sólida reputação no mercado financeiro.

A bem-sucedida reabilitação do grupo, que entrava no terceiro ano consecutivo de prejuízos, ganhou grande destaque no mercado. A empresa possuía um elevado e crescente passivo oneroso de curto prazo, com limites de crédito tomados, restrição de crédito e falta de liquidez. Uma empresa de tal porte lograva fechar o caixa apenas no fim do dia. O coração do problema estava na unidade de fabricação de máquinas agrícolas. A reestruturação incluiu a implementação de um programa de redução de custos de US$ 20 milhões; a reformulação da política de vendas e crédito, substituindo a política de volume/*market share* com baixa qualidade de venda por uma política que priorizasse a qualidade da venda – o *market share* foi reduzido de cerca de 40% para 35%, mas resultou em uma significativa recuperação de margens, que passaram de 5% para 35% –; um programa de redução de inventários em 35%.

Na esfera financeira, o fato marcante, que ganhou bastante destaque e amplo reconhecimento, foi a estruturação de uma arrojada e pioneira operação de introdução da empresa no mercado financeiro internacional, isso no meio da crise financeira que atravessava, com emissão inicial de US$ 45 milhões de operação de eurobônus, com a peculiaridade de ser uma operação bastante atípica no mercado, pelo fato de ser garantida pelos principais credores da empresa. A operação foi liderada pelo banco Le Crédit Lyonnais, sem sucesso em uma primeira tentativa, em razão de erro primário/estratégico por parte do banco, que fez o *launching* nos Estados Unidos no fim do ano (1993), ocasião em que os investidores já estão com suas posições fechadas. Perseveramos, insisti com o banco que fizesse novo *launching* no início de 1994, e a operação foi um sucesso total. Essa operação teve como objetivo alterar o perfil da dívida, com custos e prazos bem melhores para a empresa; permitiu também que fosse realizada uma segunda operação de eurobônus, de US$ 100 milhões. Juntas, possibilitaram a reestruturação da dívida de US$ 98 milhões, reduzindo os custos financeiros de US$ 35 milhões/ano para US$ 15 milhões/ano.

As medidas do plano de reestruturação levaram à obtenção de excelentes resultados; a empresa saiu de um prejuízo de US$ 29 milhões para um lucro de US$ 70 milhões em dois anos, juntamente com expressiva valorização das ações, de US$ 35 para US$ 450. Certa ocasião, um dos membros do conselho de administração pediu que eu lhe dissesse qual era o pulo do gato – minha resposta foi credibilidade, transparência e muito trabalho.

Os casos Eluma e Iochpe-Maxion servem para mostrar que a recuperação não judicial é a melhor alternativa para um bem-sucedido *turnaround* em termos de resultados, custos e prazos.

9.14. Conclusão

De toda a rica informação aqui compartilhada, a mais valiosa de todas comtempla um dos "princípios universais" colhidos/esculpidos a partir de minha experiência em "frentes de combate" e que não consta de nenhum livro-texto ou material acadêmico com que tenha me deparado em minhas incursões na área de pesquisa; ensina que, tal como a própria existência do ser humano, a vida empresarial/econômica é um sistema dinâmico, um todo, em permanente transmutação, e não uma coisa estática e que dura para sempre – isso não existe.

Pude consolidar essa visão a partir de minha valiosíssima experiência como executivo na Schlumberger, onde *businesses* são incorporados e passados adiante (M&A) de acordo com a visão estratégica do todo, que igualmente passa por permanentes ajustes e transformações, dentro da realidade do ambiente de negócios globais. De igual sorte, fortes investimentos em R&D fazem parte da aplicação desse "princípio universal" da permanente transmutação, do desenvolvimento como um todo – que tem em seu cerne a inovação, a criatividade. "Coisas" estáticas, negócios estáticos, "preguiçosos", não têm vida, não têm futuro – apenas transmitem a falsa sensação de que têm.

O mais valioso aprendizado que adquiri em minha formação e com minhas realizações, e aqui compartilhado, tem origem em minha sólida experiência de campo – permanentemente agindo, fazendo, criando, inovando, medindo, analisando, corrigindo, comunicando, quebrando paradigmas –, somada a meus estudos e pesquisas, igualmente contínuos.

Em nível micro, no que concerne a renovação e reestruturação de negócios, minha longa experiência direta na condução de complexas operações de *turnaround* mostra com clareza solar que o modelo que deve ser adotado no Brasil é o da prevenção. Dessa maneira, é crucial que seja feita intensa disseminação de uma cultura de prevenção de crises e que se busque o aperfeiçoamento das técnicas de renovação e recuperação de empresas no Brasil sob a forma extrajudicial.

Com efeito, deve ser envidado todo empenho para evitar a recuperação judicial, pois o diploma legal de 2005 se mostrou repleto de problemas, que persistem mesmo após 14 anos de vigência da LREF. Adicionalmente, deve-se continuar trabalhando no aperfeiçoamento da LREF, assim como em estudos, pesquisas, publicações, cursos e treinamento.

Sabemos que não é uma tarefa fácil, pois há muitos obstáculos a serem vencidos, de natureza cultural e legal. Por outro lado, na medida em que os problemas de violência e de desaquecimento da economia se agravam, temos consciência de que a importância da preservação de empresas viáveis aumenta, pois a saúde delas é relevante para o crescimento econômico, que somente ocorrerá se todos colaborarem.

Acreditamos que a estabilidade da atividade econômica em decorrência da recuperação ou reestruturação das empresas, com a manutenção e expansão da empregabilidade e consequente redução das alarmantes taxas de desemprego, especialmente nas grandes cidades, assume papel importante nesse processo.

Nosso objetivo com a publicação desta obra é dar uma importante contribuição no sentido de despertar e orientar os profissionais e empreendedores a serem mais eficazes na condução e no desenvolvimento de negócios.

Conclusão

A coletânea de capítulos deste livro consegue de forma sistemática discorrer sobre as oportunidades oferecidas pelo mercado de *distressed assets* no Brasil.

A economia brasileira se transformou numa arena muito favorável para esse tipo de investidor, pois os negócios no Brasil sofrem muito em razão de graves problemas estruturais de natureza jurídico-fiscal, que impõem elevados custos às empresas, levando muitas delas à insolvência, recuperação judicial e falência. Adicionalmente, as operações de créditos concedidas às pessoas físicas e/ou jurídicas, não obstante ainda pífias no Brasil (quando comparadas às de outros países), acusam uma taxa de inadimplência importante, sobretudo devido ao alto custo do crédito e à falta de alternativas para os atores de mercados financiarem suas necessidades. Todos esses fatores alimentam o "estoque" à disposição para *advisors*, *traders* e investidores especializados em *distressed investing*.

A análise aqui realizada fornece em detalhe os componentes da metodologia utilizada pelos especialistas desse mercado. Na contextualização de onde está situada a condição de *distressed asset* ressalta-se que toda empresa possui um ciclo de vida composto por quatro estágios distintos: (i) o inicial, (ii) o de crescimento, (iii) o de maturidade e (iv) o de declínio. Os três primeiros estágios são caracterizados por ações transformacionais – de melhorias contínuas e prevenção (reinvenção, renovação, revitalização). O quarto estágio, o de declínio, é a zona de insolvência, de *turnaround*, onde a empresa é classificada como *distressed asset*.

Foi demonstrado que muitas dessas empresas insolventes são viáveis e atrativas para investidores especializados em situações de crise ou *special situations*, conhecidos como vulture funds, representando um mercado de bilhões de dólares. Foram também abordadas as diferentes estratégias, medidas empregadas e técnicas de precificação pelos investidores nas distintas situações de dificuldades atravessadas pela empresa, inclusive na esfera de NPLs (empréstimos não performados ou créditos podres). As oportunidades para esses investidores foram incrementadas com a entrada em vigor da LREF em 2005.

Foi ilustrado que o número de fundos de investimento no Brasil mais do que dobrou nos últimos dez anos, chegando a 17,4 mil fundos de diferentes classes, com patrimônio líquido de R$ 4,8 trilhões em 2018, dos quais 930 são FIDCs, que cresceram nesse período a uma taxa média de 17% ao ano. O papel dos FIDCs no financiamento da economia vem crescendo ao longo dos últimos anos.

Deixamos claro que a recuperação e o revigoramento não judicial maximiza o valor do negócio e evita que a empresa seja enquadrada em ativos podres, fato que pode inclusive levar ao encerramento da atividade empresarial com a respectiva perda de todos os postos de trabalho.

Nos diferentes capítulos deste livro são identificadas oportunidades relevantes para quem se especializar e focar nesse ramo das finanças corporativas. Vale ressaltar, porém, que não se trata de um mercado para principiantes, mas para profissionais muito experientes. Os prejuízos podem ser grandes se não forem aplicadas as técnicas e as estruturas mais adequadas para uma correta precificação dos ativos e mitigação dos riscos.

Esperamos que esta obra possa enriquecer o conhecimento de profissionais de mercado e estimular a curiosidade de pesquisadores, acadêmicos e estudantes.

Visite nosso site e conheça estes e outros lançamentos: www.matrixeditora.com.br

REESTRUTURAÇÃO DE EMPRESAS | SALVATORE MILANESE (ORG.)

Toda empresa, de qualquer segmento, pode um dia enfrentar uma crise. Seja por má gestão, incapacidade de lidar com a concorrência ou mudanças no cenário macroeconômico, o empresário não pode perder o rumo. Ao contrário, precisa desenvolver a capacidade de antecipar-se aos riscos e corrigir a rota a tempo de salvar seu negócio. Este livro foi escrito sob medida para os que buscam enfrentar e sobreviver aos desafios empresariais.

Em uma linguagem simples e didática, são abordados temas fundamentais sobre o processo de recuperação e reestruturação de empresas. A importância do diagnóstico, da estabilização, da gestão do caixa, do reposicionamento do business e da recuperação judicial são alguns dos assuntos abordados por especialistas que foram muito bem-sucedidos em ajudar pequenas, médias e grandes empresas dos mais diversos setores a enfrentar as turbulências.

Se você busca um guia essencial para entender e superar a crise de seu negócio, essa obra é de capital importância e fará a diferença.

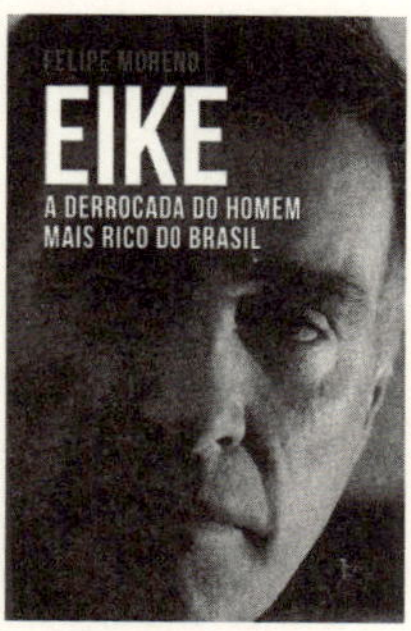

EIKE | FELIPE MORENO

Poucos anos atrás, Eike Batista era um homem com muito dinheiro, mas praticamente desconhecido pela maioria dos brasileiros. Algum tempo depois, ele figurava entre os mais ricos do mundo, almejava ter a maior fortuna do planeta, era capa das mais importantes revistas do Brasil e do exterior e gerava esperanças de lucros a pessoas físicas e jurídicas. Depois de sete anos, o sonho acabou. Esse livro conta essa história, mostrando como Eike levou milhares de pessoas - inclusive as mais experientes - a vislumbrarem ganhos gigantescos, colocando na lona a cotação de suas empresas. Conta também como ele enriqueceu e perdeu quase tudo em tão pouco tempo.

CONTRA A MARÉ | TANIA MENAI

Esta é a história de uma das maiores *startups* do Brasil, a partir de relatos de fundadores, funcionários, consumidores, investidores e empresários do mercado. Criado no Rio de Janeiro em 2010, com investimento e padrões do Vale do Silício, o Peixe Urbano teve crescimento meteórico, empregando mais de mil pessoas e alastrando-se de forma até então inédita pelo país. Entre 2012 e 2014, a *startup* embarcou em uma montanha-russa, passou por uma reestruturação e em 2015 mudou seu modelo de negócios: deixou de ser uma empresa de compras coletivas para tornar-se um canal de vendas, retomando o crescimento e o sucesso.

MATRIX